全国革命老区县发展史丛书·广东卷

深圳市福田区革命老区发展史

深圳市福田区革命老区发展史编委会　编

图书在版编目（CIP）数据

深圳市福田区革命老区发展史 / 深圳市福田区革命老区发展史编委会编. —广州：广东人民出版社，2021.1

（全国革命老区县发展史丛书·广东卷）

ISBN 978-7-218-14648-5

Ⅰ. ①深…　Ⅱ. ①深…　Ⅲ. ①区（城市）—地方史—深圳　Ⅳ. ①K296.54

中国版本图书馆 CIP 数据核字（2020）第 237270 号

SHENZHEN SHI FUTIAN QU GEMING LAOQU FAZHANSHI

深圳市福田区革命老区发展史

深圳市福田区革命老区发展史编委会　编

出 版 人：肖风华

责任编辑：梁敏岚
责任校对：窦兵兵　帅梦娣
装帧设计：张力平等
责任技编：吴彦斌　周星奎

出版发行：广东人民出版社
地　　址：广州市海珠区新港西路 204 号 2 号楼（邮政编码：510300）
电　　话：（020）85716809（总编室）
传　　真：（020）85716872
网　　址：http://www.gdpph.com
印　　刷：广州市浩诚印刷有限公司
开　　本：715mm×995mm　1/16
印　　张：19　　插　　页：10　　字　　数：260 千
版　　次：2021 年 1 月第 1 版
印　　次：2021 年 1 月第 1 次印刷
定　　价：78.00 元

如发现印装质量问题，影响阅读，请与出版社（020-85716808）联系调换。
售书热线：（020）85716826

微信扫描二维码 ◀◀◀
您立即获得本书主要内容/
丛书介绍。

广东省编纂《革命老区县发展史》丛书
指导小组

组　长：陈开枝（广东省老区建设促进会会长）

副组长：林华景（广东省老区建设促进会常务副会长）

宋宗约（广东省农业农村厅二级巡视员、广东省老区建设促进会副会长）

刘文炎（广东省老区建设促进会副会长）

郑木胜（广东省老区建设促进会副会长）

姚泽源（广东省老区建设促进会副会长兼秘书长）

谭世勋（广东省老区建设促进会副会长）

廖纪坤（广东省农业农村厅总经济师）

办公室

主　任：姚泽源（兼）

副主任：韦　浩（广东省农业农村厅扶贫协作与老区建设处处长）

柯绍华（广东省老区建设促进会副秘书长）

伍依丽（广东省老区建设促进会副秘书长）

微信扫描二维码
您立即获得本书作者的
相关资料。

《深圳市福田区革命老区发展史》编纂委员会

编纂委员会

2018 年 8 月—2019 年 9 月

主　　任：吕玉印

副主任：熊国雄　邝肖华　张悦华

2019 年 9 月起

主　　任：吕玉印

副主任：高大伟　邝肖华　叶文戈

《深圳市福田区革命老区发展史》编纂委员会办公室

2018 年 8 月—2019 年 9 月

主　　任：张悦华

副主任：何　文

编　辑：黄华吉　李国聪　廖　飞　翁晓敏　彭　娟

2019 年 9 月起

主　　任：叶文戈

副主任：陈国龙

编　辑：黄华吉　李国聪　廖　飞　翁晓敏　彭　娟

在举国欢庆新中国成立 70 周年前夕，中国老区建设促进会王健会长请我为《全国革命老区县发展史》丛书作序，作为一名在老区战斗过并得到老区人民生死相助的老兵，回首往事，心潮澎湃，感慨万千，深感义不容辞，欣然应允。

中国革命老区，是以毛泽东为代表的中国共产党人在领导人民推翻帝国主义、封建主义和官僚资本主义三座大山，争取民族独立和人民解放伟大斗争中建立的革命根据地，在这片红色的土地上，诞生了无数可歌可泣的革命英雄儿女，为后人树起了一座不朽的丰碑，她是新中国的摇篮，是党和军队的根。

在艰苦卓绝的战争年代，老区人民把自己的命运与中华民族的命运紧紧地联系在一起，与中国共产党和人民军队的命运紧紧地联系在一起，他们生死相依，患难与共。我曾亲历过战争年代，并得到过老区红哥红嫂的救助，切身感受到发生在身边的一幕幕撼天动地的革命故事，在那极其艰难的条件下，老区人民倾其所有、破家支前，不怕艰难困苦，不怕流血牺牲。"最后一碗米送去做军粮，最后一尺布送去做军装，最后一件老棉袄盖在担架上，最后一个亲骨肉送去上战场"，这是当时伟大的老区人民为建立新中国做出巨大牺牲的真实写照，它将永远镌刻在中国共产党、中国人民解放军、中华人民共和国的历史丰碑上。他们的光辉业绩永载史册，他们的革命精神必将影响一代又一代的革命新人，造就一代又一代的民族脊梁。

在社会主义革命和建设时期，革命老区和老区人民响应党的号召，面对落后的面貌、脆弱的经济、恶劣的生态环境，他们本色不变，精神不丢，自力更生，艰苦奋斗，干一行爱一行。始终坚持"革命理想高于天"，自觉做共产主义远大理想的坚定信仰者和忠实实践者，勇于向恶劣的自然环境和贫穷落后宣战，他们在各条战线上为国建功立业，用平凡的双手创造了一个又一个不平凡的奇迹，彰显了老区人的崇高精神和人格力量。

在改革开放的伟大进程中，老区人民解放思想，勇于创新，发奋图强，攻坚克难，老区的经济社会建设取得了辉煌成就。特别是在改变中国的面貌、中华民族的面貌、中国人民的面貌、中国共产党的面貌的伟大实践中发挥了至关重要的作用。老区人民既是改革开放的参与者，也是改革开放的推动者。

艰苦练意志，危难见精神。老区人民在近百年的革命战争、社会主义建设和改革开放的伟大实践中，孕育形成了伟大的老区精神：爱党信党、坚定不移的理想信念；舍生忘死、无私奉献的博大胸怀；不屈不挠、敢于胜利的英雄气概；自强不息、艰苦奋斗的顽强斗志；求真务实、开拓创新的科学态度；鱼水情深、生死相依的光荣传统。这是党和人民宝贵的精神财富、丰厚的政治资源，是凝心聚力、振奋民族精神的重要法宝，也是社会主义核心价值观的重要内容。

中国老区建设促进会怀着强烈的政治责任感和历史使命感，组织全国各地老促会人员克服困难，尽心竭力编纂《全国革命老区县发展史》丛书，记录老区的光辉历史和辉煌成就，传承红色基因，弘扬老区精神，是功在当代、利及千秋的一件大事。手捧这部丛书的部分书稿，读着书中的故事，倍感亲切，深感这部丛书具有资政、育人、存史的社会功能，有着重要的时代和历史价值。它是不忘初心、牢记使命的源头活水，是赞颂共产党、讴歌老区人民的一部精品力作，是弘扬老区精神、传承红色记忆的丰厚载体，是一项继承优秀传统文化、弘扬革命文化、发展社会主义先进文化，坚定"四个自信"的宏大文化工程。它必将成为一种文化品牌，为各界人士了解老区宣传老区支持老区提供一部有价值的研究史料。希望读者朋友们能从中了解并牢记这些为党和民族的利益不断奉献的老区人民，从中得到教益，汲取人生奋斗的精神动力。

新时代赋予新使命，新起点开启新征程。让我们更加紧密地团结在以习近平同志为核心的党中央周围，坚持以习近平新时代中国特色社会主义思想为指导，增强"四个意识"，坚定"四个自信"，做到"两个维护"，弘扬老区精神，铭记苦难辉煌。为实现"两个一百年"奋斗目标，实现中华民族伟大复兴的中国梦作出新的更大的贡献！

邵清田

2019 年 4 月 11 日

2017年6月，中国老区建设促进会组织全国各地老促会启动编纂《全国革命老区县发展史》丛书，按照"建立中国共产党、成立中华人民共和国、推进改革开放和中国特色社会主义事业"三大里程碑的历史脉络，系统书写革命老区百年历史，深入挖掘革命老区红色文化资源，这对于充实丰富中国革命史籍宝库、在新时代传承红色基因、弘扬革命精神、强固根本，对于激励人们在新的历史条件下夺取中国特色社会主义伟大胜利，实现中华民族伟大复兴的中国梦具有重要意义。

丛书编纂以习近平新时代中国特色社会主义思想为指导，以《中国共产党历史》《中国共产党的九十年》等重要文献为基本依据，以党的领导为核心，以老区人民为主体，以老区发展为主线，体现历史进程特征，突出时代发展特色，坚持辩证唯物主义和历史唯物主义相统一、历史真实性与内容可读性相统一的原则，书写革命老区从站起来、富起来到强起来的光辉革命史、不懈奋斗史、辉煌成就史，把老区人民的伟大贡献、伟大创造、伟大成就、伟大精神充分展示出来，形成一部具有厚重历史特征和鲜明时代特色的精品力作。这是一部培根铸魂、守正创新，既为历史立言，又为时代服务，字里行间流淌着红色血脉、催生着革命激情的传世之作。丛书的编纂出版将成为讴歌党讴歌人民讴歌时代、传播红色文化、为革命老区和老区人民树碑立传的重要载体。

　　丛书按照编年体与纪事本末体相结合、以编年体为主的编写体例确定框架结构；运用时经事纬、点面结合的方式记述史实；坚持人事结合、以事带人的原则处理人与事的关系；采取夹叙夹议、叙论结合以叙为主的方法展开内容。做到了史料与史论、历史与现实、政治与学术统一，文献性、学术性、知识性相兼容。

　　为编纂好《全国革命老区县发展史》丛书，打造红色文化品牌，中国老区建设促进会认真组织积极协调，提出政治立场鲜明、史料真实准确、思想论述深刻、历史维度厚重、时代特色突出、编写体例规范、篇目布局合理、审读把关严格、出版制作精良的编纂出版总要求，力求达到革命史籍精品的精神高度、思想深度、知识广度、语言力度，增强丛书的权威性和社会影响力。各省（区、市）、市（州、盟）、县（市、区、旗）老促会的同志，以强烈的使命感、责任感和紧迫感，勇于担当，积极作为，认真实施，组织由老促会成员、专家学者等参加的十余万人编纂队伍。编纂工作主体责任在县，省、市组织协调、有力指导、审读把关。各方面人员以高度负责的精神和科学严谨的态度，满腔热情地投入工作，为丛书编纂出版做出了重要贡献。丛书编纂工作还得到了党和国家有关部委、地方各级党委政府及有关部门的大力支持和积极参与，社会各界也给予了热情帮助。中共中央政治局原委员、中央军委原副主席、原国务委员兼国防部长迟浩田上将，对老区人民怀有深厚感情，对革命老区建设发展十分关注，欣然为《全国革命老区县发展史》丛书作总序。

　　丛书由总册和1599部分册（每个革命老区县编纂1部分册）组成，共1600册。鉴于丛书所记述的史实内容多、时间跨度长和编纂时间紧，不妥之处，敬请批评指正。

中国老区建设促进会

● 历史印记 ●

边防英雄民兵——郭胜全（资料图片，摄于 1972 年）

下沙大队开展春播生产（资料图片，摄于 1976 年）

《毛泽东选集》学习宣传队在田头宣传演出（资料图片，摄于 1977 年）

宝安县农业学大寨群英会（资料图片，摄于 1978 年）

梅林原貌（资料图片，摄于 1983 年）

深圳湾畔——沙尾、沙头、皇岗一带原貌（资料图片，摄于 1983 年）

福田过境耕作口的例
行检查（张建国摄于
1983 年）

20 世纪 80 年代中期
下沙村民在田间插秧
（资料图片）

20 世纪 80 年代中期
下沙村民在蚝田劳作
（资料图片）

皇岗村（资料图片，摄于 1985 年）

岗厦村（资料图片，摄于 1985 年）

岗厦渔场渔民撒网捕鱼（资料图片，摄于 1984 年）

20 世纪 80 年代初皇岗村民从落马洲过境耕作（资料图片）

● 改革大潮 ●

20 世纪 80 年代的皇
岗大家乐舞台（资料
图片）

建设中的皇岗口岸（资
料图片，摄于1987年）

繁忙的皇岗口岸（张
早愉摄于 2003 年）

梅林电子厂的车间（资料图片，摄于 1997 年）

深圳市首家电子企业——京华电子厂录音机车间（薛国良摄于 1981 年）

上步建设大规模铺开（资料图片，摄于 1985 年）

1992 年 7 月 16 日，深圳特区首家经农村城市化改造而成立的集体股份公司——深圳市上步实业
股份有限公司成立庆典（资料图片）

民主五队文化室社员在看电视（资料图片，摄于 1981 年）

鱼骨天线（资料图片，摄于 1981 年）

1999 年首届高交会开馆仪式（资料图片）

福田保税区新貌（资料图片，摄于 2000 年）

福田保税区旧貌 （资料
图片，摄于 1987 年）

福田中心区建成前原貌
（资料图片，摄于 1987 年）

华强北商业街（资料图片，摄于1989年）

华强北商业街（刘苇摄于2004年）

华强北商业区（黄思凌摄于2017年）

● 革命遗址 ●

何华益墓（资料图片，摄于2010年）

皇岗乡农民协会旧址——庄氏宗祠（资料图片，摄于2011年）

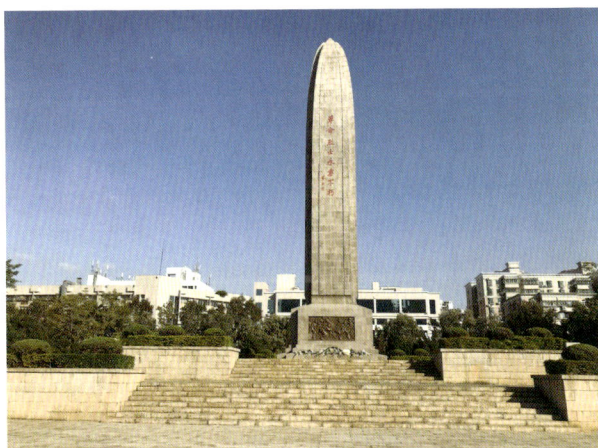

深圳革命烈士纪念碑（资料图片，摄于2011年）

东江纵队宝三区联乡办事处旧址——梅庄黄公祠（资料图片，摄于 2011 年）

庄氏宗祠近景（资料图片）

石厦炮楼（资料图片，摄于 2007 年）

曾生墓（资料图片，摄于 2019 年）

● 再创辉煌 ●

20 世纪 90 年代皇岗村旧貌（资料图片）

皇岗村新貌（资料图片，摄于 2009 年）

改造后的下沙村（资料图片，摄于 2001 年 3 月 23 日）

2004 年 8 月 22 日，为纪念邓小平同志诞辰 100 周年，时代最强音——200 台钢琴广场音乐会在市民中心举行（资料图片）

2008 年 5 月 8 日，"中国心，奥运情"火炬传递活动在福田辖区举行（梁家合摄）

渔农村新貌（资料图片，摄于 2008 年）

红树林夕照（福田区地情网资料图片，发布于2018 年 4 月 25 日）

深圳市民中心（资料图片，摄于 2004 年）

渔农村爆破瞬间（资料图片，摄于2005年）

2004年下沙举办第八届第二次世界黄氏宗亲大会（资料图片）

崛起的福田中心区（资料图片，摄于2008年）

"中国心，奥运情"
火炬传递活动现场（资
料图片，摄于2008年）

新洲村大盆菜宴（资
料图片，摄于1997年）

福田民俗大盆菜（资
料图片，摄于2007年）

微信扫描二维码
您立即开展本书的
延伸阅读。

习近平总书记曾指出，革命老区是党和人民军队的根，我们永远不能忘记自己是从哪里走来的，永远都要从革命的历史中汲取智慧和力量。

《深圳市福田区革命老区发展史》是以习近平总书记关于革命老区的系列讲话精神为指导编写的，是一本集中体现福田革命老区人民革命斗争历史的专著，是福田政治生活和精神文化领域一件非常有意义的事情。

本书所记叙的史实时间跨度大，从20世纪20年代建党时期起，到进入中国特色社会主义新时代的今天，记录了福田将近百年的革命老区发展历程。《深圳市福田区革命老区发展史》充分反映了福田波澜壮阔的革命斗争历史和福田人民赤胆忠心的革命斗争传统。无论是建党时期、土地革命战争时期，还是抗日战争时期、解放战争时期，福田这块土地上都曾演绎过雄伟壮丽的历史，福田人民用鲜血和生命谱写了众多荡气回肠的英雄赞歌。早在1924年，中共广东区委就派遣广东农民运动讲习所第一、二期共产党学员黄学增、龙乃武、何友逖到宝安县从事建党工作，何友逖负责的宝安县第三区就包括现在的福田地区。1925年，福田地区成立了以庄泽民为组长的皇岗村党小组和以郑公法为组长的上步村党小组，这是中国共产党在深圳地区较早建立的基层党组

织。福田还是中共广东区委较早开展农民运动和直接支持省港大
罢工运动的地方。抗战时期，福田人民积极组建民兵游击队，参
加东江纵队，坚持抗日，英勇战斗，为抗战胜利作出了巨大牺牲
和不可磨灭的贡献。特别是 1927 年在皇岗村建立的地下红色交通
站、1941 年秘密营救在香港的知名文化人士、解放战争时期的税
收斗争等行动，为宝安、为广东乃至全国的革命斗争做出了特殊
贡献。那些在福田地区洒下革命热血的先辈们的英勇事迹，定当
永彪史册，永远值得后人缅怀和铭记。

福田革命老区发展史，是一幅血与火绘成的壮丽画卷，是福
田人民自强不息、顽强拼搏，在福田大地上建设幸福家园的辉煌
史诗。中华人民共和国的成立改变了中华民族屈辱受欺凌的历史，
人民终于当家做主，过上了和平安定的生活。和全国人民一起，
福田地区人民在中国共产党的领导下从屈辱中站起来。中华人民
共和国成立到改革开放前近 30 年间，福田人民在曲折中探索前
进。1978 年 12 月，中共十一届三中全会揭开了改革开放的序幕，
福田地区成为改革开放的前沿阵地。传统力耕治业的福田人，在
传承革命老区赤心为民、不畏艰险、不懈奋斗的"东纵精神"的
同时，发展出开拓创新、诚信守法、务实高效、团结奉献的"拓
荒牛精神"，率先打破旧思想、旧观念的束缚，怀揣理想抱负，
以拓荒牛的韧劲，解放思想，实干创业，砥砺前行。福田区委、
区政府全面贯彻党的十八大、十九大精神，与时俱进、深化改革，
坚持打造"首善之区、幸福福田"，主动适应经济发展新常态，
使革命老区在新时代继续发展，缔造了福田奇迹、福田效率、福
田模式、福田辉煌，以其沧桑巨变谱写壮丽的诗篇。

盛世修史。《深圳市福田区革命老区发展史》记录福田地区
的历史沧桑和人民的拼搏奋斗，书写今日的辉煌，以翔实的内容、
图文并茂的方式，呈现福田革命斗争与建设发展的光辉历史，希

冀人们在高速发展的新时代，不忘坚持和弘扬革命老区精神和光荣传统，继承这笔宝贵的精神财富，继续投身到福田的建设中去，再创辉煌。

本书编写耗时两年。在编写过程中，得到深圳市委、市政府的充分肯定和亲切关怀，得到深圳市史志办公室的大力支持，得到社会各界的热心支持，谨致以衷心的感谢。

深圳市福田区革命老区发展史编纂委员会
2020 年 12 月

1

第一章

区域和革命老区概况

第一节 福田区基本情况

一、地理位置、面积及人口

福田区隶属于广东省深圳市，位于深圳经济特区中部，是深圳市中心城区、市委市政府所在地，深圳行政、文化、金融、信息和国际展览中心。东起红岭路与罗湖区相连；西至侨城东路、海园一路，与南山区相接；南临深圳河、深圳湾与香港"新界"的米埔、元朗隔河相望；北至白尾石、大脑壳、黄竹园等，笔架山山脊与龙华区民治街道毗邻。地理坐标为北纬 22°30′ 至 22°36′，东经 113°59′ 至 114°06′。福田辖区总面积 78.66 平方千米，占全市的 3.9%，在深圳十区中排名第九。其中，建成区面积 57.72 平方千米，建设用地面积 63.29 平方千米。①

历史上的福田隶属于宝安（新安）县。据资料记载，1917年，宝安县全县人口 287450 人。随后，宝安县连年受军阀混战的影响，民不聊生，百姓深受军阀、封建乡绅和官僚的压迫，青壮年男性或被抽壮丁，或被卖到南洋做"猪仔"。1927 年，人口数量锐减至约 19 万人。至抗日战争结束（1945 年），人口数量与民国初年相比进一步减少，全县人口数量不足 14 万。解放战争期间

---

① 数据来源于《深圳市福田区 2018 年国民经济和社会发展统计公报》。

人口有所增长，至1949年，宝安县人口约18.5万人。

表1-1　民国时期宝安县人口数量变化表①

年份	总户数	总人口数（单位：万人）
1917年		28.75
1927年		19
1928—1931年	48537	20.37
1934年	47102	17.16
1937年	48440	17.53
1939年	48537	20.37
1945年	38391	13.95
1946年	48502	17.99
1949年		18.47

中华人民共和国成立后到改革开放前，宝安县曾进行过两次人口普查。第一次人口普查于1953年进行，全县总人口约19万人；1964年进行了第二次人口普查，全县总人口26.2万人，同第一次相比，增长38%。1975年，宝安县人口约33万人。

改革开放以后，福田地区属深圳经济特区管辖，人口规模迅速扩大，1983—2003年，户籍人口增长6倍，非深圳户籍人口增长16倍；至2003年，常住人口达106万多人，其中常住户籍人口38万人，常住非深圳户籍人口67.89万人。至2018年末，全区共有常住人口163.37万人，其中常住户籍人口104.22万人，占全区常住人口的63.8%；常住非户籍人口59.15万人，占全区常住人口的36.2%。福田区人口总体上呈现常住人口增长、常住

① 数据来源于《深圳博物馆基本陈列·近代深圳》和《宝安县志》。

户籍人口比重上升的特点。

表 1-2　2013—2018 年福田区常住人口发展情况表①

（单位：万人）

年份	2013	2014	2015	2016	2017	2018
常住人口	133.95	135.71	144.06	150.17	156.12	163.37
常住户籍人口	78.32	83.35	89.01	95.35	103.87	104.22
常住非户籍人口	55.63	52.36	55.05	54.82	52.25	59.15

二、建制沿革

关于"福田"一名的由来，有两种说法：一种说法是源于宋代所题"湖山拥福，田地生辉"一词；另一种说法是据传南宋末年，上沙村始祖黄金堂的四子酉孙为到松子岭南麓建村，彼时福田村南有一幅幅的田地，是酉孙的后裔所开垦，这些人又被称为"隔田佬"，其地又称隔田乡。所垦之田，晚霞所照，块块成格，一幅一幅金光闪闪，故称幅田村。幅、福同音，人们逐渐就称福田了，取其"得福于田"之意。

福田历来为宝安县（新安县）辖地。公元前214年，秦始皇统一岭南，并在岭南设置南海、桂林、象三郡，福田属于南海郡地域。东晋咸和六年（331年），朝廷设东官郡，辖宝安、海丰、兴宁等六县，即东晋时宝安已建县。隋开皇十年（590年），废东官郡，宝安县改属南海郡。唐至德二年（757年），宝安县更名为东莞县。北宋开宝五年（972年），东莞县并入增城县，次年复置东莞县。明万历元年（1573年），析东莞县，置新安县，福田时属新安县归城乡六都。清时属新安县官富司辖地。

---

① 数据来源于福田区各年年报。

1914 年，新安县改名为宝安县。民国初期沿袭清末乡镇自治。1924 年实行区乡编制，福田属宝安县第三区；1941 年至中华人民共和国成立初期属宝安县第二区沙头乡。

1949 年 10 月后，宝安县人民政府接管各区乡政权，福田时属沙头乡；1950 年 4 月，宝安县编 4 个区、19 个乡、1 个区级深圳镇，福田时属第二区沙头乡；1955 年 8 月，宝安县第二区改名为福田区，福田时属宝安县福田区沙头乡；1958 年 10 月，宝安县实行人民公社建制，福田先后属南天门公社、附城公社、沙头公社、福田公社。1979 年 3 月，宝安县撤县建市，改称深圳市，同年 4 月成立罗湖区，辖福田公社；1980 年 8 月，深圳镇、沙头角、附城、福田、南头、蛇口、盐田公社被划为深圳经济特区。

三、行政区划

深圳经济特区成立后，1983 年 6 月，深圳特区内设罗湖、上步、南头、沙头角 4 个办事处，其中，福田地区归属上步区办事处管辖，管辖范围东至红岭路，西至车公庙工业区，南临深圳河与香港隔河相望，北至笔架山二线，辖区面积 68.8 平方千米。上步区办事处下设上步、福田 2 个街道办事处。同年 10 月，上步区办事处设园岭、南园、福田、沙头、梅林 5 个街道办事处。

1985 年 3 月，上步区办事处改称上步管理区，辖福田、南园、沙头、园岭、梅林 5 个办事处，25 个居委会，14 个村委会，45 个自然村。

1989 年 5 月，上步管理区增设华富、香蜜湖 2 个街道办事处。辖区面积 78.8 平方千米，管辖园岭、南园、福田、沙头、梅林、华富、香蜜湖共 7 个街道办事处，39 个居委会，15 个村委会，51 个自然村。

1990 年 10 月，深圳市设立福田区，福田区人民政府驻深南中路。行政管辖范围东起红岭路，西至车公庙工业区，南临深圳河畔，北及笔架山与宝安县龙华镇相连。辖区面积 78.04 平方千米，下辖 7 个街道办事处，39 个居委会，15 个村委会。

1992 年 6 月，深圳市发布《关于深圳经济特区农村城市化的暂行规定》，决定在经济特区内实施农村城市化改革，福田区以原上步村为试点，在全市率先开展农村城市化改革。7 月，深圳市首家由农村集体企业转制而成的股份制企业——深圳市上步实业股份有限公司成立。随后，福田区下辖的 15 个村委会改制为 34 个居委会、15 个集体股份公司。

2002 年，增设莲花街道。2009 年，增设华强北、福保街道。

至 2017 年末，福田区下设南园、园岭、福田、沙头、香蜜湖、梅林、莲花、华富、福保和华强北 10 个街道办事处，共有 95 个社区工作站和 116 个社区居委会（含保税区）。

表 1-3　2017 年福田区街道情况简表①

名称	成立年月	所辖社区		常住人口（单位：万人）	辖区范围
		数量	名称		
南园	1983.10	11	东园、巴登、滨江、玉田、南园、沙埔头、园西、锦龙、南华、赤尾、滨河	12.54	位于福田区的东南部。东至红岭南路，与罗湖区桂园街道相连；西接华强南路并沿滨河路至福田河，与福田街道毗邻；南临深圳河，与香港特别行政区隔河相望；北靠深南中路，与华强北街道相接。

① 数据来源于"福田政府在线"网站和《深圳市福田区统计年鉴2017》。

（续表）

名称	成立年月	所辖社区		常住人口（单位：万人）	辖区范围
		数量	名称		
园岭	1983.11	7	红荔、园东、长城、上林、南天、鹏盛、华林	10.40	位于福田区东北部。东起红岭路；西至华强北路；南至红荔路；北至泥岗西路。
福田	1983.11	13	福田、岗厦、皇岗、水围、渔农、福华、圩镇、福山、福安、福民、海滨、口岸、福南	28.25	位于福田区南面。东起华强路；西至新洲路；北接深南路；南临深圳河，与香港"新界"、落马洲隔水相望。
沙头	1983.10	12	上沙、下沙、沙嘴、沙尾、新洲、新沙、天安、金城、金碧、翠湾、金地、新华	26.57	位于福田区的西南部。东起新洲路；西连华侨城；南临深圳湾，与香港元朗隔海相望；北以深南大道为界。
香蜜湖	1989.04	9	香安、香梅、香岭、竹林、竹园、农园、香蜜、东海、侨香	11.98	地处福田中心区。东起香梅路；西至侨城东路；南临深南路；北至北环路。

（续表）

名称	成立年月	所辖社区		常住人口（单位：万人）	辖区范围
		数量	名称		
梅林	1983.10	13	梅林一村、龙尾、上梅、新兴、下梅、梅河、梅都、孖岭、新阁、翰岭、梅亭、梅京、梅丰	18.23	位于福田中心区北面。东起银湖路口，与罗湖区清水河街道相临；西至安托山，与南山区桃源街道相接；南临北环快速干道；北抵梅林山顶，与宝安区民治街道相接。
莲花	2002.09	12	福新、梅富、康欣、狮岭、梅岭、紫荆、景华、景田、莲花北、彩田、彩虹、福中	18.90	地处深圳市中心区。东起彩田路；西至香梅路；南临深南路；北达北环路。
华富	1989.04	8	梅岗、华山、黄木岗、新田、田面、莲花一村、莲花二村、莲花三村	8.68	地处福田区中部。东起华富路，与华强北街道相连；西至彩田路，与莲花街道接壤；南临深南路，与福田街道毗邻；北接北环路，与梅林街道相接。
福保	2009.07	5	福保、明月、石厦、新港、益田	13.20	福田中心区南端。东起益田路、国花路、桂花路、福田口岸西广场；西至新洲路、新洲河；北至滨河大道、福强路；南邻深圳河。福田区委区政府、福田保税区所在地。

（续表）

名称	成立年月	所辖社区		常住人口（单位：万人）	辖区范围
		数量	名称		
华强北	2009.07	5	福强、荔村、通新岭、华红、华航	7.37	位于福田区东部。东起红岭中路、华强北路；南临深南中路；北接红荔路、华富路；西达华富路。

四、自然资源

福田区地处北回归线以南，主要由 24 平方千米的中心城区和深南大道两侧带状经济开发区域及部分丘陵、山地、海滩组成，属亚热带海洋性季风气候，光照充足，雨量丰富，夏长冬暖，温和湿润，植物四季常青。地势北高南低，属低山丘陵滨海区，山地主要分布在北部梅林山、笔架山。

（一）园林绿化、水文资源

至 2017 年 10 月，全区绿化覆盖面积 3382 公顷，绿化覆盖率约为 43%；拥有公园总数达 119 个，公园面积 878.45 公顷，占辖区总面积的 10% 以上，成为公园里的城市中心区。建成绿道 150千米，其中 37 千米的环城绿道犹如一条翡翠项链串联起城区山、林、城、海风光。全区空气质量优良率 94%，饮用水源地水质达标率 100%。

辖区内有新洲河、凤塘河、小沙河、深圳河、福田河、皇岗河、笔架山河 7 条河流，分属深圳湾水系和深圳河流域。流域总面积约 62.6 平方千米，其中集雨面积大于 10 平方千米的河流有福田河、新洲河、凤塘河。

莲花山公园（资料图片）

（二）海洋资源

福田区境内海湾为深圳湾的一小部分。20世纪60年代以前，因汇入河流众多，深圳湾海域有机物质营养丰富，浮游生物繁殖生长，形成较优质的天然小渔场，渔业资源丰富，常出现石斑、盲曹、仓鱼、池鱼、铁甲鱼、狮头等鱼类，但鱼的品质较次，价格低廉。20世纪60年代中期以后，香港工业发展，部分废弃物和废水的排放不同程度污染了深圳湾海域，原有的渔业生态环境遭到破坏，天然渔场由此丧失。

下沙、石厦两村位于福田区西南部，背山面海，南邻深圳湾浅海。这里地处珠江出海口，海水咸度被珠江水冲淡，同时因处于深圳湾内海，海浪不大，自然、地理环境得天独厚，是蚝的天然场地。在20世纪80年代以前，养蚝是福田下沙、石厦两村村民的主业之一，其收入大体占到两村村民总收入的60%左右。下沙村在养蚝规模最大时共有蚝田4万多亩，主要分布于深圳湾北岸一侧，从南头半岛以东，绵延至现红树林一带。石厦村的蚝田则主要分布于深圳湾南岸一侧香港境内，石厦蚝一度与宝安县沙井蚝齐名。1978 年以后，随着深圳经济特区不断发展，城市开发建设不断推进，土地资源紧缺，政府实施填海造地，深圳湾大片海域被填为平地，海域面积大大缩小，百姓种蚝打鱼营生模式逐渐成为历史。

（三）梅林荔枝

梅林离海较远，处于山地丘陵地带，梅林各村村民以农耕为主，同时利用山坡地形广种果树。其中梅林荔枝已有 300 多年的种植历史，远近闻名，在香港拥有极高的品牌认知度。但随着深圳城市化进程的不断深入，梅林各山头成为国有土地，村民们种植的果树被砍伐，现只剩少量荔枝树。如今的梅林公园古荔区保留了原有的近千株的古荔枝树，且大部分都是百年以上的树龄，古树参天，郁郁葱葱，是深圳市宝贵的自然景观。

梅林荔枝丰收（福田史志办资料图片，摄于 1984 年）

（四）野生动物

福田的野生动物资源主要分布在笔架山和红树林两地。

笔架山总面积约 146 公顷，主峰海拔 178 米，次主峰 164 米，为低山丘陵地形，已辟为笔架山公园。山内野生动物种类较丰富，超过 120 种。已查明两栖类 9 种，爬行类 23 种，鸟类 81 种，兽类 13 种。

福田红树林分布有腔肠动物门、扁形动物门、纽形动物门、环节动物门、节肢动物门、脊椎动物门等 7 门、6 纲、44 科、86 种，其中共有 23 种珍稀濒危鸟类，如卷羽鹈鹕、白肩雕、黑脸琵鹭、黑嘴鸥等。

（五）红树林

福田区所辖的海岸线长 5 千米，东起皇岗村，西至车公庙的深圳湾畔有一条面积约 304 平方千米的红树林带。福田红树林集林、鸟、水、鱼于一体，四季常青，是全国唯一地处城市腹地的红树林，1984 年设立广东内伶仃福田自然保护区，1988 年被定为国家级自然保护区。保护区内生长着木榄、秋茄、桐花、海莲等 27 种植物，占世界上红树林植物品种总数的 84%。同时，红树林还是候鸟迁徙的中转站和禽鸟的生息繁衍地，常见鸟类有白鹭、翠鸟、喜鹊等上百种。

福田红树林鸟类自然保护区一景（资料图片）

第二节

福田革命老区的评划与革命史迹

一、福田革命老区的评划

深圳市有 740 个村被评定为革命老区村，据 1997 年报表统计，总计人口 151081 人，包括抗日战争时期的革命老区村庄 410 个，共 96013 人；解放战争时期革命老区村 330 个，共 55068 人。其中，福田区共有 5 个村被评定为革命老区村，分别是福田街道的皇岗村、岗厦村、水围村，梅林街道的上梅林村、下梅林村。这五个村均属于抗日战争时期的革命老区村，当时共有人口 6938 人。① 解放战争时期，福田区的革命斗争活动以地下活动为主。

除革命老区村外，福田区现有革命遗址六处，分别是：梅庄黄公祠、庄氏宗祠、曾生墓、何华益墓、石厦炮楼、深圳革命烈士陵园。这些革命遗址见证了福田人民顽强抵抗、奋勇斗争的历史，同时，在社会主义现代化建设的过程中是进行爱国主义教育、缅怀革命先烈的场所，也是在新时代传承红色基因，实现中华民族伟大复兴的精神动力和源泉。

---

① 戴北方总纂，深圳市地方志编纂委员会、黄小华主编：《深圳市志·法制政务卷》，方志出版社 2006 年版，第 350 页。

二、老区村落革命史迹

（一）上梅林村

在深圳市福田区的北部，有一座东西走向的山，由于漫山遍野都长满梅树，人们便把这山称作"梅林山"，山坳之处称"梅林坳"，梅林坳外围区域称"梅林"，梅林东边的村子称"上梅林村"，西边的村子称"下梅林村"。上梅林村位于福田北部梅林山南麓，世代村民为黄姓，一世祖黄默堂从江西迁至广东新安沙头，即福田地区一带置地立村，后来黄氏族人不断繁衍，黄默堂三子黄仲孙携妻儿从沙头迁移至上梅林立村，村庄不断发展，逐渐形成西兴村、铁围村等新的村庄。

上梅林村新貌（上梅林股份公司资料图片）

上梅林村属于福田区五个革命老区村庄之一，地处山区，村民世世代代以种养业为生，民风淳朴，爱国爱乡的良好传统根深蒂固。抗日战争时期，战火燃烧到华南地区，抗日游击队在上梅林一带活动，抗击日本侵略者。1938 年，上梅林村村民组织起抗日自卫队，开展抗日工作，为革命斗争筹集财力支持。抗日自卫队成立之后，队员不断加强军事训练，学习军事知识和步枪等武器的使用方法，积极主动参与抗日活动，破坏敌人的运输线、通讯设施，配合游击队打击日本侵略者。村民还积极为游击队筹粮筹款、运送物资、收集情报、带路送信、救护伤病员、洗衣做饭，上梅林村成为抗日的堡垒村。

1941 年底至 1942 年初，上梅林村村民积极协助抗日游击队，参与革命斗争。在秘密大营救中，克服重重困难，冲破日伪军封锁，历时半年，成功营救了 300 多名爱国民主人士、文化界知名人士，为中国保存了一笔重要的文化财富。在营救过程中，数百名文化界人士从香港转移到深圳再进入内陆地区，福田上梅林村就是他们转移的必经之路，路过上梅林时，他们夜宿梅庄黄公祠，次日经梅林坳翻山到达宝安白石龙根据地。抗战后期，广东人民抗日游击总队曾在上梅林梅庄黄公祠设立宝三区联乡办事处，不久，在上梅林设立税站。

解放战争时期，上梅林村民兵队伍发展壮大，他们协助党组织建立乡民主政权，减租减息、清匪反霸、筹粮筹钱、送情报、掩护和护理游击队的伤病员，为解放战争的胜利作出了贡献。

（二）皇岗村

民国时期，皇岗村位于深圳镇与旧县城南头的中间地带，南与香港"新界"落马洲、米埔村仅一河之隔，村北有一条横贯宝安南头至深圳镇的大路，水陆交通极为方便。皇岗村由上围、下围、吉龙三个自然村组成，面积 0.5 平方千米，村民为庄姓。村子的背后有一个山岗，村子就起名"皇岗"。皇岗村与香港隔河相望，改革开放后兴建的皇岗口岸即以皇岗村地名而命名。

由于其特殊的地理位置、便利的交通条件，皇岗村不论在土地革命时期、抗日战争时期，还是在解放战争时期，都成为中共建立党组织、开展革命活动的重要地点。1925 年冬，皇岗村成立农民协会，会址设在庄氏宗祠，同期成立皇岗农民自卫军，并建立党组织。1927 年四一二反革命政变发生后，革命形势急转直下，农会的主要成员被迫分散转移到香港等地暂避风头，以保留实力。是年 8 月，中共广东省委指示宝安县委在皇岗村建立交通站，以保持当时设在香港的省委机关与广州及各区县的联络。交通站秘密联络点设在庄氏宗祠，由共产党员庄泽民任站长，主要任务是收集传送情报及护送重要人物进出香港。在宝安县委和福田群众的密切配合下，皇岗交通站建立，并开辟了一条从香港到宝安、东莞、增城、广州等地的地下交通线，使上级的指示及时传达到各地党组织，并使各地党组织开展革命斗争的情况以及重要情报得以及时上报，被誉为党的地下"红色交通线"。

1928 年 5 月，宝安暴动失败后，革命斗争转入地下，共产党在皇岗一带的活动也转入地下。1930 年 2 月，党组织决定恢复皇

皇岗村新貌（皇岗股份公司资料图片）

岗交通站，站长庄泽民回到皇岗，在水围开设一家杂货店作为联络点，恢复了皇岗党组织和交通站的活动。1931 年 12 月，由于曾品贤、庄海添叛变，庄泽民等人被出卖，致使中共宝安组织和皇岗交通站遭到严重破坏，红色交通线被迫暂时中止一切活动。

抗日战争时期，由于对敌斗争需要，皇岗水围地下交通线于1942 年 1 月恢复。广东人民抗日游击队遵照中共中央指示，冲破日军严密封锁，深入港九地区，把困留在香港的爱国民主人士、文化界知名人士和国际友人营救出来，使之安全转移到惠东宝抗日根据地。营救工作分东、西两条路线，皇岗、水围与香港仅一河之隔，成为西线的必经之地和交通咽喉。1 月 9 日，邹韬奋、茅盾等 20 多人绕过日本人的封锁线，经落马洲渡过深圳河到达现在福田区的赤尾村，又经皇岗水围，越过梅林坳，于 13 日黄昏到达宝安的白石龙村。营救工作结束后，皇岗水围地下交通线暂时中止活动，直到 1946 年冬解放战争时期才得以恢复。

（三）下梅林村

下梅林村和上梅林村一样，村庄的名字均来源于梅林山。下梅林村位于福田区北部丘陵地带，坐落于梅林山南麓，梅林水库以南，新洲河从村东经过，后来因为城市发展需要新洲河在下梅林段改为暗渠。清康熙年间，下梅林村属新安县归城乡六都；清嘉庆年间，属新安县官富司；民国时期，属宝安县第三区沙头乡。

抗日战争时期，梅林地区抗日活动频繁，活跃在这一带的抗日游击队名为向南武工队，队长郑珠明。1943 年 12 月，东江纵队成立后，向南武工队被纳入东江纵队编制。游击队以下梅林村作为根据地，利用这里背靠大山、地处丘陵、地形复杂，群众基础好的有利条件，采取昼伏夜行、灵活多变的战术，扰得日军日夜不得安宁。为对付游击队，日军在下梅林村驻扎兵力，利用汉奸，四处打探游击队情报。当时有两个地痞流氓投靠日军，充当日军走狗，老百姓对他们恨之入骨。汉奸不除，民愤难平，郑珠明在向东江纵队领导汇报之后，召集游击队骨干成员在下梅林村的一座隐秘小屋里制订了周密的锄奸计划，一举除掉这两个汉奸，打击了日军和汉奸的嚣张气焰，老百姓拍手称快。

（四）水围村

水围村坐落于深圳河北岸，位于深圳市中心区中轴线南端，皇岗河流经该村，因城市发展需要现已改为地下暗河。该村与皇岗村接壤，东南与渔农村相邻，距离福田街道办事处约 0.5 千米，村域面积 0.23 平方千米。107 国道、广深高速公路、滨河大道、金田路及福民路经过该村。水围村世居村民以庄氏为主，使用粤语方言（围头话）。据传南宋末年，广东庄氏一世祖敬德公因战乱率兵入粤，战后在东莞咸船澳落户。明洪武年间，广东敬德庄氏四世祖蒙斋公，携庄氏族人迁至深圳河北岸捕鱼晒盐而形成村落。因地势低洼，族人砌围立村时"水环四壁"而取名水围村，曾用名"老围村"。

水围人富有正义感和责任感，老辈水围人留下了很多英勇抗敌的革命事迹。早在清朝末年，就有庄氏族人与深圳河南岸元朗、锦田等地乡亲联手抗击外国侵略者的保卫家园壮举。在 20 世纪 20 年代大革命时期，中共党组织在包括水围、上围、下围、吉龙在内的皇岗开展轰轰烈烈的农民运动，村民的思想觉悟得到大幅提高。水围在各村中相对较穷，投身革命的村民相对较多，革命意志也较为坚决，自此形成了优良的革命传统，涌现出庄太长、庄泽民等革命人士。在土地革命时期，水围村是皇岗水围交通线上的重要部分，1930 年，水围村人庄泽民作为交通站负责人，在此开设了一家杂货铺来掩护皇岗水围交通线上的革命活动。这条交通线在抗日战争时期发挥了重要作用，水围村民用自己的小船为抗日部队接送过往香港落马洲、米埔和深圳的人员，运送药品和枪支弹药等，村民庄福泽赖以为生的小船被日伪人员炸毁，仍然毫不动摇，千方百计筹钱重新购置"虾艇"，继续为交通线工作。在1942年的秘密大营救事件中，水围成为营救路线中至关重要的一环。1946年冬，党组织决定恢复此红色交通线，建立香港和内地根据地的联系，与国民党反动派展开新的斗争，皇岗水围交通线是当时深圳连接香港的四大交通线中最活跃的交通线之一。随着革命胜利、全国解放，红色交通线也完成了它的历史使命，成为深圳爱国主义教育基地。

水围村旧照（资料图片）

水围村新貌（资料图片）

（五）岗厦村

岗厦村位于深圳福田中心区，深南大道以南，福华路以北，皇岗路以西，金田路以东，西南是皇岗村，北边有莲花山，东面有福田村，东北有田面村。距福田街道办事处约 1 千米，村域面积约 1 平方千米。南宋末年，抗元英雄文天祥的族人——文应麟率领文氏族人，从广东惠州迁移到宝安县松岗、福永一带定居。元末明初，应麟公后裔文萃（1356—1445 年）南迁，到该地时，见该地土地肥沃，后面有连绵起伏的山岗，末端较高一座为大和岭（即今莲花山），便在此立围定居，成为始祖，围塘养鱼，发展农业生产。因位于莲花山山岗之下，被称为"岗下"，后来改为"岗厦"。清康熙二十八年（1689 年）修《东莞县志》载：文应麟，丞相文天祥从孙……景定年（1260—1264 年）中，丞相弟璧守惠州，应麟与之偕，屡劝璧修城堞，建楼橹……以严守备。璧易其言。及元兵至，竟以城降。应麟耻之，携二子起东、起南，遁于邑之东渚（煮），遂家焉。《文氏通谱》有载：粤东世系岗下始祖，萃，字挺华，号美裕，生元至正十六年（1356 年）七月初六日，卒正统十年（1445 年）二月十四日，公由石步迁徙洲头，复徙岗下，今为岗下开相。另据通谱记载，文萃乃文应麟曾孙。

明清时期，岗厦村属于新安县沙头乡，民国时期属宝安县。在大革命时期，岗厦村的农民运动特别活跃。1925 年 8 月初，广东省广宁县农会遭到土豪地主、官僚、土匪的摧残破坏，各区农会屡遭进攻，农民、农军死伤惨重的消息传到深圳地区后，上步、罗湖、岗厦、蔡屋围、笋岗、黄贝岭等各乡农民协会立即召开 2000 余人的全体会员大会，一致表决要与国民党中央、国民政府、广东省政府、中华全国总工会、省港罢工委员会、中国青年军人联合会、广东省农民协会密切配合，同仇敌忾，誓死援助广宁农民兄弟，铲除地主、地方官僚等反动势力，保障农民阶级利益。

　　抗日战争时期，日军在岗厦村滥杀无辜、强奸妇女、进行细菌实验，村民饱受摧残。日军的暴行激起了人民群众的愤怒，在共产党的带领下，岗厦村人民以各种方式积极投身到抗日斗争中。村民文伙泰一家就是典型的抗日家庭，文伙泰本人参加东江游击队任小队长，为了打击日军，他靠亲人支持，忍饥挨饿，风餐露宿，出生入死，坚持游击斗争，新中国成立后曾任宝安县公安科科长；文伙泰的岳父郑珠明是东江纵队支队队长，上步村人；岳母是抗日游击队双枪女"保镖"，曾担任郑珠明的警卫员；妻子郑女是岗厦村老党员，12岁就担任东江纵队秘密交通员，为把秘密情报送到东江纵队手里，经常把情报塞进蒲瓜，糊住切口，冒着生命危险，挑着担子出入日占区。村民文伙寿，抗日战争时期在香港当海员，经工友介绍加入了中国共产党。在随公司游轮去英国期间，文伙寿听闻在英国的中共党员介绍，工农红军在经济

岗厦村牌坊（岗厦股份公司资料图片）

上非常困难，主动捐出自己一个月的工资 5 英镑，并号召公司船员，动员船友们积极响应，共募集到 350 英镑寄往国内，支援陕北红军。其他村民则以给游击队提供粮食、食盐，帮助抗日武装力量解决经济上的困难，给游击队传送情报等方式，积极进行抗日。

岗厦村新貌（资料图片）

2

第二章

血色暴动　红色皇岗

第一节 大革命时期的工农运动

一、党组织的建立与发展

鸦片战争以后，外国列强对中国进行武力威胁、经济掠夺和文化奴役，使中国劳动人民生活于水深火热之中。五四运动前兴起的新文化运动，已发展成为以传播马克思主义为中心的思想运动。五四运动后，马克思主义在中国迅速而广泛的传播，为中国无产阶级政党的创建准备了理想条件。1921 年 7 月，中国共产党成立。中国共产党以马克思主义思想为指导，以民族救亡为己任，开辟了民主革命的新篇章，中国工农运动得到迅速发展。

中共一大后，1921 年 11 月，中共中央局向全党发出通告，要求广州、上海、北京、武汉、长沙 5 个地区于本年底或最迟在次年中共二大召开前，各发展党员 30 人，成立区执行委员会。中共广东支部接到通告后，加强了党的思想建设和组织发展工作。1922 年 6 月，党员发展到 30 多人并成立了中共广东区委员会，负责领导广东、广西、闽南等地工作。在党的领导下，广东地区的工人和农民掀起了革命斗争的高潮。1923 年 1 月，海丰总农会成立，这是中国革命史上第一个有组织有领导的县一级农民协会。广大农民团结在农会的周围，向封建势力展开了激烈的斗争。

宝安县革命种子也慢慢茁壮成长。宝安县北靠广州，南邻香港，地理位置独特。香港受英国的殖民统治，是东西方思想文化交流、碰撞、融合的中心，也使得仅一河之隔的宝安县较早接触到马克思主义思想，为党组织的成立打下了思想基础。随着香港成为远东重要港口，宝安县有不少人到香港谋生，成为远洋轮船上的船员或其他行业的产业工人，为深圳地区党组织的成立奠定了阶级基础。

1924 年 1 月，国民党第一次全国代表大会在广州召开，标志着以国共合作为基础的革命统一战线正式建立，这为广东地区工农群众运动的恢复和发展创造了有利条件。国共合作后，由于两党的共同努力和实行"扶助农工"政策，广东农民运动出现前所未有的新局面。

国共合作组成的国民党广东省党部成员合影。前排右一为黎樾廷（共产党员）、右三为何香凝、右四为彭湃（共产党员），后排右一为刘尔崧（共产党员）、右四为杨匏安（共产党员）（中共宝安县第一次党员代表大会纪念馆资料图片）

1924 年下半年，中共广东区委派遣广州农民运动讲习所第一、二期学员黄学增、龙乃武、何友逊等人，以国民党中央农民部农运特派员的身份到宝安县开展农民运动。黄学增驻第五区，龙乃武驻第四区，何友逖驻第三区（后由郑奭南接替）。他们在农村开展农民运动，并积极从事党建工作，培养农民运动骨干，发展党组织。

郑奭南（1900—1998年），又名郑哲，深圳市福田区上步村人。1925年7月由周士第、黄学增介绍加入中国共产党。曾任中共宝安县委书记、东宝工农革命军副总指挥（深圳市史志资料图片）

当时，宝安县划分为七个行政区。其中第三区以深圳镇为中心，东自沙头角、大小梅沙，西至车公庙、沙头，南濒深圳河一带，北达李朗、布吉，福田地区被囊括在内。接替何友逖驻第三区的郑奭南就是福田上步村人，从复旦大学教育系毕业后，饱含一腔热血，毅然回到家乡投身革命运动，结识省农运领导人阮啸仙后，在他的引荐下认识了国民党中央农民部秘书罗绮园，并被任命为国民党中央农民部干事。

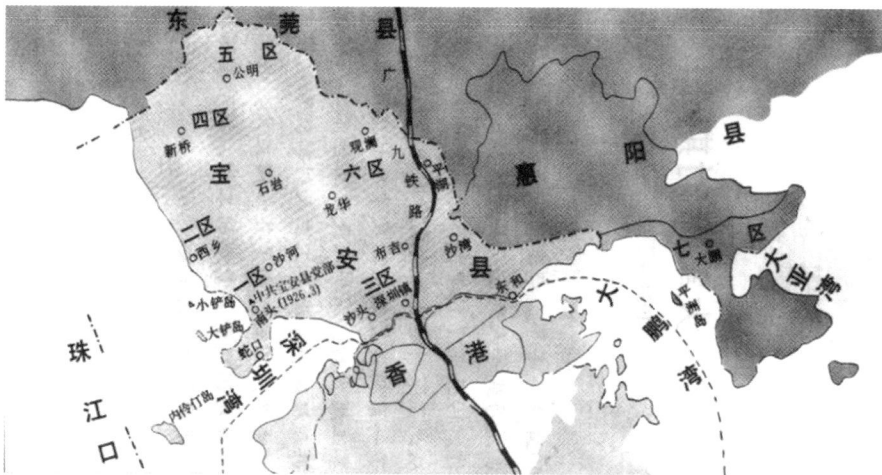

大革命时期宝安县辖区示意图（中共宝安县第一次党员代表大会纪念馆资料图片）

　　由于人地生疏，根基未稳，公开建立共产党的基层组织容易遭到豪绅地主的对抗破坏。黄学增、龙乃武、何友逖、郑奭南以建立国民党基层组织为号召，进行活动。起初，他们与各村士绅打好关系，在农村开展工作，并介绍其中的优秀分子加入国民党，成立国民党乡区分部，建立与土豪劣绅作斗争的基础。然后从中吸收先进分子发展为中共党员，建立各乡党小组。受黄学增、何友逖等人影响，三区郑泰安、文季彬、郑庭芳等一批优秀的农运分子纷纷要求加入中国共产党。

　　随着党员人数的增加，各区相继成立了党小组。至1925年底，先后在5个区建立起11个党小组，其中，第三区在黄贝岭、上步、皇岗三地组建3个党小组，上步党小组、皇岗党小组处于福田地域，组长分别为郑公法和庄泽民，这是福田地区较早建立的中共基层党组织。各乡党小组以国民党乡区分部为活动中心，先号召群众加入国民党，然后从中再吸收中共党员，最后发展成立乡农民协会。党小组每月至少进行一次学习，由党组织领导人龙乃武、郑奭南巡回主持。这对组织党员讨论时事，认清形势，

中共宝安县第一次代表大会旧址（深圳市史志办资料图片）

掌握斗争方向与政策，提高党员素质具有一定成效。

随着党组织的发展壮大和农民运动的广泛开展，1925 年 4 月 26 日，宝安县农民协会成立，下辖区农民协会 4 个，乡农民协会 34 个。7 月中旬，根据中共广东区委指示，成立了宝安县最早的党支部——中共宝安县支部，黄学增任书记，支部委员有黄学增、龙乃武、郑奭南，隶属中共广东区委领导。

二、党领导下的农民运动

毛泽东在《湖南农民运动考察报告》一文中，曾这样评价农民运动："很短的时间内，将有几万万农民从中国中部、南部和北部各省起来，其势如暴风骤雨，迅猛异常，无论什么大的力量都将压抑不住。他们将冲决一切束缚他们的罗网，朝着解放的路上迅跑。一切帝国主义、军阀、贪官污吏、土豪劣绅，都将被他们葬入坟墓。"[①]

海丰县的农民运动是中国共产党领导的早期农民运动之一。1926 年 9 月，毛泽东在《农民问题丛刊》序言中就曾这样称赞海丰县农民运动："历来土豪劣绅、贪官污吏猬集的海丰县，自从有了五万户二十五万人之县农民协会，便比广东任何县都要清明——县知事不敢为恶，征收官吏不敢额外刮钱，全县没有土匪，土豪劣绅鱼肉人民的事几乎绝迹。"[②] 海丰因此被称为"小莫斯科"，其领导人彭湃更是被毛泽东誉为"农民运动大王"。

受到海丰县农民运动的影响和鼓舞，宝安县农会成立之初就

[①] 毛泽东：《湖南农民运动考察报告》，《毛泽东选集》第 1 卷，人民出版社 1991 年版，第 13—14 页。

[②] 毛泽东：《国民革命与农民运动》，《农民问题丛刊》1926 年第 8 期。

把减租减息、反苛捐杂税以及打倒贪官污吏、恶霸地主等作为工作重点。县农会还组织农民自卫军模范队，并将军营设立在郑氏宗祠内，定期训练。训练的教官是由省农协会从黄埔军校专门派来的学生。训练班设有军事课和政治课，每3个月为1期，这些军事训练课为宝安县农民运动培养了一批骨干力量，为日后农运打下了坚实的基础。

1925年8月，针对土豪劣绅以及地方官僚军阀等对肇庆市广宁县农会大肆破坏问题，福田上步乡、岗厦乡与其他乡农会立即召开全体会员大会，对此事件表示愤慨，并决定誓死援助广宁农会，要求秉公处理、彻底铲除当地地主与官僚军阀，使农民阶级得以生存。在各地纷纷支持下，广宁农民艰苦努力，终于取得农会斗争的胜利。

农会成员积极开展反苛捐杂税的斗争。1926年1月，龙乃武、郑奭南到广州向中共广东区委组织部部长穆青和农民部部长阮啸仙汇报党的活动和农运情况。穆青指示宝安要根据形势发展建立县级领导中心机构，阮啸仙指出当前苛捐杂税是农民最讨厌的东西，要争取民心就必须进行反苛捐杂税的斗争。根据中共广东区委和省农民协会的指示，宝安县党组织放手发动群众，把农民组织起来，开展反苛捐杂税斗争。在当时，最让群众厌恶的是国民党驻军征收防务经费（名为启征税），这种税硬性压在商人身上，把商店分为大小二级，迟缴者则封铺拉人，同时随意抽剥小贩，弄得民不聊生，怨声载道。宝安县党组织为了建立威信，争取民心，首先向横征暴敛的驻军开刀，约见国民党深圳驻军旅长司徒非，要求取消防务费，但无结果。县农会便发动群众游行示威，全面开展反苛捐杂税运动，并把启征税扰民情况呈报国民党中央党部，请求制止征收。国民党中央党部知情后直接命令撤征，并颁发布告，规定凡是未经中央财政部批准的，不得巧立名目，横征暴敛。这样，启征税、户口税及其他杂税被废除，反苛捐杂税的斗争取得了初步胜利，宝安农民运动呈现出蓬勃发展的局面。

在党组织的领导下，宝安县农会同时开展减租减息运动。宝安县境内山地多，耕地少，自耕农半自耕农多，一年净获一二百石稻谷的所谓大地主并不多见，虽然有佃农、雇农，但数量也少。当时福田地区拥有田产最多的是皇岗裕民公司，它的田产主要是自蔡屋围至皇岗的沿深圳河一带的潮田。这些潮田经数百年潮水涨落冲积而成，由农民自行垦耕，素称无税田。陈炯明统治广东时，把这些田召投承售。当时，军阀魏邦平、李福林等人仗其势力，廉价夺得这些潮田，组织裕民公司强行管理，并以合约制度，向外雇佣大量农民，为其长期耕作。这些外来农民不与当地人来往，拒入农会，自成一小天地，唯裕民公司是从，对减租减息运动有抵触。裕民公司本质上类似地主，但其处理田产的方式又与一般地主不同，付给农民长薪，允许农民自耕自获，既未向耕者索租，当无向之要求其减租之理，除非把它的田产夺取过来。因此，中共宝安县支部根据实际情况，没有明确要求裕民公司减租减息，只是将一些被土豪劣绅霸占的房族公田收归农民集体所有。

党组织领导宝安群众积极开展减租减息和反对苛捐杂税的斗争，得到广大农民的拥护。翻身农民纷纷加入农会，保卫胜利果实。每当农会举行开幕典礼时，各乡的农民都组织武装队伍参加，会后举行示威游行，声势浩大。封建地主的特权被打倒，农会几乎完全掌控全县的政治，县长行事都要得到农会许可，广大农民能够按照自己的意志来办事，这是中国共产党领导工农群众团结一致取得的胜利。多年后，经历过农会运动的老党员郑奭南回忆道，"全县农民运动的蓬勃开展，大大打击了封建反动势力，使地方安静了，贼匪少了，民风改观了"。[①]

三、支援省港大罢工

1925 年 5 月中旬，上海发生工潮，工人领袖顾正红被杀。学生示威声援，被租界的英籍巡捕开枪射杀，13 人死亡，数十人重伤，这就是震惊全国的五卅惨案。该惨案引起了全中国人民反抗帝国主义在华势力的运动，各地约有 1200 万人直接参加声援运动，矛头直指日本及英国侵略者。时任中华全国总工会总书记的共产党员邓中夏及香港海员工会苏兆征等人以全国总工会名义，召集香港各工会联席会议，成立全港工团联合会，决议罢工。

6 月 19 日，香港海员、电车工人、印刷工人首先罢工，其他行业工人纷纷响应，10 万多名工人在苏兆征的率领下回到广州。6 月 23 日中午 12 时，广州各界群众及香港罢工工人 10 万多人在东较场集会，声援上海的工人和学生，会后举行了游行示威。下午当游行队伍到达西堤沙基口，秩序井然地转入沙基一带，将抵西桥口时，沙面内的外国人突然全部隐蔽。沙面维多利亚酒店（今胜利宾馆）楼上，一短发西装外国人，首先用手枪向游行群众射击。沙面内的英法军队一闻枪声，即用机枪向沙基一带扫射，造成游行及观看民众当场死伤多人。至下午 5 时 30 分，英、法士兵枪声始停。这次枪击惨案造成 50 余人死亡，170 余人受重伤，轻伤不计其数。这就是骇人听闻的"沙基惨案"。

消息传到香港，罢工进入高潮，原来持观望态度的工人纷纷参加罢工。从大罢工开始，前后约有 20 万香港工人参加罢工，经深圳返回广州。深圳墟思月书院就曾是香港罢工工人接待站。各

---

① 舒国雄：《民国时期深圳档案文献演绎》第 1 卷，花城出版社 2001 年版，第 172 页。

地农会的成员前去参与接待,福田地区的农会成员也在其中。当时,宝安各地农会给工人提供免费车票,秩序井然。福田的农会成员在工人来宝安的途中设点,准备免费的茶水供工人解渴,中午时分,提供米粥。

1926年8月,广东农民协会代表向国民党中央、国民政府请愿,要求惩办土豪劣绅,拥护省港大罢工(中共宝安县第一次党员代表大会纪念馆资料图片)

7月5日,宝安商会、学会、农会、工会为声援五卅运动而举行的省港大罢工正式爆发,为一致反对英、日、美、法帝国主义,在经济上援助省港罢工工人,决定发起成立对外协会宝安分会,有40多个乡加入。对外协会宝安分会成立大会在宝安召开,与会者有工农商学兵各界代表数百人,中华全国总工会、广东省农民协会、中国青年军人联合会均派代表参加。大会号召全国各阶级应趁此团结一致,并联合世界上一切被压迫者共同打倒一切帝国主义,废除不平等条约。

为不影响广州等地市民的正常生活,邓中夏、陈延年、苏兆征等经过研究，提出"单独对英"的策略，拟推行"特许证"制度，规定"凡不是英国货、英国船及经过香港者，准其直来广州"①，取得广州国民政府的同意。广州国民政府宣布对香港实行严密封锁，工人纠察队驻防各港口封锁香港，严格缉拿帝国主义奸细，严禁走私物资出港。周恩来从黄埔军校、铁甲车队抽调徐成章、周士第等优秀军事干部到纠察队担任教练，积极协助邓中夏培训纠察队员。

　　7月9日，省港罢工委员会发出实行封锁香港的通告。23日，省港罢工委员会派罢工工人纠察队第三大队第九支队进驻宝安县，沿沙头角至沙头约30千米的水陆要冲布防，把守河口，日夜巡查，禁止所有轮船往来香港和"新界"口岸，断绝粮食、蔬菜和生活用品供应，严密封锁香港。铁甲车队和工人纠察队到宝安县后，即派队员到宝安县一带乡村，配合宝安县党组织，从事农民运动。下到各村工作的官兵们与农民打成一片，严格遵守纪律，宣传省港大罢工的重大意义，并讲解阶级斗争道理，提高农民阶级觉悟，号召农民团结起来投入运动。革命火种，在福田乡村逐渐蔓延开来。省港大罢工期间，一批优秀同志被吸纳入党，来自福田上步村的郑奭南便是其中之一。当廖乾五、周士第率铁甲车队的100多名革命战士到深圳封锁香港时，郑奭南协助铁甲车队"截留外业的英货不许入口，检查内地奸商劣绅互相勾结偷运出口土货，不准接济香港"②，其领导能力和执行能力引起了周士第的注意，在周士第、黄学增的介绍下，1925年7月加入中国共

---

　　①　中共中央党史研究室：《中国共产党历史·第一卷（1921—1949）》上册，中共党史出版社2011年版，第136页。

　　②　申晨：《本土名人系列之一：宝安首任县委书记郑奭南》，宝安图书馆（电子），2011年8月9日。

产党。

很快，广州国民政府封锁香港的政策收到实效，给予港英当局重大打击。港督史塔士无奈，只好于9月28日派出华商8人赴广州试行谈判。11月1日，港英政府再派华商为代表赴广州谈判。[①]

油画《省港大罢工》（中共宝安县第一次党员代表大会纪念馆资料图片）

在支持省港大罢工中，福田地区广大农民群众积极投入到封锁香港的斗争中，与工人纠察队和铁甲车队互相配合，筑起铜墙铁壁，使不法奸商的走私活动无法得逞，贪图小利越界私卖鸡蛋、

---

① 贾晓明：《中国共产党与省港大罢工》，《人民政协报》2017年7月6日。

蔬菜的人也没有了，从而打击了英帝国主义嚣张气焰。

中共宝安县组织领导农民武装封锁香港（中共宝安县第一次党员代表大会纪念馆资料图片）

第二节 土地革命战争初期的武装暴动

正当工农运动蓬勃发展的时候，1927 年 4 月 12 日，蒋介石在上海开始"清党"，将屠刀挥向昔日的同盟者——中国共产党和革命群众。三天内，共计有 5000 余名共产党人和革命群众倒在血泊之中，国共合作破裂。

上海四一二反革命政变发生三天后，广州的国民党当局再次发动反革命政变，大肆搜捕和屠杀共产党员和革命群众，大搞"清党"运动。国民党广东省党部派宝安籍的郑启中、潘佑临、文栋卿 3 人，以特派员的名义到宝安进行"清党"。国民党宝安县县长邓杰率警察队和反动民团"围剿"农民自卫军的最后据点乌石岩和楼村等地，因实力悬殊，农民自卫军被迫分散撤退。原来外逃的土豪劣绅卷土重来，反动民团死灰复燃。农会骨干和共产党员有的被逮捕杀害，有的出走香港、南洋等地暂避。各区委被破坏，农民协会被迫解散，中共宝安县党部负责人龙乃武亦转往香港。

据不完全统计，宝安被杀害的共产党员和革命群众达 15 人，被捕的有 10 多人。形势急转直下，斗争极度困难，白色恐怖弥漫整个宝安县。中共宝安县党部为了保持和巩固自己的力量，临时决定将党的所有文件迅速销毁，整体撤退到五区楼村的陈氏宗祠，继续领导群众与反动势力周旋。6 月，根据中共广东特委指示，中共宝安县第一届委员会成立，郑奭南任县委书记。

一、第一次武装暴动：攻打深圳镇

面对国民党的反动统治和屠杀政策，英勇顽强的共产党人没有被吓倒。1927 年 8 月 1 日，中国共产党领导的南昌起义，打响了武装反抗国民党反动统治的第一枪。随后，8 月 7 日中共中央在湖北汉口召开了紧急会议（亦称八七会议），会议总结了大革命失败的教训，确定了土地革命和武装反抗国民党的总方针，并把发动农民举行秋收暴动作为当时党的最主要任务。

8 月 11 日，根据中共中央临时政治局决定，中共广东省委正式成立，张太雷任书记。8 月 20 日，中共广东省委通过《中共广东省委拥护中央紧急会议之决议》，并制定《暴动后各县市工作大纲》。11 月下旬，省委在广州召开会议，认为广州暴动的时机已到，但要保卫广州之胜利，须各地农民一起暴动才有把握，特别是海陆丰暴动必须向惠州之南部坪山、淡水发展，直趋广九路与东莞、宝安的农民会合，以保护广州暴动胜利。

为贯彻八七会议精神，实行革命的武装反对反革命的武装，中共广东省委派候补委员赵自选到东莞常平周屋厦村，召集东莞、宝安两县领导人召开联席会议。宝安县委书记郑奭南参加了会议。会议要求东莞、宝安两县共同组织工农革命军，并当即成立东宝工农革命军总指挥部，指挥部顾问赵自选，总指挥蔡如平，副总指挥郑奭南。下设 4 个大队，第一、二大队属东莞，大队长分别由周达朝、叶汉廷担任；

刘伯刚，原名刘柱安，字伯刚。1905 年出生，宝安县平湖村人。1924 年冬加入中国共产党。1927 年四一二反革命政变爆发后，奉命回到宝安，宣传党的八七会议精神，并秘密动员转入地下的农会骨干起来武装斗争。1927 年 12 月，担任第二届宝安县委书记。（资料图片）

第三、四大队属宝安，大队长分别由麦福荣、陈义妹担任。会后，郑奭南回到宝安，在楼村召集会议，研究决定改编农民自卫军，作为工农革命军的基本队伍。12 月上旬，为做好配合广州起义的准备工作，中共宝安县委进行调整，选举产生第二届委员会，刘伯刚任县委书记，县委机关设在五区楼村，隶属中共广东省委领导。

此时宝安工农革命军已达 2000 余人，是当时党直接领导下的工农武装，也是广东中路农民运动中一支坚强的武装队伍。这支主要来自农民群众的队伍，因当时给养困难，只能在县委和各区委的秘密掌握下，分散在原籍进行训练。他们的枪支、弹药除极少数由县委和各区委拨给外，一部分由党组织秘密发动群众搜集民间枪支为工农革命军使用，另一部分由他们自购自用。在国民党反动派实行白色恐怖的恶劣环境下，农民群众组织起来，拿起武器，与国民党反动派抗争，表现出强烈的革命精神。

为配合广州起义，中共广东省委派傅大庆到楼村，向宝安县委传达指示，限 12 月 13 日前进军深圳镇，会同铁路工人夺取火车，直趋广州接应起义。县委立即从 2 个大队的工农革命军中抽调 200 多人，于 12 月 12 日集中楼村，将原来的第三、四大队混合编入第一、第二大队。第一大队由郑奭南、麦福荣、陈义妹带领，第二大队由潘国华、潘寿延、陈绍芬带领。当天晚上，第一大队经石岩、龙华，向深圳镇进军。13 日清晨进至距深圳镇 10千米的梅林村休整时，接到铁路工人传报，得知广州起义已于 11日提前举行，并遭失败，革命队伍已全部撤出，要求宝安县工农革命军停止前进，退回原地候命。

这时，部队处在进退两难地步，进无目的，退则难以向大家交待，如果公布广州起义失败实情，必然引起群情汹涌，影响斗志。在进退维谷之际，郑奭南召集各领导同志磋商，认为深圳镇即在眼前，且反动军队寥寥无几，只有反动区署、警局在那里为非作歹、鱼肉人民，非歼不可。于是决定将接应广州起义的计划，临时改为攻打深圳镇和县城南头，并将两个大队稍作调整，从中挑选20人为风纪队，以维持行军秩序。郑奭南负责全面指挥，陈义妹的第四大队为前锋，麦福荣的第三大队断后，麦德明、赖火亮为风纪队正副队长。当即宣布五条军纪：绝对服从命令，不得自由行动；违反纪律者，杀无赦；不侵扰人民，不损一草一木；不宽恕敌人，但不准滥杀；同志不分彼此，须互相照顾。部队浩浩荡荡向深圳镇进军，风纪队率先前进，从广深铁路拱桥进入深圳镇内，沿永升街设岗放哨。随后，郑奭南带两名风纪队队员到南庆街，挺进反动警局。他们走到鸿安旅馆时，恰巧遇到警局巡官江秀词。江秀词惊惶地想跑回警局，郑奭南则先下手为强，江秀词当即毙命。郑奭南等人旋即直奔警局，制服守卫，突袭警察局，此时，十多名因公到此的县兵不知底细，惊慌失措，不敢抵抗。郑奭南逼其放下武器，将其驱集至一屋角。紧跟着，前锋部队赶到，把县兵的十余支长枪全部缴获，搜遍整个警局，均无局长踪影，便拘两个警员，随即撤离。部队途经南塘村时，巧遇区长兼警察局长陈杰彬，陈杰彬单人独马，不敢抵抗，束手就擒，部队将其捆绑押往东平社学（即三区农会）。

这次战斗，前后不足一小时，击毙敌人1人，抓捕3人，缴枪十余支，战斗结束后，部队到达乌石岩。潘国华、潘寿延带领的第二大队在攻打南头县城时，遭受到国民党军队的负隅顽抗，大队人员伤亡较重，暂且撤退到乌石岩。郑奭南重新整顿部队，准备应对敌人报复。果然部队尚未站稳脚跟，国民党宝安县县长邓杰便亲自督率县兵及沙井、新桥的反动民团，包围乌石岩，妄图解救被捉的警局人员。敌强我弱，迫使部队且战且退，许多队员沿途溃散，最后只剩寥寥数十人，转移至东莞梅塘，屯扎东山庙。由于给养困难，只好安排各自回乡潜伏。

这次暴动是宝安工农队伍在大革命失败后武装斗争的第一次尝试，震惊了敌人，打击了国民党在宝安的统治。但暴动也遭致敌人变本加厉的反扑和镇压，深圳镇理发工人何连、商人何梅，黄贝岭教师张沛、医生张炳寿亦因曾积极参加农运而被反动军警抓去杀害。中共广东省委得知宝安县委发动武装暴动后，分别致信东江特委、海陆丰和惠阳县委，要求他们立刻组织和帮助邻近宝安的坪山、淡水、三多祝等地暴动，以期与宝安的暴动会合，扩大斗争成果。

二、第二次武装暴动：打击反动豪绅

第一次武装攻打深圳镇后，省委给宝安县委来函，指出宝安暴动虽然攻打了深圳镇，但犯有重要的错误：一是这次暴动没有具体计划，没有发动群众；二是没有在群众中宣传土地革命。省委指示宝安继续准备暴动，不能因广州暴动暂时停止而不斗争；必须与惠阳一带的农民斗争联络；应不迟疑地宣传土地革命并切实实现，才能发动各乡村农民破坏敌人金融税收，动摇反革命政权，取得完全胜利；要注意党的发展和整理，必须在斗争中建立党的基础。[1] 12月底，省委常委李源到宝安指导工作，给县委带来港币100元作为暴动经费。

1928年2月，宝安县委根据省委意见，决定改造县委，并派同志赴各区指导各支部选出代表。2月23日，宝安县委在周家村召开全县党代表大会，后因该村豪绅地主势力猖獗，临时改在燕川村召开。大会传达了省委指示精神，并总结攻打深圳镇的经验

---

[1] 舒国雄：《民国时期深圳档案文献演绎》第1卷，花城出版社2001年版，第138页。

教训。在各区代表报告中，三区代表庄年桂同志作了发言，指出自暴动后三区白色恐怖过于厉害，各负责同志均皆逃避，各乡同志乏人指导，各级党部等于无形消灭，皇岗的土劣分子异常活跃，时时准备向中共进攻，迫切需要县委设法派人指导工作。[①] 郑爽南则对第二届县委的工作提出批评意见，指出之前最大的错误是军事投机，有些党员工作散漫，暴动失败后又灰心丧气。大会还通过提案大纲，主要包括五项内容：一是组织问题，要求重新整顿原有的区委、支部及小组，健全各级党部；没有党组织的区、乡必须加紧发展组织；代表大会结束后一个月内新发展党员200人。二是宣传问题，对内巡视训练；对外要求有可能的乡设法创办农民学校、夜校，每周翻印《红旗》《布尔什维克》等党的刊物及各种宣传品。三是民众运动问题，包括执行省委通告，成立士兵运动委员会和工人运动委员会；设法秘密恢复被解散的工会，使其受党指挥；凡有工人的地方必须设法发展党的组织。四是共青团问题，执行省委关于共青团问题的一切决议案，并指定三位同志负责共青团工作，要求有党组织的地方必须发展共青团组织，县委对共青团应予以物质上、精神上的帮助。五是开展各种斗争，包括土地革命和抗租、抗捐、抗税及抗缴一切行政费。[②] 大会选举产生了中共宝安县第三届委员会。

中共宝安县委改组后，各区委也于3月进行改组。同时，县委设立5名巡视员，分别到各区督促工作和训练新党员。为宣传土地革命，3月下旬，县委创办了农民子弟学校和农民补习夜校，

① 舒国雄：《民国时期深圳档案文献演绎》第1卷，花城出版社2001年版，第140页。

② 《中共宝安县给省委报告（1928年2月25日）》，《广东革命历史文件汇集》甲32卷，第263—270页。

两校共招收学生50余人。3月29日,宝安县委向省委报告有关农会、工会及党的组织宣传工作和暴动准备情况。为做好暴动准备,宝安县委决定做好四项工作:一是发动群众反抗地方反动势力,恢复民团;二是反抗苛捐杂税;三是宣传各县革命形势,鼓起农民暴动的勇气;四是凡有可能的乡立刻组织赤卫队。在省委的直接指导下,宝安党组织经过整顿,重新焕发了活力,党员队伍进一步壮大。至3月底,全县拥有党员197名,其中分布在三区的有34名。

随着革命队伍的逐步壮大,中共宝安县委根据省委关于东江总暴动策略报告的要求,决定再次发动暴动。4月19日,广东省委派黄学增到宝安指挥二次暴动。同时,省委给宝安县委来信,指出暴动的宣传得到扩大,宝安县委和广大农民有了暴动的决心,并已引起统治阶级的恐慌,这说明宝安暴动的前途非常有希望。省委要求宝安立即制定"改变械斗为攻打反动农村"的具体行动计划,提出阶级斗争的口号。①

这次暴动虽在思想和组织上做了充分准备,但由于得不到省委的及时指示而后延,致使计划不能如期实现,敌人从而有更多时间进行反扑。4月26日,六区迳背,四区长圳、玉律、新桥反动派,勾结县兵包围迳背,抢走农民财物;六区委负责人钟永恩被捕,南头城除南门外,东、西、北门全部关闭,县长潜往南山避宿。27日,四区沙井豪绅地主又捕拿共产党员陈榜、陈耀。4月28日至30日,四、五区豪绅地主连日在黄松岗、云霖、新桥开会,组织联团联乡恐吓农民,维护其统治。面对敌人的血腥屠杀,宝安县委、县农会根据省委"改变械斗为攻打反动农村"的

---

① 《中共广东省委致宝安县委信(1928年4月)》,《广东革命历史文件汇集》甲9卷,第417—420页。

指示，将田寮与玉律两村之间的械斗转变为农民对豪绅地主开展针锋相对的斗争，在丰和墟召开农民大会，震动了豪绅地主，全县最大豪绅头目曾奕樵秘密逃走，黄松岗、云霖的反动武装不敢就地驻扎，四区新桥、沙井宣布戒严。福永农民开会暴动，与本乡豪绅争公物，吓走本乡最大的反动豪绅潘乃昌，正在新桥开会的数名豪绅地主也惊慌而散。29日晨，农会集中各乡百余人农民武装围攻迳背反动豪绅地主，击毙4人，伤2人，焚烧豪绅地主屋宇4间。各区的农民暴动极大震动了反动统治阶级，四区长圳、唐家村、五区周家村塘尾围的豪绅恶霸因而搬迁逃亡，乌石岩、福永、云霖等地国民党区长、巡官慌忙逃走，当铺完全关闭；三区湖贝、向西等反动豪绅惊慌失措，县长及沙井、新桥各乡豪绅地主纷纷到广州、虎门搬兵。

东宝农民军第二次暴动集结地——乌石岩墟（中共宝安县第一次党员代表大会纪念馆资料图片）

暴动发动后，县委决定把各区农民武装完全集中起来，连续攻击福永、长圳、唐家村、塘尾围等地，趁豪绅地主惊恐之际，一举攻占县城南头。但由于一些农民群众与地主豪绅存在着各种关系，对土地革命的意义和目的缺乏正确认识，又害怕敌人烧屋，因而不愿继续参加。四、五两区农会有 2000 余人的武装，但仅有不足 200 人参加暴动。加上暴动中革命武装受到一些挫折，农民伤亡 3 人，许多房屋被烧，财物被抢，使得一些党的领导人和群众思想发生动摇。这次暴动未能按省委对东江总暴动的统一部署进行，没得到惠阳、东莞等县的及时配合和声援，致使暴动未能坚持下去。然而广大群众的思想觉悟在暴动中得到提高，党在农村中的影响力进一步扩大。至 4 月底，全县党员发展到 280 名，三、四、五区均重新建立区委，一区、六区也成立了独立支部，这些都是暴动带来的积极影响。

第二次宝安农民暴动失败后，中共广东省委再次给宝安县委来信指示：必须使暴动成为土地革命的行动，不能只是单纯的军事行动，忽略了没收地主土地分配给农民和建立苏维埃；必须使此次暴动积极扩大，向三区发展，与东莞、惠阳会合，造成大的暴动；必须召集各乡开群众大会，扩大对土地革命及苏维埃的宣传；必须积极发展党和群众组织，在已发动暴动的区域极力扩大组织，公开征求党员，扩大赤卫队。[①]

三、第三次武装暴动：发展三区

根据省委指示，1928 年 5 月，宝安县委再次集中武装，在黄学增领导指挥下，计划在五区发动暴动，向三区发展。但国民党反动军队联合豪绅地主民团，事先包围该区的新围村，焚烧周家村、楼村等地的民房。为保存武装力量，县委被迫撤出新围村，

---

① 《中共广东省委致宝安县委信（宝字第三号）》，《广东革命历史文件汇集》甲 10 卷，第 1—4 页。

暴动遂告流产。

在中国共产党的领导下，从 1927 年 12 月至 1928 年 5 月半年之间，宝安工农革命军先后发动了三次武装暴动，但最终都失败了。其主要原因是，客观上敌我力量对比过于悬殊，国民党掌握了军队和基层政权，得到了豪绅地主的支持，在军事上、经济上大大超过革命的力量；主观上则由于共产党还处于幼年时期，缺乏政治斗争、武装斗争的经验和正确的政策与策略，未能形成坚强的队伍和广泛牢固的群众基础。宝安党组织没有充分发动群

油画《宝安县农民暴动》（中共宝安县第一次党员代表大会纪念馆资料图片）

众、深入开展土地革命，没有没收地主土地分配给农民，没有调动农民的斗争积极性，缺乏广泛的群众基础；在武装行动上与邻近地区缺乏联系，步调不一致。第一次宝安暴动是临时决定的，深圳镇近郊农会、农军全然不知，没能很好地配合行动；后两次宝安暴动又独自在东江总暴动之前举行，东江各地尚未暴动，得不到及时支援。

宝安武装暴动虽然失败，但它是在党独立领导下进行的武装斗争，揭开了宝安县武装斗争的序幕，打响了武装反抗国民党反动派的枪声，回击了国民党反动派的屠杀政策。武装暴动动摇了国民党的统治基础，显示了工农群众的威力，教育和锻炼了广大工农群众，培养了一批革命骨干，为后来的抗日战争和解放战争播下了革命种子。

革命低潮时期的隐蔽斗争

一、皇岗交通站的建立与发展

土地革命时期，面对敌强我弱的局面，党组织领导下的福田地区农民自卫军进行着艰苦卓绝的斗争。1927 年四一二反革命政变爆发后，革命形势急转直下，各地党组织被迫转入地下。4 月17 日，中共广东区委决定将区委暂时迁往香港，另成立中共广州市委。为确保广州、增城、东莞、宝安地下党组织与设在香港的省委机关（广东区委）的联系，同年 8 月间，中共广东省委专门指示宝安县委，要求在深圳河附近建立交通站，以保持省港两地的交通联络。在宝安县委和福田群众的密切配合下，皇岗地下交通站建立，并开辟了一条从香港到宝安、东莞、增城、广州等地党组织的地下交通线，使上级的指示及时传达到各地党组织，各地党组织开展革命斗争的情况等重要情报及时上报。在极端困难时期，地下交通线既营救、护送了一大批革命同志安全脱险，又为党组织活动提供了接应，成为广东党组织的"红色生命线"。皇岗交通站是"红色生命线"上的重要一环，在反抗国民党反动派的斗争中起着重要作用。

皇岗村位于深圳镇与县城南头之间，南濒深圳河，与"新界"的落马洲、米埔村一河之隔，村北横贯着宝深公路，水陆交通便利，是国民党反动统治心脏区中力量较为薄弱的地方。该村有300多户人家1000多人，农会会员占300多人，并掌握了部分武装。历史上地主豪绅争权夺利，挑拨离间，皇岗村内部闹过矛盾，形成房族之间的纠纷。但经过省港大罢工工人纠察队和铁甲车队的不断宣传，农民群众接受了阶级教育，农会会员觉悟得以提高，党组织得到发展，村里的群众基础较好。

基于这些有利条件，县委决定以皇岗为交通大站，在庄氏宗祠内设立秘密交通联络点，建立一条重要的红色交通线，主要任务是确保省委和县委的联系，传递秘密文件、指示等。交通站由福田水围村人、时任中共宝安县三区党部书记的庄泽民任站长，交通线分内线和外线。外线由曾品贤负责，从皇岗出发，经罗湖乘火车到九龙，在香港指定的联络地点接受上级交给的任务，把密写文件、指示带回宝安，转送到上级指定的目的地。内线由庄海添负责，从深圳镇出发，到九龙旺角大华戏院附近接受任务，然后返回皇岗，经福田上梅林地区、龙华、白石龙至楼村宝安县委驻地。为确保交通线安全，各点都选派可靠人员负责，上梅林由黄焕廊负责，白石龙由蔡耀负责。

除沟通省委和县委信息，皇岗交通站还肩负护送干部出入边境线的任务。入境的路线由九龙、"新界"到落马洲，在落马洲设一落脚点，负责人为落马洲人张贯卿医生，入境的同志到落马洲与张贯卿医生接头，由张贯卿引见庄玉堂，庄玉堂派出小艇从深圳河护送到皇岗。出境的路线由东莞石龙或山厦、平湖，沿广九铁路到罗湖，直至皇岗，再由交通站派人护送到"新界"、九龙抵达香港，这是省委控制的交通线，一般情况下不使用。落马洲站在1928年因张贯卿迁居而改在米埔村海员工人冯水家里设立接待点，其他路线仍不改变。这条红色交通线，曾护送过李源、蔡如平、黄学增、阮啸恒、赵自选等党的领导人出入管理线。①

此外，交通站还负有收集情报的任务，把收集到的情报送到领导机关。1927 年 12 月，东宝工农革命军第三、第四大队，按原起义计划应于 13 日凌晨到达罗湖，准备乘火车到广州参加起义。当到达上梅林时，广九铁路的交通员及时把广州起义失败、起义军撤退的消息和上级的指示送来。由于当时驻宝安的国民党反动军队尚未获知共产党在广州起义失败的消息，所以工农革命军把参加广州起义的计划改为攻打深圳镇，取得胜利。

四一二反革命政变后，共产党处境非常艰难，经济接应不上，交通站人员和过境干部常有经济困难。在艰苦的日子里，共产党员们为党筹集活动经费而贡献自己的一切，蔡子襄是其中最为突出的一个。他出生在蔡屋围，父亲蔡能记开凤汇兑庄和大来金铺。1926 年，他秘密加入了党组织，但从未公开身份。皇岗交通站建立后，他利用少东家掌柜身份，把大来金铺作为党的经济接应点，只要交通站的人员往柜面前一站，说声"给兑些零钱吧"，他就如数把钱交给来人。当时，宝安交通线的活动经费大部分靠他接济，直到他牺牲。②

1928 年 1 月，宝安县国民党县长邓杰纠集县属武装和反动民团 200 多人到楼村等地向中共宝安县委所在地反扑。因敌我力量悬殊，党的武装部队随即转移至东莞。敌人扑了空，在楼村一带大肆烧杀抢掠，把中共宝安县委机关所在地陈氏宗祠烧毁。5 月，三次宝安武装暴动失败后，国民党组织县军警和反动民团对共产

---

① 舒国雄：《民国时期深圳档案文献演绎》，花城出版社 2001 年版，第 188—195 页。

② 舒国雄：《民国时期深圳档案文献演绎》，花城出版社 2001 年版，第 193 页。

党及农民自卫军进行"清剿",形势更加险恶。为保存实力,宝安党组织决定将革命力量全部转移到香港等地,交通线一度中断。两年后,党组织决定恢复皇岗交通站,派庄泽民从香港返回皇岗,以在水围开设杂货店为掩护,并在庄海添家设立临时秘密接待站,恢复皇岗党组织和交通站的工作。

二、交通站的破坏与隐蔽斗争

1931年3月,宝安三区地下党组织恢复,庄泽民任区委副书记兼交通站负责人。交通站仍分内外两条线,分别由庄海添、曾品贤负责。12月,曾品贤被捕后,写信约庄海添到深圳镇南庆街鸿安旅馆见面,国民党特别侦缉梁子光将庄海添逮捕。经不起敌人的威逼利诱,曾品贤和庄海添都背叛了组织。他们首先带敌人在深圳镇大来金铺逮捕优秀党员蔡子襄,又在鱼街广德祥店逮捕党员林权初、蔡成汉以及皇岗村的庄泽民、庄林贵,石厦村的潘兴达、潘柏芳等9人。接着,叛徒又带敌人到平湖,包围纪劬劳学校,逮捕党员刘仲德以及原中共宝安县委书记刘伯刚。正当敌人欲把刘伯刚、刘仲德押走时,交通线上有人发出呼救的讯号。平湖墟的商民、店员工人和糖寮的农民,立即拿起刀、棍、

皇岗地下交通站旧址——庄氏宗祠(福田区史志办资料图片)

锄头等器械,一齐将刘伯刚和刘仲德夺了回来。脱险后两人旋即转往香港,后来刘伯刚去了新加坡,刘仲德去了越南。由于曾品贤和庄海添叛变,皇岗交通站和宝安县的交通线遭受极其严重的破坏,红色交通线被迫中断一切活动。

蔡子襄被捕后，敌特梁子光妄图向蔡家敲诈巨款发财。但因蔡子襄是蔡能记继子，蔡子襄过继后，蔡能记妻又生了两个儿子，因此蔡家不愿以毁家为代价赎买其出狱。不久，蔡子襄和潘兴达被押往广州，于1932年农历正月初八壮烈牺牲。其余7人被关押在广州南石头狱中。潘柏芳当时不满18岁，由村人保释出狱，余下6人均被反动派判刑8年、10年不等。1936年6月，宋庆龄、何香凝等公开向国民党当局提出释放政治犯，他们才获得自由。①

1932年，交通站被毁之后，同年皇岗村民集资将庄氏祠堂翻修一新，除第三进锦绣堂仍供奉列祖列宗、族中英雄以及状元庄有恭的牌位外，其余部分改造为一所学校，以一世祖庄敬德之名，命名为"敬德小学"。

---

① 舒国雄：《民国时期深圳档案文献演绎》，花城出版社2001年版，第194页。

3

第三章

抵御外侮　抗日救国

抗日战争时期的福田地区

一、侵华日军在福田的暴行

1938 年 11 月，日军从宝安县东部大鹏湾登陆，宝安县沦陷。占领宝安县后，日军为强化其野蛮统治，实行"以华制华"战略，加紧扶持汉奸，建立傀儡政权。日军所到之处，实行"烧光、杀光、抢光"的三光政策，疯狂烧杀抢掠，见物就抢，见人就杀。福田地区遭受到了前所未有的浩劫，广大同胞长期生活在水深火热之中。

救护队员在被日军炸毁的民房瓦砾中搜寻死伤者（深圳市宝安区档案馆资料图片）

（一）杀害平民百姓

福田地区许多无辜的平民百姓惨死在日军屠刀下。有名可查的有97人，其中沙头街道辖区内24人，南园街道辖区内22人，福田街道23人，梅林街道14人，华富街道4人，莲花街道10人。日军随意杀害村民，梅富村村民去南头买东西时被杀害；郑江娇被日军强迫挑东西去东莞县，后被杀害；日军去梅富村"扫荡"时，杀害了包括瞎公喜、围友叔、国信的母亲、仁芳的父亲等在内的6名村民；岗厦村村民文能、大头满在山地附近砍伐松枝时，被日军误认为是游击队队员，日军用刺刀将他们刺死；岗厦村村民文旭华被当成共产党员，当众被日军用刀砍死；岗厦村村民文生背着一筐鸡去香港卖，半路遇上日军抢鸡，文生急忙把鸡笼打开，日军大怒，大刀一挥砍下其头颅；环庆村村民黄根、黄淡华、黄培仔、黄育根、黄炳福、黄明升、黄炳仔都在日军出来抢粮食时被打死；上步埔尾村年仅7岁的苏阿兰被日军刺死。

日军对抗日人士也进行疯狂的杀戮。1940年日军到上梅林，一名放哨的游击队员被抓住，被日军的狼狗咬得浑身是血，随后被枪杀；1941年日军在梅富村曾与约30名国民党军激战，日军有一个团兵力，国民党军因寡不敌众，全体阵亡；上沙村游击队队员黄公生回村收集情报时被杀；上沙村黄根泰参加游击队在战场上牺牲；下沙村地下党传话员戴福华为保护村民被杀害。

（二）强奸妇女

妇女受害最为惨烈，一旦被抓到，必然遭受强奸侮辱和灭绝人性的摧残。沙头街道辖区内被日军强奸的妇女就有18人，其中2人被强奸后打死；华富街道辖区内1人被强奸后自杀；梅林街道1名妇女被7名日军轮奸后在梅林水库荔枝园自杀；莲花街道3人被强奸，其中一名被强奸致死；南园街道1名女孩被强奸后自杀身亡；福田街道水围村7人被强奸。另外，日本军队在上沙

（原村仔）设慰安站，强召外地女性，使她们沦为日军慰安妇。

（三）细菌实验

日军在福田地区施放毒气、细菌，进行细菌实验。沙头街道辖区内当时大量村民被日军投放的细菌感染，得了无法医治的烂脚病，仅仅用于治疗烂脚病的"天仙仔"草药每月消耗达 300 多斤，至今还有老人深受其苦。1939 年日军在上沙村投放毒气，致使该村近 80% 的儿童染上天花、60% 的村民患上烂脚病；1941 年下沙村 50% 村民受细菌战毒害，染上天花；1943 年沙嘴村有 40% 的村民感染细菌烂脚；沙尾村有 709 名村民感染细菌烂脚；新洲村有 6 人因感染细菌烂脚而死；福田街道辖区内多名岗厦村民因日军做细菌实验而烂脚。另外，梅富村和莲花山地段约 20 名村民被日军强迫注射毒针。

（四）奴役劳工

日本侵略者对福田地区村民实行极其野蛮的奴役劳工政策。日军从广州、东莞等地强征大批劳工到宝安县田面村修建军事基

聚集在深圳沙一带无家可归的难民（深圳市宝安区档案馆资料图片）

地，其中年老体弱的 30 多人，在石厦城泥下（现福田区法院附近）被日军用军刀集体杀害。上沙九围村和龙窑成了日军的杀人场，凡是路过的非上沙村百姓，日军均将他们杀害。在下沙杨树角（现红树林派出所附近）水塘，日军将从香港元朗强征的 30 名劳工活活折磨死。1939 年，新洲村民 10 人被强征到笔架山挖战壕、3 人到石厦村搭棚、3 人到赤湾庙挖战壕；沙尾村有 25 人被强征到笔架山、20 人至南头修筑军事基地。1941 年，日军大部队到了宝安县，驻扎在沙头，为搭桥铺路，日军卸下岗厦村里所有门板，并强征村民当"良民"去搭桥，如有反抗就烧毁村庄。1942—1943 年，下沙村每天都有 20 人被掠夺至笔架山修碉堡或者到梅林修路。1943 年，上沙村 9 人被强征到赤湾、坪山、笔架山等地修筑战壕。1943 年至 1945 年连续三年，沙嘴村每天有 12 名男工被抓到笔架山、梧桐山、南头后海、赤湾等地修建军事基地。日军在莲花山和笔架山修筑炮台，强迫莲花街道和华富街道辖区内大量村民充当劳工；日军还强迫福田街道辖区水围村约 200 名 16 至 50 岁的男丁修筑炮台、炮楼、公路、飞机场等工事。

　　劳工遭受着日军残酷的压榨与迫害，被迫从事各种繁重的劳役，若日军稍有不如意之处，就用枪托、皮鞭毒打劳工。高强度的劳动，再加上日军的残酷折磨，导致大批民工相继累死、病死，甚至被打死。他们被抓走后，大部分是有去无回，生死不明。

二、福田地区的人口伤亡和财产损失

　　抗日战争初期，福田地区属宝安县第三区；1941 年划属于宝安县第二区沙头乡。1938 年，宝安县沦陷后，日军疯狂"扫荡"了福田地区的墟镇和村庄，以极其残忍的手段对付和屠杀手无寸铁、毫无反抗能力的平民百姓，制造了一幕幕人间惨剧。人民生活困苦，生产停顿，无数家庭家破人亡，社会秩序遭到极大破坏。

2007 年，福田组织社会力量对日军侵华时期福田地区人口伤亡和财产损失情况进行调研。调研结果显示，田面村（今属华富街道辖区）当时村民不足 100 户，人口 200 多人，村民主要从事农耕和家禽养殖，日军进村后抢掠频繁，在村边修建机场，并逼迫村民参与修建机场。村民因而外逃，严重影响生产和生活。

下梅林岭背村（已不存在，位于今莲花街道梅富村、布尾村一带）有村民 160 多人，下梅林丰田村（今梅林街道下梅林社区梅丰花园一带）有村民 200 多人，当时村民主要以耕种、打猎为生，处于自给自足的农村传统农业经济状态，由于遭到日军的抢劫和掠夺，经济状况更加贫穷落后。上梅林村、下梅林村一带约有 1900 名村民，一个劳动力平均年收入 1000 万元（旧币），人均年收入 200 万元（旧币），折合人民币约 200 元。

位于深圳河岸的渔农村，原本没有居民。日军侵占广州、香港期间，番禺、东莞、中山等地的疍家难民，为躲避日军的抢掠、骚扰，四处逃难，在此地停留歇脚，后在此处定居。

上步一带原有埔尾、巴登、赤尾、沙埔头、玉田、旧墟 6 个自然村，其中埔尾村有村民 500 多人、巴登村村民不到 100 人、赤尾村 1000 多人、沙埔头村 100 多人、旧墟村约 100 人。当时，这一带经济落后，村民多以农耕、捕鱼为生，部分出海当海员，少数靠贩私为生。因日军在赤尾村有驻兵，因此这一带也成为日军烧杀、抢夺的重灾区。

沙头一带下沙村有村民 1000 人、上沙村 1400 人、沙嘴村 700 人、沙尾村 800 人、石厦村 1000 人、新洲村 1000 人，主要从事农业和渔业。因地处东西交通要道，这一带的村民也成为烧杀抢夺的对象。

经调查统计，1938 年 11 月至 1945 年 8 月抗战时期，福田地区人口伤亡 3629 人，其中直接伤亡 3627 人，包括死亡 179 人、受伤 3448 人。未调查到失踪人员。

表 3 – 1 1938—1945 年抗战时期福田区人口伤亡情况表[①]

（单位：人）

年份	合计	被俘	死亡					受伤				
			小计	男	女	童	不明	小计	男	女	童	不明
1938	13		13	10	2	1						
1939	1463		61	61				1402	2			1400
1940	9		6	6				3	3			
1941	512	2	9	4	4	1		501	1			500
1942	7		7	6	1							
1943	281							281	1			280
1944	1		1	1								
1945	1343		82	72	7	3		1261	1	51		1209
合计	3629											

日军还在福田地区大肆抢劫和掠夺，给福田地区造成了严重的财产损失。福田村优质农田较多，每到庄稼成熟的季节，日军便会出动兵力来抢夺粮食。他们拆毁大量房屋，使村民流离失所，过着极其苦难的生活。赤尾村因驻有日军小兵营，房屋损失较大，共有 575 间房屋被毁，较多房屋木质材料被日军拆去建桥、修工事，或者作燃料使用；皇岗村、岗厦村村民房屋被拆，所有门、木板、桁等被拆除用作修筑路桥；环庆村遭破坏的房屋有 260 多间；新洲村 2 间房屋被烧、1 间庙和 3 间房被拆；上沙村所有门板被拆下修路；下沙村 103 间房、1 间礼堂被拆；莲花街道辖区内 10 多间房屋被日军炮毁。

---

① 数据来源于 2007 年福田区抗战时期人口伤亡和财产损失课题调查报告。

不少历史古迹和文物亦遭到严重破坏。皇岗村上围思田公祠（约300平方米）、上围鱼市灵王古庙半边（约150平方米）、吉龙神棚（约100平方米）、吉龙静远堂（约200平方米）被拆毁，水围村庄氏宗祠被拆毁丁坛一座，并被抢走建材；沙尾村温氏宗祠堂、洪圣庙、巡丁馆、莫氏祠堂、莫氏书坊被拆；沙嘴村欧氏宗祠、灯楼一座被拆；石厦村、新洲村各有一间庙被拆；下梅林村文物三圣宫被破坏；赤尾村祠堂、寺庙各一间被毁。福田地区交通设施和教育设施也遭到破坏，一个火车站被毁，一个学校被拆。另外还有许多古民居、古桥梁及华侨建造的碉楼等建筑物被日本飞机炸毁。

据统计，日军侵华期间，福田地区居民财产损失主要有967间房屋、17艘船、大量门板被拆毁，大批家畜、衣物、粮食被抢夺，价值1055401法币。社会财产直接损失主要有庙宇6间、祠堂10间、火车站1个、学校1间，价值1.85万法币。（按1937年价格计算）

表3-2　1938—1945年福田地区抗战时期财产损失统计表①

（单位：法币）

类别 年份	社会财产损失（直接损失）	居民财产损失（直接损失）	合计
1938		5000	5000
1939	834000		834000
1940	121000	1000	122000
1941	3413	1000	4413

---

① 数据来源于2007年福田区抗战时期人口伤亡和财产损失课题调查报告，1944年数据不详的损失统计入1945年损失内。

（续表）

类别 年份	社会财产损失（直接损失）	居民财产损失（直接损失）	合计
1942	2380	4500	6880
1943	54608	3000	57608
1945	40000	4000	44000
小计	1055401	18500	1073901

日军发动侵华战争期间，福田地区没有发生大规模的激烈交火，比起其他处于交战前沿阵地的地区，受损程度相对较轻。但从以上数字仍能看出，日军侵略给福田地区造成了较大的人口伤亡和财产损失。日军实行野蛮的"烧光、抢光、杀光"三光政策，导致原本可自给自足的福田经济状况更加贫穷落后。日本帝国主义的野蛮侵略激起了人们极大的愤怒和反抗。

第二节 党组织的恢复和抗日救亡运动的高涨

1937 年 7 月 8 日，卢沟桥事变爆发后，中共中央发出《中共中央为日军进攻卢沟桥通电》，号召全中国同胞团结起来，建筑民族统一战线的坚固长城，国共两党亲密合作，共同抵抗日寇的侵略与进攻！① 同日，毛泽东、朱德、彭德怀等中共领导人致电蒋介石，要求实行全国抗日总动员，表示红军将士愿意"为国效命，与敌周旋，以达保土卫国之目的"②。日本的侵略严重危害了国民党的统治，在中国共产党和全国人民要求抗战的强烈呼声中，国民党政府明确抗日立场。

8 月上旬，国共双方达成协议：将中国工农红军主力改编为国民革命军第八路军，并设总指挥部；在国民党统治区的若干城市设立八路军办事处。22 日，国民政府军事委员会正式公布红军改编的命令，任命朱德为总指挥、彭德怀为副指挥。9 月 22 日，国民党中央通讯社发表了《中国共产党为公布国共合作宣言》③，次日，蒋介石发表谈话，表示国民党政府愿意"接纳"全国各党

① 《中共中央为日军进攻卢沟桥通电》，《中共中央文件选集》第 10 册，中共中央党校出版社 1985 年版，第 278 页。

② 《红军将领为日寇进攻华北致蒋委员长电》，《中共中央文件选集》第 10 册，中共中央党校出版社 1985 年版，第 280 页。

③ 中共中央党史研究室：《中国共产党历史·第一卷（1921—1949）》下册，中共党史出版社 2011 年版，第 465—466 页。

派，"咸使集中于本党领导之下共同御侮，表于在国家"存亡危急之秋"，愿与共产党"彻底更始，力谋团结，以共保国家之生命与生存"，实际上承认了中国共产党的地位。至此，以国共第二次合作为基础的抗日民族统一战线正式形成。

为适应抗战形势的需要，中共中央 8 月 1 日发出《关于南方各游击区域工作的指示》，确定南方各游击区域的战略任务：为实现党的新政策、开展统一战线工作、保存扩大革命支持点，必须要普遍建立党的秘密组织。① 8 月 22 日至 25 日，中共中央在陕北洛川召开中央政治局扩大会议，通过《中央关于目前形势与党的任务的决定》和《中国共产党抗日救国十大纲领》，确定党在抗日战争时期的纲领、路线、方针和政策，提出取得抗日战争胜利的关键，在于实行党的全面抗战路线，坚持抗日民族统一战线的策略方针，坚持统一战线中无产阶级的领导权；在敌后放手发动独立自主的游击战争，建立敌后抗日根据地；在国民党统治区放手发动抗日群众运动，争取全国人民应有的政治经济权利；以减租减息作为抗日战争时期农民问题的基本政策。中共中央提出的路线、方针、政策和任务，给各地党组织实现从内战到抗日战争的战略转变，指明了正确方向。

七七事变爆发后，中共南方临时工作委员会便以"全国各界救国联合会华南区总部"的名义，发出《华北抗战宣传大纲》，动员华南人民群众积极援助华北抗战，号召同胞们立即起来参加抗日救国运动，不做亡国奴。随后，主张实施广东防务建设，保

---

① 《中央关于南方各游击区域工作的指示》，《中共中央文件选集》第 10 册，中共中央党校出版社 1985 年版，第 298—300 页。

护广东安全，开放民众运动。①

1937 年 8 月开始，侵华日军接连不断地对广东全省城乡实行疯狂轰炸，企图摧毁中国军民的抗战意志。8 月 31 日，日本飞机首次袭击广州，同时在深圳镇上空投放炸弹进行轰炸，炸死 2 人，炸伤多人。在中共南方临时工作委员会的组织和各地党组织的发动、影响下，宝安县的抗日救亡运动逐渐开展。9 月，为适应全国抗战形势的需要，中共广州外县工作委员会决定把东莞县工委改成东莞中心支部，书记为姚永光，领导东莞、宝安与增城部分地区党组织和人民做抗日武装斗争的准备。10 月，中共中央派张文彬到广东整顿党组

被日军炸毁的罗湖火车站铁轨（深圳市宝安区档案馆资料图片）

织，改组中共南方临时工作委员会，成立中共南方工作委员会（简称"南委"），张文彬任书记，直属中央领导。11 月，中共广州市工委派共产党员王启光以"救亡呼声社国防前线工作队"的名义，带领 10 多人到宝安县城南头及西乡、乌石岩、沙井、松岗、龙华、深圳镇等地，开展统战工作和抗日宣传活动。

1938 年初，日军飞机、军舰轰炸南头城，宝安县立第一初级中学原校长（国民党员）因害怕而逃跑。上级党组织利用这一机会，派地下党员梁金生任校长，何柏华任军事教员，并指示梁金

---

① 《中共南方工作委员会给中央的报告》，《广东革命历史文件汇集·中共南委广东省文件 1937—1939》甲 36 卷，中央档案馆、广东省档案馆 1986 年版，第 35、38 页。

生以校长职务为掩护，积极开展党的活动，恢复宝安县党组织，以便更好开展抗日救亡运动。共产党员黄木芬（后担任东宝惠边区人民抗日游击队第一大队队长）争取到了观澜乡抗敌后援会副主任、开明乡绅吴盛唐和曾鸿文（后成为抗日游击队支队领导）的支持，在广泛开展抗日救亡运动的基础上，在观澜、龙华地区征集民间枪支，组织抗日自卫队等形式的民众抗日武装，为中共在宝安县建立抗日武装，开展抗日游击战打下了基础。2月底，东莞中心支部书记姚永光到宝安南头、皇岗等地接收中共南委转来的12名党员的组织关系，归东莞中心支部领导。4月，中共南方工作委员会撤销，成立中共广东省委员会，张文彬任书记，随后，广东省委召开第一次执委扩大会议。从此，宝安县党组织在省委的领导下，开展抗日救亡运动和抗日武装斗争。1938年夏天，中共广东省委指示各地党组织利用暑假开展青年、学生和知识分子工作。在福田地区赤尾村教书的工作队队员王章、王农、王月娥等3人被发展入党，并建立赤尾党支部；大革命时期的皇岗党支部和深圳镇附近一些党员的组织关系也得到恢复，皇岗党支部党员人数达11人。

　　中共宝安县组织的重建和发展，加强了党的领导，是贯彻党的全面抗战路线和发展人民抗日力量，开展敌后抗日游击战争的重要组织保证。

第三节 抗日武装的建立和发展

一、叶挺组建东路游击总指挥部

1938 年 10 月 12 日，日军在广东大亚湾登陆，华南地区燃烧起抗日烽火。21 日，广州沦陷。11 月 22 日，日军在宝安县东部的大鹏湾登陆，攻陷大鹏城。随后，日军在坦克、飞机的掩护下，分三路对深圳镇发起猛烈攻击。26 日，日军占领深圳镇，宝安县城南头也随之失陷。华南地区沦陷后，国民党广东省党政军机关及军队退往粤北。11 月，新四军军长叶挺离开南昌，来到香港为部队筹集经费物资，与八路军驻香港办事处主任廖承志等会面，表达了回家乡开展抗日游击战争的意愿，得到廖承志的支持。当时，中共广东省委领导人张文彬、廖承志等人遵照中共中央关于在敌占区组织抗日武装力量、建立抗日根据地的指示，忙于组织领导人民抗日武装，开展抗日游击战争。由于省委缺乏军事方面的领导骨干，他们都为叶挺愿意返回广东参加抗日活动而高兴。经商议，省委决定利用叶挺的声望和国共合作的有利时机，在东江地区建立一支由中共领导的抗日武装队伍。

叶挺在党组织的配合下，前往粤北向国民党第四战区副司令长官兼第十二集团军总司令余汉谋做统战工作。当时余汉谋正因为指挥失当而失守广州，被蒋介石革职留任。为戴罪立功，余汉谋决定在东江地区成立"东路守备区总指挥部"，统管东江一带

1938 年 10 月 11 日黄昏，日本华南派遣军主力在日本海军第五舰队的护卫下，抵达广东大亚湾海面（深圳市宝安区档案馆资料图片）

的国民党部队和民团组织，余汉谋任命谭邃为东路守备区总指挥部副总指挥。但谭邃恐难以胜任，不愿出任指挥一职，当得知保定军校的老同学叶挺欲回广东抗日后，于是向余汉谋推荐叶挺担任此职。余汉谋认为可以借助叶挺的威望和力量使自己摆脱困境，当即任命叶挺为东路守备区总指挥部副总指挥，统管东江一带的抗日武装力量，加以整编，开展抗日游击战争。

叶挺立即全力以赴投入组建指挥部及抗日部队的工作中。中共东南特委根据中共省委指示，立即委派香港九龙大同罐头厂党支部书记蔡国梁带领 18 名工人配枪组成警卫排，保护叶挺安全。东南特委组织部长吴有恒得知深圳镇南庆街 20 号鸿安酒家的老板娘何华益（福田下梅林村村民）是一位同情革命、支持抗战的爱国归侨，决定将东江游击指挥机构设在鸿安酒家。

东路游击总指挥部副指挥叶挺（深圳市史志办资料图片）

此时，日军才在不久前撤离深圳镇，叶挺不顾安危，毅然进驻深圳镇。12月，在鸿安酒家建立东路游击总指挥部，设立司令部、政治部，一方面向流落在各处的国民党散兵及地方武装团队发布命令，要求他们前来接受指挥；另一方面张贴布告，开展党的抗日政策宣传，号召军民奋起抗日。叶挺计划以曾生的惠宝人民抗日游击总队和王作尧的东莞抗日模范壮丁队为核心，发动群众，争取并改造其他的抗日武装力量，短期内在东江下游组织建成一支拥有1万人规模、有较强战斗力的部队。

当时，宝安县流散着不少国民党士兵及地方武装团队。为了加以收编整顿，使之成为一支抗日力量，叶挺亲自带着4人到龙华会见地方团队头目，带一个武装班到乌石岩巡视国民党驻军，要求他们接受收编，参加抗日。他还与曾生等人一起去香港，会见撤退到香港的国民党军队温淑海旅刘永图团第三营营长麻玉标，向他介绍华南的抗日形势，勉励他留下来参加抗日，协助收编流散的国民党士兵，麻玉标欣然接受。

叶挺十分重视动员港澳以及海外爱国青年回家乡参加抗日事业。经廖承志介绍，叶挺在香港与华侨领袖人物何友逊见面，坦诚地详谈了一天，对如何开展华南地区抗日活动、如何组织抗日游击队、如何建立抗日民主政权、如何动员广大华侨青年组织回乡服务团回国参加抗日救亡活动、如何发动侨胞捐款支援抗日部队、如何设立难民垦殖区等问题，互相交换意见，取得共识。何友逊一向十分敬仰叶挺，在叶挺的鼓励下，更加积极地动员广大侨胞，在人力、物力和财力等各方面支援祖国的抗日事业。

叶挺组建的抗日武装粗具规模后，便主动围攻石龙，打击日本侵略军。正当叶挺在深圳镇紧张工作的时候，蒋介石看到余汉谋保荐叶挺任第十二集团军副司令兼东路守备区总指挥部副总指挥的报告，害怕共产党又在华南建立一支新四军，严令余汉谋撤销原任命，要求叶挺立即离开东江，返回新四军。廖承志向叶挺传达了上级党组织的意见，若叶挺不回到新四军，恐影响到与国民党的统一战线关系。此时叶挺在广东干得正起劲，虽不愿离开，但考虑到应以大局为重，服从了安排。上级党组织决定由中共东南特委组织部长吴有恒前往深圳镇，负责结束指挥部的工作，又派温焯华、袁鉴文通知王作尧部队不要再前往深圳镇。蔡国梁率领的警卫排 18 人转往坪山，何与成带领东莞抗日模范壮丁队原拟为叶挺组建警卫连的 70 余人也转移到坪山，同时编入曾生的惠宝人民抗日游击总队。在政治部工作的王鲁明、何鼎华、祁烽等人则转移到东莞，编入王作尧的东莞抗日模范壮丁队。

因蒋介石的反对，叶挺组建的东路游击总指挥部只存在一个多月，但开展了广泛的抗日宣传，对后来宝安县的抗日救亡活动和东江抗日武装队伍的发展起到了一定推动作用，鼓舞了人民群众投身到抗日救亡运动中。

二、福田军民的艰苦抗战

日军在大亚湾登陆后，宝安县形势十分严峻。1938 年 12 月 2 日，中共惠宝工委在惠阳县沙坑周田村正式成立惠宝人民抗日游击总队，曾生任总队长，周伯明任政委，郑晋任副总队长兼参谋长，人们称其为曾生部队。1939 年 1 月 1 日，东宝惠边人民抗日游击大队成立，大队长王作尧，政训员何与成，党总支书记黄高阳，人们称其为王作尧部队。

1940 年，曾生、王作尧部队按照中共中央关于坚持敌后开展独立自主的游击战、建立抗日根据地的基本方针，将部队整编为广东人民抗日游击队第三大队、第五大队，分别开辟了以东莞大岭山和宝安羊台山为中心的抗日根据地。1942 年，广东人民抗日游击队整编为游击总队。为进一步适应斗争需要，1943 年 12 月 2

曾生（福田区史志办资料图片）

王作尧（福田区史志办资料图片）

日，游击总队改编为广东人民抗日游击队东江纵队，简称"东江纵队"。东江纵队成立后，抗日斗争在宝安县蓬勃开展起来。

清光绪二十四年（1898 年），由于清政府签订不平等条约《展拓香港界址专条》，英国强行租借界限街以北、深圳河以南的九龙半岛北部以及附近 235 个大小岛屿（后统称"新界"），管辖界线沿大鹏湾北岸、深圳河到深圳湾一带设立。在这条管辖界线的西北面，日军沿着南头到深圳镇的公路，设立了一条主要针对抗日游击队的封锁线，五里筑一个碉堡，碉堡之间还有带着狼狗的巡逻队日夜巡逻，配合不断的军事"扫荡"和经济封锁，企图阻断游击队物资供给，扼杀宝安地区的抗日武装力量。要使抗日物资能从港九顺利运回宝安，必须要通过敌人的这条封锁线。为了打通这条封锁线，游击队与日伪军、国民党顽军展开了错综复杂的斗争。1940 年 10 月初至 11 月底，王作尧率领的抗日游击队在福田地区的上步村建立交通站，时任向南武工队队长的郑珠明的家就在上步村的河边，游击队设立的第一个过河点就在他家中，第二个过河点设立在河对岸的香港"新界"落马洲小学。这两个点成为游击队的交通站，通过这两个交通站，从港九地区运回的物资白天从九龙运送到落马洲，天黑过河存放在上步，若无特殊情况，可连夜运送到梅林坳（梅林坳是抗日根据地游击队税收总站所在地）。物资多时，短枪队出动接应，有时掩护物资在敌人控制的两个碉堡中间通过马路，有时则袭击其中一个碉堡，吸引敌人巡逻队，使物资顺利从另一侧通过。交通员曾几次在上步村渡河交通站遭遇凶险，最后化险为夷。抗日游击队通过郑珠明的关系，在叶屋、赤尾、白石洲和皇岗村增设了渡河点。皇岗村附近的河面宽敞，潮水退时，许多村民都坐着大木盆到河里捞蚬，游击队的交通员也坐着木盆混入其中，碉堡里的敌人难以发现。

1941 年侵华日军驻扎在福田地区的沙头一带，常到岗厦村"扫荡"。岗厦村村民文辉廷曾在日本从医 20 年，抗战爆发后，他抱着救国的愿望回到家乡当了医生，悬壶济世。他精通日语，为人和善，有威望，被文氏宗亲选为族长。在抗战时期，他的公开身份是岗厦村保长，负责与日本人周旋，隐藏身份是抗日防护会的医师。1937 年国民党政府号召广东民众御侮救亡，在其通告书中曾言："查倭寇肆虐到处侵袭，防护救伤刻不容缓，本股忝属防护职责所在，义不容辞……兹有文辉廷君，医术湛深，热心为国家民族服务，堪任为本股救护队队员，仰即克日到会工作，幸勿观望有所畏怯，须知国家兴亡，匹夫有责。如遇敌人侵袭，当速赴灾区实力救护。"[1] 文辉廷曾利用自己的公开身份，从日本人手上营救出不少革命同志和爱国人士。

除了文辉廷，岗厦村还有一位有名的老中医文介峰，他出身贫苦，自幼体弱多病，上完 8 年小学后便去香港上水保和堂药铺厨房打工，边打工边读医书，向医师学习制药。1943 年抗战时期，文介峰随香港医生去东莞一带巡诊时到了梅林，便主动与在此活动的东江纵队支队政委联系，免费为战士们义诊，并为他们

---

[1]　王一宪：《岗厦村文氏的前朝后代》，中国言实出版社 2016 年版，第 177 页。

组织捐款捐粮，用实际行动支援抗战。

岗厦村其他村民也用自己的方式支持、援助抗日游击队，如给游击队提供粮食、食盐，帮助抗日武装力量解决经济上的困难，给游击队传送情报。岗厦村村民文满堂、文锦上两兄弟，抗战时期尚未成年，是 10 岁左右的小孩，他们经常边玩耍，边观察动静，见到异常情况立即跑去通风报信，被游击队队员们戏称"小鬼仔"。岗厦村在抗战时期为宝安县的民族独立事业作出了重要贡献，因此被评为抗战时期革命老区村之一。

福田地区上梅林村、下梅林村因地处于海岸与内陆纵深的接合地带，背靠大山，村前是连绵起伏的丘陵，回旋余地大，便于隐藏疏散，又是香港和内地的交通要冲，地理位置十分重要。抗战后期，广东人民抗日游击总队在上梅林村梅庄黄公祠内设立宝

梅庄黄公祠（资料图片）

三区联乡办事处，为抗日筹集财力支持，开展抗日工作，在其带领下，此地的抗日游击活动非常活跃。

宝三区联乡办事处成立后，积极开展拥军工作。一是动员参军，动员广大青年踊跃加入东江纵队，参加民兵组织，使抗日队伍不断发展壮大，保证部队兵源补充的需要；二是建立交通情报网络，深入日伪占领区域收集情报，在国民党统治区也设立情报

伏击日军的游击队员们（深圳市东江纵队老战士联谊会资料图片）

站，收集顽军情报，提供给抗日游击队；三是动员群众组织担架队，掩护部队治疗护理伤病员；四是组织群众支援部队，慰劳部队，为部队战士缝制衣服、军鞋，捐献物品、食物；五是发动群众交纳公粮，解决部队的生活给养，保障部队的供给。此外，抗日民主政权还组织农耕队，帮助抗日军属解决劳动力不足的问题；对抗日军属公粮实行减免征收的政策，同时组织慰问，帮助他们解决各方面的困难。

上梅林村村民主要以种植业为生，民风淳朴，村民受抗日热潮和游击队英勇杀敌的感召，在共产党的领导下，自发组织起抗日自卫队，学习基本军事常识，进行军事训练，积极主动地参与抗日救亡运

小战士正在向敌人射击（深圳市东江纵队老战士联谊会资料图片）

动。他们破坏敌人的运输线、通讯设施，配合游击队打击日军。上梅林村村民还积极为游击队筹粮筹款，运送物资，收集情报，救护伤病员。

某次，梅林税站站长罗伟平外出工作，突然与日军相遇。敌人一路追杀，罗伟平一直跑到梅林连坳山，才将敌人摆脱，但身负重伤，无法行动。上梅林抗日自卫队得到情报后，立即上山救护，将罗伟平平安转移回来。还有一次，游击队在龙华石坳村与日军发生激烈交战，游击队副队长郑华在战斗中受伤，上梅林抗日自卫队巧妙地穿过敌人封锁线，将伤员安全送到香港落马洲疗伤。村民黄贵有参加了民兵组织，他的家庭也成了革命堡垒户，是游击队开展抗日活动的落脚点。游击队队员经常出入黄贵有家，一旦遇到敌人，黄贵有立即巧妙应对，掩护转移。黄贵有还特别照顾游击队的"小鬼仔"（即童子军）。

在梅林一带活动的抗日游击队向南武工队以下梅林村为根据地，采取昼伏夜行、时分时合、灵活多变的战略，日夜干扰日军。日军十分恼火，他们利用汉奸，四处打探游击队的情报。当时福田村有两个地痞流氓，一个叫黄桂仔，一个外号为单眼金水，两人游手好闲，平日里喜欢欺负村民。自从日军占领福田地区后，两人更是认贼作父，无恶不作，给日本人当暗探，四处打探游击队的行踪，向日本人提供抗日武装力量的情报。老百姓对这两个汉奸恨得咬牙切齿，一日不除，民愤难平。向南武工队队长郑珠明召集游击队的几名骨干，制订好周密锄奸计划。

某天，一位村民给游击队送来了准确情报：黄桂仔去了向西村。郑珠明立刻带领几名游击队队员，带上短枪，换好便装，在向西村回福田村的大路上找好伏击的位置，然后化装成农民模样，一边割草砍柴，一边注意观察，等候黄桂仔经过。

待黄桂仔走近，郑珠明一声令下，队员们迅速抽出短枪。黄桂仔做贼心虚，一看情况不对，伸手就想拔枪，但郑珠明眼疾手快，"叭"地就是一枪，黄桂仔应声倒地，一命呜呼。游击队队员们一鼓作气，在情报人员的带领下，迅速赶到香港上水的一家赌场，找到单眼金水，当头就是一枪。等到赌场里的人反应过来，想要通知日本人时，早已不见游击队的踪影。两个汉奸一除，百姓拍手称快。那些为日军做事的人胆战心惊，不得不收敛。

因为党组织的建立及抗日活动的积极开展，上、下梅林村也成为抗战时期革命老区村落。

三、秘密大营救

抗日战争爆发以后，大批文化界的知名人士和爱国民主人士到香港避难。1941 年 12 月，香港沦陷，300 多名文化界知名人士和著名爱国民主人士受困于港九，生命安全受到威胁。

香港沦陷后，日军举行入城仪式（深圳市宝安区档案馆资料图片）

日军侵占香港后，立即封锁港九交通要道，实行宵禁，在全香港进行地毯式大搜查，企图找出爱国民主人士和抗日进步分子。

同时，侵占香港的日军总部发布命令，限令旅居香港的文化界人士前往"大日本军报导部"或"地方行政部"报到。日本文化特务机关还以各种手段要求当时旅港的导演、编剧蔡楚生和司徒慧敏等人到设立在半岛酒店的日军司令部"会面"，企图将旅港的爱国民主人士和文化界知名人士一网打尽。爱国民主人士和文化界人士的处境极其危急。

日军在香港青山道沿途布满岗哨搜查行人（深圳市宝安区档案馆资料图片）

中共中央对这批爱国民主人士和文化界知名人士的安全极为关心。1941年12月8日，即日军发动进攻香港的当天，中共中央书记处急电中共中央南方局和周恩来："我对英美方之政策，应当是建立与展开中共与英美政府的广泛的真诚的反日反德的统一战线……香港文化人、党的人员、交通情报人员应向南洋与东江撤退。"[①] 12月9日，周恩来急电在香港的廖承志等人，在分析形势后，做出周密安排。电文指出，菲律宾将不保，新加坡或可守

---

① 《中共中央关于太平洋战争爆发后与英美建立统一战线问题给周恩来等的指示》，《南方局党史资料·统一战线工作》，重庆出版社1990年版，第71页。

一时，估计香港工作人员的退路只有广州湾、东江和马来亚。他还提出，对这部分人，能留港或将来可去马来亚和上海的，尽量留下；能出琼崖、东江游击队则更好；不能留也不能南去或打游击的，转入内地。①

根据中共中央和周恩来的指示，张文彬、廖承志等立即指挥香港地下党组织投入营救工作，并及时与南方工委、粤南省委、前东特委和东江抗日游击队等取得联系，由张文彬、廖承志在香港、惠阳、宝安召集有关方面领导人会议，研究营救工作可能遇到的种种问题和困难，进行周密部署，做出具体实施方案，决定趁侵占香港的日军立足未稳，对香港情况不太了解和大批难民逃离香港之时，以最快的速度帮助滞留在港的文化人士迅速转移。撤退护送工作分陆路和水路同时进行，由水路撤退的，从香港长洲岛乘船到澳门，然后分别到台山、中山石岐或江门，沿西江到桂林；由陆路撤退的则首先将各界知名人士紧急护送到港九游击大队设立的交通站，再由游击队和地下交通人员护送到惠东宝抗日根据地，随后护送到内地大后方。

时任东江前方特委书记的尹林平接受任务后，赶回宝安龙华白石龙，召集梁鸿钧、曾生、王作尧等人布置抢救文化人士的工作。为使抢救工作顺利进行，党组织分别在香港湾仔和宝安白石龙村成立指挥部，并确定开辟和恢复东、西两条秘密交通线。从1942年1月开始，营救工作秘密而紧张地进行。曾生在白石龙负责接待工作，梁鸿钧负责部队的军事指挥，王作尧负责从港九至游击区交通线的警戒和护送工作。在香港地下党组织的配合下，被营救人士摆脱了日军的跟踪监控，从1月5日晚开始分批被护

---

① 中共中央文献研究室：《周恩来年谱：1898—1949》修订本，中央文献出版社1998年版，第534页。

送到九龙的港九游击大队交通站，分东、西两条路线，送往惠东宝抗日根据地。东线的护送工作由蔡国梁、黄冠芳率领的武工队负责，从九龙市区经牛池湾到西贡，然后乘船渡过大鹏湾，在大梅沙、小梅沙、上洞或沙鱼涌等地登陆，再经田心到惠阳茶园。西线的护送工作由

广东人民抗日游击队进行秘密大营救的前线据点宝安县白石龙村（广东革命历史博物馆资料图片）

黄高阳、曾鸿文率领武工队负责，从九龙市区进入青山道，到荃湾，越过大帽山到达元朗，然后渡过深圳河，进入福田地区的皇岗、水围一带，再经上、下梅林进入梅林坳，最后到达宝安龙华白石龙根据地。由于福田地区毗邻香港，与香港元朗仅一河之隔，特殊的地理位置使得皇岗、水围成为西线的咽喉。

1月9日夜，交通员李锦荣带领邹韬奋、茅盾夫妇、胡仲持、廖沫沙、叶以群、戈宝权、胡绳夫妇等一批著名文化人士从香港岛到九龙，由地下党员李健行安排住宿隐蔽。11日早晨，何鼎华派交通员赵林、麦容到青山道口等候邹韬奋、茅盾这批化了装的"难民"。交接后，赵林、麦容带他们混在难民中行进，途经荃湾至上塘站休息，后翻过大帽山，短枪队在途中解决了两伙散匪，于黄昏时分到达"新界"锦田接待站。这一段由曾鸿文负责护送，通过元朗伪维持会①办好回乡通行证。12日，交通员继续带领各文化人士渡过深圳河，在上梅林村的梅庄黄公祠住了一夜，

---

① 伪维持会是指抗日战争初期日本侵略者在中国沦陷区内利用汉奸建立的一种临时性的地方傀儡伪政权。

13 日从梅林坳翻山到达宝安白石龙根据地。交通员把何鼎华写的信和名单交给王作尧，完成了虎口脱险的重大任务。

秘密营救工作前后历时 6 个多月，从港九地区营救了爱国民主人士和文化界知名人士共 300 多人，连同其他方面的人士共 800 多人，并接应了 2000 多名到内地参加抗战的爱国华侨和港澳青年。游击队和皇岗水围交通站在转移、护送被营救人员的过程中，部署得当，安排周密，顺利完成了人员护送任务和医药物资甚至弹药的运送工作。邹韬奋、茅盾、沈志远、胡绳、戈宝权、黎澍、胡仲持、廖沫沙、于伶、胡风、宋之的、风子、许幸之、丁聪、盛家伦、陈汝棠、刘清扬等百余位文化人士、爱国民主人士以及部分国民党军政要员家眷和国际友人，都经西线而脱险，被安全营救到东江游击根据地，转送到大后方。

在中共中央南方局、周恩来的具体指导下，张文彬、廖承志、尹林平等领导组织的香港秘密大营救，是中国革命史上的重大事件，受到中共中央、社会各界的广泛好评和赞扬，在国内外产生了深远的影响。茅盾在《脱险杂记》一书中评价这次营救工作是难以想象的仔细周密，是抗战以来（甚至是有史以来）最伟大的抢救工作。[①] 这次营救，及时保护了一批中华民族的优秀人才，对进一步密切共产党和知识分子、民主人士患

图为 1942 年发表在广东人民抗日游击总队自办的《东江民报》的木刻画《护送》（深圳市宝安区档案馆资料图片）

①　茅盾：《脱险杂记》，中国社会科学出版社 1980 年版，第 196 页。

难与共的关系，促进抗日民族统一战线的巩固和发展，加强全民族的抗日团结，具有深远意义。

中国文化名人大营救纪念馆外景（深圳市史志办资料图片）

四、抗日游击队的税收斗争

为开辟部队的经济来源，解决部队供给问题，宝安本地人曾鸿文首先提出建立税站的主张，其原为绿林出身，抗日战争爆发后，曾组织民间抗日武装，因敢于抗日杀敌、惩治汉奸恶棍和国民党顽军而名噪乡里。曾鸿文很熟悉当地情况，主张在梅林坳、布吉和乌石岩三个地方建立税站，这三个地方是前往香港买卖货物的交通要道，每天经由这三地去香港的人很多，其中经由梅林坳的人最多。于是，1940年11月，广东人民抗日游击队第五大队大队长王作尧派陈前、苏光、林冲、宋刚等短枪队队员执行这一任务，在梅林坳建立起第一个税站，由陈前担任站长。税站成立初期，游击队队员不公开身份，而以为捐助经费的商人护路的方式取得收入。由于这一带常有土匪活动，给过路的商人带来许多不便，部队便在梅林坳打出一面护路的旗子，上面写着"抗日经费自由捐助",捐助的商人可以得到保护,因而很乐意捐助。每天上千人经过,部队的给养从而有了一定的保障。

其后,广东人民抗日游击队又在布吉的水径、乌石岩的白芒、沙头角地区的三家村及盐田坳等地先后建立了税站。1941 年 12 月,香港沦陷后,华侨和港澳同胞的援助完全中断,部队的给养来源主要依靠税收。1942 年 2 月,广东人民抗日游击队改称为广东人民抗日游击总队,部队编成 1 个主力大队和东莞、惠阳、宝安、港九 4 个地方大队,除主力大队因不划定活动地区没有税站之外,四个地方大队都在自己的活动范围内建立税站。部队共设立了宝安、沿海、东莞、大亚湾、港九等 5 个税收总站和下属 39 个分站,并派短枪队协助税站执行收税任务。

第五大队派出短枪队在梅林坳、乌石岩、布吉建立税站旧址
(广东革命历史博物馆资料图片)

税站承担着重要任务:一是为保证部队经济来源和给养,向来往客商征收进出口税,为防止走私漏税而缉私。东江纵队成立后,各区建立起民主政权,税站还协助政府收公粮。二是做好群众工作,密切军民关系,对税站所在地的群众和来往客商坚持执

行三大纪律八项注意，不拿群众一针一线。三是做好宣传抗日工作，宣传党的政策，扩大部队的政治影响，扩大抗日统一战线。税站利用来往客商，把宣传团结抗日、反对打内战、争取伪军弃暗投明的刊物及传单散发到敌占区、国民党统治区、伪军驻防区，争取有代表性的开明商人及当地有威信人物站到游击队的一边。四是搜集情报，侦察敌情。因为税站最接近敌占区，又在交通要道，容易了解敌人的动静，税站利用来往客商和群众打听敌情，向部队提供情报。五是打土匪、捉汉奸。对大股的土匪，向部队提供情报，由部队消灭；对小股敌人和个别汉奸，税站同志自己动手消灭。六是配合战斗部队，带路消灭敌人。此外，还动员群众参加部队，做扩军扩枪工作。

在建站初期，税收工作人员在敌我边缘地区收税，目标明显，且每站配备的人员只有 5 至 7 人，面对日伪军、顽军、地主武装和土匪等五方面的敌人，斗争异常残酷，经常遭到日军和国民党顽军的袭击。打击破坏抗日游击队的税站成为顽军对抗日游击队实行经济封锁的主要措施。顽军几乎日日出动，进攻李朗、望天湖、白芒、龙华等税站。1942 年 6 月，李朗税站被顽军便衣队突袭，站长邱乙等 5 人全部牺牲。总站长黄国平为了鼓舞士气，亲自率税站人员前往梅林坳（原望天湖站）参加收税工作，但陷入顽军包围，在掩护战友突围时身负重伤，顽军杀害了黄国平，并砍下他的头颅带回观澜墟，以石灰掩头，挂在墟门上示众，妄图恫吓群众。

但是，税收工作人员没有被吓倒，为保证抗日部队的经济来源和给养，仍然坚持开展税收工作。1942 年冬，宝安路西一带的各税站统一成立宝安大队税收总站，方明为总站长，史明为指导员。税收工作人员总结税收斗争的经验，制定了《广东人民抗日游击队税收条例》，规定税收的宗旨、任务，确定税种，修正各类货品起征点和税率，做到负担合理，取得了广大客商的拥护，使税收工作扎根于群众之中。顽军如有异动，客商都会事先通风报信，使游击队有备无患。税站工作人员根据税站所处环境和工作特点，在主要交通线上寻找有利地形，经常变动收税地点，以防备敌人包围袭击。在敌情紧张时，他们往往睡在荒山野岭上的草丛或是密林、蔗地里。遇到敌情变化时，一个晚上转移两三个宿营地，白天不入乡村墟镇，避免暴露目标，就连吃饭也往往是拂晓前在宿营地煮早餐解决，晚上要待夜幕降临后才能吃上晚饭，被称为白天没饭吃，晚上吃两餐。正常情况下，税务工作人员待遇是每人每天九两米、二钱油、五分钱菜钱，每个星期每人四两鱼或肉；衣服、毯子是许多同志加入部队时带来的，不足部分由部队发给，寒衣也不足，只有负责写税单的同志才能穿用；每人的毯子，用途甚大，冬天御寒，夏作蚊帐，白天作斗篷，下雨时又作雨衣；平时没有鞋穿，不论寒暑都是赤脚，所以脚上的茧长得厚。

税站又被称为对敌封锁站，从游击区和国民党统治区运往敌占区的货物被称为出口，从敌占区运入游击区和国民党统治区的货物则被称为入口。当时抗日游击队的税收政策是：对敌封锁，发展生产，繁荣经济，方便生活。凡战略性的物资，例如钨矿、桐油、猪鬃等不准出口，走私者以资敌论处，予以罚款及没收货物。鼓励有利于发展生产、方便生活的物资进口，例如工业品、棉纱、布匹、衣物、鞋袜、西药、煤油、文具、铁钉等，税率是货值的3%～5%；奢侈品如香水、首饰、香烟、洋酒等是15%。出口多是片糖、生猪、三鸟、生油、木炭及粮副产品，税率也是3%～5%。来往客商多数是从香港购进货物，贩运往惠州、韶关等粤北地区及大后方去，也有部分运入游击区的墟镇。来往客商一般都经过两个或三个不同的地区：敌占区、游击区、国民党统治区。这些客商在经过国民党统治区时，顽军兵匪不分，经常以"通匪"罪名敲诈勒索。但是进入游击区时，因为有游击队的保护，土匪、恶霸、流氓、地痞不敢肆意勒收过路费、沿途拦劫，因而客商们感到很安全，积极向部队缴纳税款。游击队的税收工作也得到群众的大力支持，群众替游击队放哨，侦察敌情，照料伤病员，甚至冒着被敌人烧屋杀头之危险来掩护税站。

1943 年 12 月东江纵队成立后，为统一根据地税收，扩大部队经费来源，实行对敌经济封锁，纵队建立了对敌封锁站，并下设税务总站、中站和分站三级税务机构，制定了《东江解放区征收税率条例》。税务机构调整完善后，共有路西、路东、惠东、博罗、港九等 5 个税务总站，下设 13 个中站、107 个分站，配备 5 个税收武装排，11 艘税收武装船，6 个缉私队，并在珠江口设立海上税收队，税站人员有 930 多人，以保障税收工作的正常开展。据统计，宝安大队 1943 年税收已达 710 万元国币，港九大队 1943 年上半年的税收达 505.5 万元国币。东江纵队《关于征收税捐问题的指示》中提到，1943 年，部队供给 100% 靠税收而来。由此可见，税收工作的发展、税收的增加，是东江纵队赖以生存发展的经济支柱，起到了保障人民抗日武装供给的重大作用。

抗战胜利　收复宝安

1943 年 12 月，广东人民抗日游击队东江纵队成立，成为华南抗日战场的重要武装力量。东江纵队各支队组建后，在中国共产党的领导下，依靠华南广大民众，积极打击侵华日军，巩固抗日根据地，开辟新根据地，部队不断扩大，根据地迅速发展。

为争取抗日战争的最后胜利，1945 年 4 月 23 日至 6 月 11 日，中国共产党在延安召开第七次全国代表大会，毛泽东在会上作《论联合政府》的重要报告，发出扩大解放区、缩小沦陷区的号召。[①] 为贯彻中共七大和中央关于华南战略方针的指示精神，创建强大、巩固的抗日根据地，成立新的统一广东党组织的领导机构，7 月 6 日至 22 日，中共广东省临时委员会在罗浮山召开广东地方党组织干部扩大会议（又称广东区党委第一次代表大会），传达贯彻中共七大精神，总结抗战以后广东地方党组织的工作经验和教训，研究部署今后的工作任务，明确即将夺取抗战最后胜利阶段的方针和任务，为迅速打开崭新局面、夺取广东抗日战争最后胜利奠定基础。同时，会议号召全体党员发扬民主精神，依靠人民群众，加强团结。会议决定撤销中共广东省临委和东江军政委员会，成立中共广东区委员会。为配合当时抗日战争的局势

---

① 毛泽东：《论联合政府》，《毛泽东选集》第 3 卷，人民出版社 1991 年版，第 1090 页。

以及响应贯彻广东区党委第一次代表大会的会议精神，1944 年至 1945 年 8 月，东江纵队在宝安县组织了一系列战略反攻斗争，并取得胜利，给宝安县的敌人以沉重打击，巩固和扩大了抗日根据地，为最终收复宝安县创造了有利条件。

此时，世界反法西斯战争迅速朝着胜利方向发展，德国法西斯在欧洲战场的失败，使得日本法西斯陷入孤立境地，美军、苏联对日作战成功，加速了日军在中国战场的覆灭。1945 年 8 月 15 日，日本宣布无条件投降。中共广东区党委及东江纵队司令部根据中共中央的指示，命令东江纵队各支队立即进行紧急动员，集结主力，全线出击，向东江两岸、广九铁路、广汕公路两侧和沿海的敌伪据点推进，解除日军对广东地区领土的占领，并以东江纵队司令员曾生的名义，向日本驻军发出通牒，限令解除武装，向东江纵队投降。

根据上级指示，中共驻福田地区的沙头联乡办事处立即组织下辖各村自卫队，开进深圳镇，准备接受当地日本驻军的投降，接管日军在深圳镇的物资、装备，并维持治安，直到新的政权建立。但是，驻守深圳镇的日军以未接到命令为借口，拒绝投降。当时负责沙头联乡办事处组织工作及地下情报搜集工作的庄启森见到日军指挥官时，对方虽已收起平日不可一世的骄横，但却依旧顽固地表示拒绝向共产党领导下的部队缴械。最后，为避免发生直接冲突，造成不必要的人员伤亡，经权衡，双方同意折中方案，接管日军无法带走的物资，任由他们携带随身武器向宝安县城南头撤退。宝安县党组织也不断做瓦解日军士兵的工作，促使一些士兵携械投降。

8 月 20 日，宝深线政治特派员潘应宁等人带领民兵进入深圳镇接受伪军投降。24 日，宝深线军事特派室和宝三区联乡办事处进驻深圳镇，并举行万人大会庆祝抗日战争胜利。宝三区联乡办事处改为宝三区人民政府，由宝四区区长叶基兼任区长。深圳设为特别市，郑珠明任市长。

在抗日战争中，包括福田在内的宝安县党组织在中共中央和广东地方党组织的领导下，高举党的抗日民族统一战线旗帜，坚决贯彻中国共产党的全面抗战路线和各项方针政策，紧紧依靠广大人民群众，团结爱国华侨、港澳同胞，广泛开展抗日救亡运动和敌后抗日游击战争，不仅最终取得了民族解放战争的伟大胜利，也使党组织重新得到发展壮大。

4

第四章

艰苦斗争　迎来解放

第一节 抗战胜利后的形势

抗日战争胜利后，中国的命运将走向何方仍是一个未知数。面对复杂的国内形势，在日本投降前夜，毛泽东于延安发表了《抗日战争胜利后的时局和我们的方针》主题演讲，指出必须清醒地看到内战危险是十分严重的。正如毛泽东1945年4月在中国共产党第七次全国代表大会的开幕词中所指出的，代表无产阶级和人民大众利益的中国共产党，一方面领导全国人民尽力争取和平民主，另一方面对以蒋介石为代表的国民党统治集团发动内战的阴谋有充分的认识，不抱幻想，不怕威吓，做好以革命战争打败反革命战争的准备。[①] 毛泽东在关键时刻提出的基本方针和斗争策略，使中国共产党人在复杂的环境中保持清醒的头脑，对反革命内战保持高度警惕，为动员全党保卫胜利果实和争取全国的革命胜利，作了充分的思想准备。

国民党当局在美国的支持下，想要夺取革命的胜利果实，到处抢占地盘，把矛头直指解放区，进攻人民革命力量，给中国人民带来了严重的内战危机。中国共产党从大多数人民的最高利益出发，坚持和平，制止内战，为实现民主团结而斗争。在广东，国民党在经济上、政治上和军事力量上都占有绝对的优势。国民

---

① 毛泽东：《抗日战争胜利后的时局和我们的方针》，《毛泽东选集》第4卷，人民出版社1991年版，第1123—1124页。

党为巩固好广东作为发动内战的后方基地，调来大量的军队，除原驻守在广东的第五十四军之外，又将赣南的第六十三军一五二师、一五三师，第六十五军一六〇师，驻防广西的第四十六军和第六十四军以及从缅甸归来的新编第一军调入广东。国民党统治集团图谋利用军事上的绝对优势，以两三个月的时间，彻底消灭广东境内的人民武装，建立独裁统治。宝安县"在抗战期间既是广东党组织领导机关的所在地，又是东江纵队开展敌后游击战争的主要根据地之一"①，因此，成为国民党广东当局军事进攻的重点。国民党投入大量兵力，企图一举摧毁广东党组织的领导机关，消灭东江纵队，以实现其完全控制整个广东的战略目标。

一、东江纵队北撤

1945 年 8 月 29 日至 10 月 10 日，中国共产党同国民党在重庆谈判，在排除无数困难障碍之后，最终签署了《政府与中共代表会谈纪要》（即双十协定）。为了实现国内和平，中国共产党在不损害人民基本利益的前提下，做出让步，同意让出广东、浙江、苏南、皖南、皖中、湖南、湖北、河南南部等八个解放区，并将八个解放区的人民武装逐步撤退到陇海铁路以北及苏北、皖北解放区。根据中共中央的指示精神，东江纵队准备北撤。

1946 年 1 月 10 日，中共代表同国民政府代表正式签订停战协定，双方同时颁布于 13 日午夜生效的停战令。为监督停战协定的贯彻执行，由中共代表周恩来、国民政府代表张治中、美国代表马歇尔组成"三人小组"，三方同时派出代表在北平组成军事调处执行部（简称"军调部"），下设若干小组，分赴各冲突地点

---

①　深圳市史志办：《中国共产党深圳历史·第一卷（1924—1950）》，中共党史出版社 2012 年版，第 221 页。

进行调处工作。军调部决定派出第八执行小组到广东解决停战及中共广东武装部队北撤问题。

　　停战命令虽然下达，但是国民党军队并没有停止对东江纵队的进攻，更没有落实"双十协定"中关于停战的条例，仍然按照原定计划对人民武装采取连续不断的军事行动。1月15日，国民党军一五四师分两路进攻解放区的坪山、龙岗，一五四师四六二团两个营及保安队分两路进攻大鹏半岛的水头沙、葵涌、东西冲、盐田、大小梅沙等地。至23日，新一军相继占领沙湾、双坑

左图为军事调处执行部第八小组通行证和标识，右图为军事调处执行部第八小组中共代表方方（深圳市史志办资料图片）

及沙鱼涌等地。与此同时，国民党以一五三师为主力，向江北地区推进，企图在军事调处执行部第八小组到达广州之前，消灭东江纵队江南、江北的部队。广东解放区军民强烈呼吁国民党军停止内战，遵守停战协定，撤出1月13日以后所占地区，恢复原军事位置。

　　为应付内战的严重局面，江南指挥部增设路北区指挥部，何清任指挥员，负责领导从横岗、龙岗、坪山、新墟、淡水沿线公路以北地区的对敌斗争。江南地委书记黄宇在香港召集何鼎华、王士钊等东宝路西党政军领导同志开会，分析路西的斗争形势，宣布第一支队改组，何鼎华任支队长，鲁锋任副支队长，王士钊任政委，赵督生任政治处主任，并指定王士钊任中共路西县委代理书记。2月，王士钊和赵督生在香港九龙召开路西部分干部会

议，动员路西干部重返东宝前线。会上还决定成立临时领导机构——工作委员会，由梁忠、叶振基、潘应宁等组成，负责领导龙华、布吉、上下梅林等地的宝安游击区的工作。

运送东江纵队北撤部队的美国 379 号、589 号、1026 号军舰（深圳市东江纵队老战士联谊会资料图片）

当北平军事调处执行部第八小组到达广州后，国民党广东当局严密封锁外界与第八执行小组的中共代表接触，同时矢口否认广东有中共领导的抗日武装的存在，只有零星"土匪"，因此不存在执行停战令的问题。为促使国民党广东当局履行停战协定，中共中央和广东区党委通过各种渠道对国民党当局展开强大的政治攻势，经过一系列斗争，终于迫使国民党当局不得不承认广东有中共部队的存在，并经"三人会议代表团"[①] 就东江纵队北撤问题达成协议。协议确定：承认华南有中共领导的抗日武装力量；双方同意东江纵队北撤 2400 人，不撤退的复员，发给复员证，并保证复员人员的生命、财产安全和就业居住自由；东江纵队撤到陇海路以北，撤退运输船只由美国提供。[②] 国民党虽然被迫达成东江纵队北撤的协议，但蓄意消灭人民武装力量的图谋丝毫未变，不断调集军队进攻东江解放区，并在东江纵队集中北撤途中安图

---

① 由美方代表柯夷、国民党代表皮宗阙、中共代表廖承志组成，东江纵队司令员曾生、政委尹林平参加。

② 曾生：《曾生回忆录》，解放军出版社 1992 年版，第 454 页。

消灭之。

1946 年 6 月 24 日，东江纵队江南、江北和粤北、东进部队冲破国民党重重障碍，集中于大鹏半岛。6 月 30 日，东江纵队（包括珠江纵队、韩江纵队、南路、粤中、桂东南等部队的部分骨干）2583 人，在沙鱼涌分乘美国 3 艘登陆艇，向山东烟台北撤。7 月 5 日顺利抵达山东烟台，胜利完成战略转移的任务。东江纵队的北撤，是中国共产党为了和平民主基本方针的实现而作出的努力和让步，表现了中共对执行"双十协定"和实现国内和平的决心和诚意，得到国内各阶层人士的称赞和拥护，挫败了国民党统治集团妄图消灭人民武装力量的阴谋。北撤部队后扩编为两广纵队，先后参加了淮海战役、广东战役，在解放战争中发挥了重要作用。①

二、福田党组织的隐蔽斗争

东江纵队北撤后，国民党仍然穷追不舍。国民党广东当局出动了拥有最新美式装备的正规军进入东宝革命根据地，妄图摧毁革命根据地，消灭革命力量，但在 3 个多月的时间里，找不到人民武装和解放区各级民主政府工作人员，扑了一场空。当时，卓就、何赋儒、刘鸣周、何贵生等领导的武装队伍坚持在根据地的深山密林和草丛中隐秘活动。在国民党军队突然进攻的形势下，福田地方党政军领导日夜紧张地组织革命力量撤退到香港、九龙"新界"、元朗等地。虽然所有的通道都被国民党军队控制，但地

---

① 深圳市史志办：《中国共产党深圳历史·第一卷（1924—1950）》，中共党史出版社 2012 年版，第 225—231 页。

下交通线仍畅通无阻。当时，宝太线、宝深线①铁路沿线都驻扎有国民党军队，形成包围整个东宝解放区的局面。福田地方党组织就在此形势下坚持活动。

　　福田地方党组织领导人何伯琴当时就隐蔽在窑下村西面山坑名为獴狗窝的沙梨园里坚持工作。这条山坑四面是密林草丛，十分隐蔽，山窝口还有一个石燕垄。从獴狗窝出来，东面是龙华，西面是大臼，南面顺着小河边有一条山路，可通到一个山坳，山坳右边是三坑村，左边是拳山头村，这两个小村子都没有国民党兵驻守。这一带都是荒山僻野，又有小山路相通，极为隐蔽。从这两个小山村出来经番薯岗过两条河，在平山村和塘朗村之间爬上山坳，从珠岗村、新围仔村东面山路出来，右边经新塘、白石村，可到白石洲渡海过元朗；左边经龙井村出甜水坑，亦可到深圳湾的海滩坐船渡海去元朗。另一条通道是从拳山头村出来，在上面岗和长岭陂村之间穿过，爬上塘朗山中部的牛背垅顶，经下梅林村、岭背村到沙头、皇岗村的海边渡海过元朗。还有一条去路东的通道从拳山头村东面的荒田坑，经长岭陂和白石龙（这两村都驻有国民党军队）之间的山坑穿过，爬上黄帝田（山名）到鸡公头的下坪村，穿过铁路，经沙湾上梧桐山，到盐田、沙头角海边到"新界"。这些通道从浓密的山林和草丛中穿过，非常隐蔽，是抗战时期游击队指战员用双脚踩出来的路。

　　福田地区党组织在艰苦的环境下，紧密依靠群众，坚持地下活动，为恢复武装斗争保存了宝贵的力量。

---

　　①　宝太线指宝安县城南头至东莞太平一线；宝深线指宝安县城南头至深圳镇一线。

第二节 艰苦卓绝的人民武装斗争

一、国民党"清乡"运动与惠东宝人民护乡团的成立

1946 年 6 月，蓄谋已久的国民党顽固派以围攻中原解放区为起点，悍然发动了全面内战，广东局势随着内战的全面爆发，发生急剧变化。由于东江纵队主力北撤，留下的武装力量大部分复员，党组织的公开活动全面停止，相当一部分已经暴露身份的党员干部只能分散和隐蔽，革命力量骤然缩小。国民党无论在军事上、经济上都占据了绝对优势，宝安地区地方党组织和人民武装队伍进入艰难的隐蔽时期。

当时，国民党广东当局开展了一系列反革命活动的部署，准备在东江纵队曾经活动过的地区进行"清乡"，大肆捕杀东纵北撤后留下来的革命人士和复员人员，以达到摧毁革命根据地的目的。

6 月中旬，东江纵队主力尚在集结途中，国民党最高当局就下令：一旦东江纵队北撤期满后，立即将留在广东各地之中共武装一律视为"土匪"，进行大规模的"清剿"。从 6 月底开始，国民党广东当局军政要员先后在东江等地召开"治安会议"，成立各级"清剿"机构，部署"绥靖""清乡"计划，下令限期"肃清"各地的军事力量。7 月 17 日，国民党广州行营发表所谓的复员人员"集训"公报，妄图以"集训"为名，将中共复员人员一

1946 年 8 月 16 日，香港《华商报》发表《东江纵队北撤人员紧要通电》。东江纵队主力北撤后，国民党广东当局加紧"绥靖""清乡"，捕杀东江纵队复员人员，迫害革命群众。中共广东区党委以东江纵队北撤人员名义发表通电号召东江解放区军民坚决起来进行自卫斗争（广东革命历史博物馆资料图片）

网打尽。为达到其限期"肃清"的目的，国民党广东当局违背保证东纵复员人员生命安全的诺言，调集 4 个旅和 8 个保安团的全部兵力，对东江纵队活动地区进行残酷的"清剿"。国民党军进占惠东宝地区后，一方面抓丁拉夫，进行壮丁训练，强迫各地成立自卫队，推行保甲制度，采取"联防联剿，联保连坐""强化治安"等措施，加紧征兵、征粮、征税，实行残酷统治；另一方面，疯狂迫害东江纵队复员人员，强迫参加过抗日救亡各项工作的群众登记"自新"，肆意搜捕和屠杀革命群众，制造白色恐怖。宝安地区的东江纵队复员人员、地下党员、民兵干部、农会会员和进步青年受到残酷迫害，仅 1946 年 7 月份就在宝安龙华、布吉等乡捕杀革命同志 100 多人。许多复员人员有家不能归，有亲不能投，逃亡他乡，流浪度日，甚至被捕杀害，家破人亡。

1946 年夏，广东全省于水稻成熟时遭遇特大台风，早稻歉收。但国民党广东当局只顾打内战，不管人民死活，横征暴敛，宣布自 8 月起开始征粮，9 月恢复征兵，并加收了各种赋税，造成民不聊生、社会动荡的局面。反内战、反饥饿、反迫害的斗争此起彼伏，恢复和发展人民武装斗争已经具备了十分有利的客观条件。面对严峻的斗争形势，中共广东区党委发言人先后于 7 月 22 日和 8 月 23 日发表谈话，强烈抗议国民党广东当局破坏北撤协议、迫害东江纵队复员人员和人民群众的反动暴行。中共广东区党委以东江纵队北撤人员曾生、王作尧、杨康华、林锵云等人的名义发表通电，对国民党广东当局迫害东江纵队复员人员的罪行表示极大的愤慨，号召复员战士和人民群众"采取同一步骤，严肃自卫。人不犯我，我断不犯人，人若犯我，迫我至于绝境，自不能束手待毙"①，进行坚决的自卫斗争。中共广东区党委发表的谈话和抗议通电，充分揭露了国民党广东当局背信弃义的行为，鼓舞了东江纵队复员战士和人民群众的斗志，发出了重新拿起武器、恢复武装斗争的信号。

根据中央的指示和广东的斗争形势，中共广东区党委于 1946 年 11 月 27 日作出恢复武装斗争的决定，提出不违反长远打算，实行小搞，准备大搞的方针，以及反"三征"（征兵、征粮、征税），反迫害；破仓分粮，减租减息；维持治安，保护群众利益；反对内战独裁，实现和平民主的口号。

1947 年 2 月，惠东宝人民护乡团成立，蓝造任团长兼政委，叶维儒任参谋主任。为加强党的领导，江南地区武装部队重建初

---

① 《东江纵队北撤人员紧要通电》，《华商报》1946 年 8 月 16 日。

期，由江南地区特派员领导，具体军事工作由惠东宝人民护乡团负责处理。3 月，根据中共广东区党委的决定，成立中共江南地方工作委员会（简称"江南工委"），蓝造任书记、祁烽任副书记，统一领导惠阳、东莞、宝安、海丰、陆丰、紫金等县的地方党组织和重建武装斗争。从此，福田地区的党组织、武装斗争和群众工作便在中共江南工委的统一领导下开展。这时，隐蔽于各处的地方党员也重新返回相应的组织，参与恢复发展党组织的活动和武装斗争。

二、税收、地下交通情报和交通联络运输等工作

（一）税收工作

由于解放战争的发展和人民武装的壮大，根据地政府和部队需要相对比较稳定的经济来源。为了保障经济供给，人民武装建立之初就借鉴东江纵队在抗日战争时期解决部队经费问题的经验，在活动地区建立税收机构，开展税收工作，作为部队给养的经济来源。从 1947 年 4 月开始，江南地区部队供给处、税站、医院等后勤保障机构和交通情报等组织基本建立起来。1947 年 8 月，惠东宝人民护乡团正式成立税站。当时，福田地区为宝安税务总站所辖，总站长蓝杰，政治服务员谢枫（即谭刚），由惠东宝人民护乡团第三大队直接领导。

人民武装的税收政策是保护正当客商、繁荣市场，进口税和营业税都较国民党统治区低很多。初期，税站人员只能在坂田、岗头仔、雪竹径、甘坑等一带活动，后来随着人民解放战争的胜

税站人员（福田区史志办资料图片）

利发展，税区不断扩大。1949 年 6 月，东宝税务总站改为东宝税务处，由粤赣湘边纵队东江第一支队直接领导。税务处下设东莞、路西、路东三个总站，其中，梅林分站（代号东成）属路西总站领导，首任站长罗伟中，后由温北清、陈林坤、黄柏寿先后接任站长。

税站的每个分站均配备一两支长枪，其他的都是短枪。工作人员分工明确，分别放哨、写税票、收钱、监视来往行人。税站的位置选择要求既能易于撤退，又便于向商人收税，还要在哨兵瞭望的范围之内。由于税站的税率低，且只征收一次，税收手续平易简便，税站人员廉洁奉公，同时能够保护商人免受匪患之忧，商人都乐意向人民武装的税站交税，部队的供给因此得到可靠保障。第三区的泥岗分站是税收收入较大的分站之一，税源主要来自由广州贩运到香港的棉纱、桐油等大宗货物，一个月多达几千元。

税站依靠短枪队、税警连保护税收，打击抗税商人。对于拒不交税的顽固商人，人民武装曾经出动税警连，先侦察抗税商人的活动规律，发现他们每天由国民党军队一个排保护运货，有 20 多人、一挺轻机枪和一个掷弹筒。税警连侦察情况后，决定采用速战速决的战术，在笋岗至泥岗之间的田塍打伏击。当敌人进入伏击圈以后，税警连 100 多人一齐开火，几分钟就消灭了敌人一个排，缴获一挺轻机枪和一个掷弹筒，10 多支步枪，1 支航空曲尺①。这次伏击，打击了抗税商人的嚣张气焰，使得税收工作顺利进行。

税站条件艰苦，危险性大。不管天气如何恶劣，税站人员都要去收税，下雨时没有雨衣，只戴一顶竹帽就去开展工作；不论

---

① 美国柯尔特的 M1911 手枪。

严寒或酷暑，税站人员总是露宿在沙梨园、荔枝园、甘蔗地或者山坑树林草丛里；通常天没亮就要起身出发，出发时为了避免敌人跟踪，需要兜圈子绕路，原本 20 分钟的路程要花费 1 个多小时，天亮前赶到收税地点，直到天黑后才回到宿营地。税站所在地方比较固定，一般在路边或茶寮设站；每个分站一般分配 5 至 10 人，人员较少，因此敌人容易摸清楚规律，经常在伪装后袭击税站。国民党军队把人民武装的税站看成是眼中钉、肉中刺，税站人员稍有麻痹大意，就会遭受攻击。尽管税站人员时刻保持高度警惕，但仍很难避免流血和牺牲。虽然条件艰苦、工作危险、生活拮据，但税站人员精神生活却是富足的，开晚会时，大家一起出节目，唱歌、唱戏、表演功夫、讲笑话，苦中取乐，其乐融融。风吹雨打，蚊叮虫咬，丝毫没有动摇税站人员的革命乐观主义精神。

税站纪律严明。税站人员以游击队队员的公开身份出现，接触面广，一言一行都关系到党和人民武装的声誉，因此特别严格执行"三大纪律八项注意"。有的商人为了讨好税站人员，送香烟、水果、日用品，让税站人员放松检查或少计税款，税站人员对此一概谢绝。有的女性商人跟税站人员套近乎，但税站人员严格执行规章制度，一律视而不见。各个税站有女同志专门负责检查身藏私货的女水客，曾经从女水客的肚皮上、裤裆里搜查出鸦片、香肠之类的物品。税站人员不拿群众一针一线，缉私所得一切归公。税站全部收入都用在建设人民武装队伍上，整个队伍的吃、穿、用，都离不开税站人员的努力和付出。

税站也是宣传站。税站人员每天同商人接触，深知做好宣传工作才能保证税收的顺利进行和扩大党的政治影响。每位税站人员都是宣传员，根据党的政策主张和商人的情况，经常开展宣传工作。宣传方式除了向商人散发宣传品外，主要依靠口头宣传，因此，税站人员积极学习粤语和客家话。有些热心的商人替税站把宣传品带到国民党统治区，人民武装的宣传品随之在国民党士兵手里传播。

税站十分重视政治工作，严抓队伍建设。参加人民武装的绝大多数是血气方刚的青年，在长期艰苦残酷的斗争环境下，要依靠扎实的政治思想工作帮助提高觉悟、增强斗志、坚定决心。为此，税收总站成立党支部，发挥战斗堡垒作用；分站建立党小组，经常教育党员要做群众的模范、桥梁和带头人，吸收条件成熟的同志入党；建立政治学习制度，指导员（支书）、服务员（小组长）负责上政治课，文化水平高的同志还学习整风文件、《论共产党员的修养》等，文化水平低的同志则补习基础知识；税站还不断加强形势教育、党的方针政策教育、革命纪律和革命气节教育，防止和克服不良倾向，税站人员因而始终保持着坚定的革命意志和革命乐观主义精神。

（二）地下交通情报工作

人民武装一直十分重视地下交通和情报工作。1947 年惠东宝人民护乡团建立时，就设立了情报总站和交通总站，并逐步建立交通和情报网点。

人民武装的情报来源主要有四种：一是秘密派人到国民党统治区，以教师、商贩、店员等公开身份作掩护，开展情报工作；二是利用国民党人员为人民武装做情报工作；三是部队派人化装到国民党军队据点侦察收集情报；四是采取"白皮红心"

游击队根据情报，研究部署作战计划（深圳市宝安区档案馆资料图片）

的办法，通过各种关系打入国民党内部工作，取得公开合法职务，开展情报工作。通过这些办法，人民武装先后建立了8个情报站，交通情报网点遍布江南支队活动地区，交通情报总站机构设置也较完善。情报总站站长由戴震担任，下辖2个支站，8个分站，4个情报点。情报网建立后，人民武装能清楚地了解敌人各据点情况变化，为人民武装的军事行动提供有利条件。

（三）交通联络运输工作

交通联络运输是人民武装军事工作的重要组成部分，人民武装建立之初就成立了交通总站，统管部队交通联络运输工作的建设，主要任务包括传递信件、保持战地通讯联络、护送人员物资进出。福田所属的宝安路西地区共开辟了三条交通联络运输线：一是宝安路西至东莞线，负责同东莞地区部队联系；二是宝安路西至路东线，负责同惠阳地区部队联系；三是宝安路西至香港元朗线，这条路线不仅是人民武装在宝安路西地区部队的交通线，而且是整个东宝地区部队的交通线。该交通线从羊台山至香港元朗，全程30多千米，其中从元朗到落马洲属港段，在落马洲附近，港英政府设驻警署，河面有水警巡逻，监视严密；从落马洲渡河到皇岗、梅林这一带是国民党统治区，国民党海关巡逻封锁，因而交通线环境复杂，情况危险，工作艰苦。除粮食以外，东宝地区部队所需的大量物资大部分依靠从香港进口解决，人民武装工作人员需要经常进出香港；人民武装的部分兵源也来自从香港到东宝地区参加革命的青年、工人、学生、知识分子和东纵复员的同志，因此交通线使用频率高，利用价值大。为保证交通线的安全畅通，人民武装派有经验、熟悉情况的梁耀宗、谢胜泉、何赋儒、温伯如、简兴、张才和、简火德等人负责交通线工作，梁耀宗领导。他们通过各种社会关系，采取各种办法，做好统战工作，广泛团结、争取进步人士支持。

他们首先在元朗设立联络站，通过进步人士邓才、邓桂香的关系，把元朗合和街德祥兴店铺提供给联络站使用，以德祥兴招牌经营杂货作掩护，避开敌人的注意；接着在落马洲设中转站，取得进步人士杜养、文立、廖权、彭球等人的支持，通过他们做好落马洲、上水、粉岭等地警署人员的工作，请警署人员不干涉人民武装的交通工作，确保落马洲中转站的顺利；然后在皇岗、水围建立接应站，由庄南、庄日、炳昌负责，庄南掌握皇岗渡口的渡船，并发动皇岗村的庄道、庄火锦等青年负责放哨、运输、联系等工作，同时专门组织一支渡河小艇队，做好周密的部署。

人民武装首先组织皇岗村的进步青年沿交通线进行侦察，防止与国民党军队相遇；然后布置好运送力量，由沙头武工队负责埋伏、监护和守卫，再派巡丁做开路先锋；与此同时，在水路安排可靠的船家撑船到皇岗码头等候"落货"。"货"一到岸，立即由事先组织好的进步青年用箩筐装好，肩挑背扛，及时运走。前有巡丁引路，后有武工队护送，源源不断地把各种武器、弹药、服装、药品等军需物资安全、隐蔽、及时地从香港运入皇岗，再经上、下梅林，最后送到位于白石龙根据地的江南支队第三团团部。

皇岗水围交通线在这一时期发挥了重要作用，团结了一批进步青年，皇岗籍青年庄福泽、庄启森就是其中两位。庄福泽出生在水围村，从小受到共产党人和水围革命前辈的熏陶和影响，抗日战争时期，开始参加东江纵队，在皇岗水围交通线上工作。东江纵队北撤后，在国民党的白色恐怖统治下，蛰伏下来成为普通农民。1946 年冬，庄福泽接到上级指令，决定恢复皇岗水围交通线。为顺利完成任务，庄福泽先是把弟弟庄福松发展成为助手，随后把妻子和弟媳也拉入，负责将香港运送回来的物资挑到梅林，上山经望天湖运送到白石龙，物资多时，还悄悄动员水围村其他可靠的妇女群众协助挑送，其母亲则主动担负后勤保障工作，帮忙把风放哨，甚至不顾家中贫苦，倾其所有接待过往同志。庄福泽暴露后，迅速撤离，加入向南武工队坚持武装斗争，其弟庄福松则接替其继续负责皇岗水围交通线工作。

庄启森出生于皇岗乡下围村的农民家庭，在皇岗敬德小学读书时，日军攻陷深圳镇和南头，民族危亡之际，庄启森开始参加民族抗日宣传队。1944 年中共在福田地区成立红色地下政权"沙头联乡办事处"，庄启森担任组织工作及地下情报搜集，负责打入日伪政权内部，近距离监视敌人动向，同时在皇岗乡农民自卫队内发现并培养抗日青年，为组织储备人才。1946 年东江纵队北撤后复员回乡，在国民党的清算下避走香港。1946 年 11 月，中共广东区党委决定恢复武装斗争后，庄启森回到家乡，重新加入皇岗乡农民自卫队，担任队长。他团结乡民，白天利用农民自卫队的公开身份，穿着国民党军队发的服装，用各种方式掩护皇岗水围地下交通线，有时特意在有利于掩护的地点布哨放风，防止敌人密探侦查，有时则亲自护送交通线上的人员和物资离开，待其到达安全地点后再返回。为了保护好红色交通线，继皇岗村地下党支部成立后，党组织又先后在下梅林、白石洲建立党支部，由庄启森担任组织委员，同时在皇岗、梅林之后成立新洲、赤尾共四个团支部，庄启森负责组织工作。晚上，庄启森奔波于各地，组织和安排党团员们学习和进行情报收集活动，没有固定活动场所，时而去田头、山边，时而上学校、地堂[①]，一边组织学习，发展优秀青年加入党团组织，一边布置任务，搜集敌人情报。

在整个解放战争期间，像庄福泽、庄启森一样投身革命的进步青年和革命家庭在皇岗、水围数不胜数，在他们的努力下，皇岗水围地下交通线一直保持畅通无阻，没有遭受破坏。据有关资

---

① 地堂即晒谷晒稻草的开阔场所。

料统计，从 1947 年 10 月至 1949 年 8 月，通过这条线从香港护送回内地的进步人士达到 400 多人。布匹、服装、胶鞋、毛毡、西药、纸张、书报、子弹、雷管等大批物资也通过这条交通线源源不断从香港运到内地，平均每月运送 10 次，为解放战争的胜利作出了重要贡献。

三、反"清剿"与武装斗争

（一）夜袭沙头海关

1948 年初，国民党广东当局发动第一期"清剿"，实行分区"扫荡"、重点进攻的方针，以粤北、南路、兴梅三个地区作为进攻重点，大规模进攻广东人民武装。国民党一五四师、虎门要塞司令部一个团、保八团、保十三团和东莞、宝安两县团防以及县警大队等 2400 多人，先后向东宝地区发动进攻。活动于宝安县的江南支队迅速集结主力，进行严格整训，积极应战，采取先打弱敌、后攻强敌的策略，坚决拔掉敌据点。

福田地区的沙头位于深南公路以南，东面距离深圳镇仅五六千米，西面距离南头城十五六千米，南面是"新界"元朗、落马洲，是当地交通与商贸必经之地，也是当时东宝游击区物资供应的要道。国民党九龙海关在沙头村设分关，共有关警、宪兵 56 人，武器配备精良，住在一座五层楼高的炮楼内。炮楼周围筑有坚固的工事，不易攻破。国民党海关实行高税率、高征收，杂税多，客商由于负担不起被迫进行抗税，因此经常出现海关人员枪杀客商的事件。关警、宪兵平日勒索群众，无恶不作，当地群众对海关恨之入骨。为扫清游击区物资供应线上的障碍，为民除害，人民武装部队作出决定，派江南支队第三团三虎队把国民党沙头海关所设的分关拔掉。5 月 9 日下午，三虎队队员彭觉民、吴炳南化装深入沙头敌据点侦察，把敌据点的地形、人数、装备等情况弄清楚后，回队向大队长李和汇报。经过详细分析情况，研究具体战斗部署，5月11日晚上，三虎队全体指战员从驻地"小延安"①出发，爬越莲坳山，沿着崎岖的羊肠小道，经过2个小时的行军到达了下梅林村，晚上宿营在村里。

第二天早饭后，部队开始准备。大队长李和召开会议，编好战斗小组，明确具体战斗任务。突击组由曾强任组长，率领彭觉民、吴炳南等战士；掩护组由张玉负责，率领罗茂生等战士；简明率领几位战士负责剪断南头至深圳镇的电话线；其他战士则负有警戒和保卫等任务。准备工作直至下午结束。出发的命令下达后，部队到达目的地，战士们迅速包围了敌炮楼四面。待在炮楼上的敌人不时发出聚赌作乐的嘈杂声，万万没想到会被三虎队包围。冲锋的信号一发出，突击组首先扑向敌哨，掩护组也紧跟突击组占据了接近敌炮楼的民房瓦顶，监视敌人的行动。就在这一刹那，守在炮楼的敌哨发现了突击组，惊慌地开枪顽抗。当时，掩护组的战士们及时以火力压制住了敌人，突击组组员见火力转移了方向，就急忙把一个用煤油灌制成的地雷放在炮楼铁门的角落里，轰隆一声，铁门倒下了，突击组随着弥漫的烟尘冲进炮楼，边冲边喊"缴枪不杀"。几十个宪警吓得惊惶失措，乖乖举手投降。这场战斗毙敌1人，俘虏55名，缴获长短枪48支、信号枪1支、美式卡宾枪2支，电台1部，子弹1万多发，此外还有布匹、纸张、皮鞋等一大批物资，三虎队无一伤亡。战斗结束后，为减轻部队负担，方便迅速转移，三虎队把全部俘虏集合在炮楼门外的草坪上，李和大队长向他们说明优待俘虏的政策，并警告他们不得再做反动勾当，随后三虎队把俘虏全部释放。这一仗打得干脆漂亮，受到江南支队司令部的通报表扬。

---

① 当时白石龙根据地被称为"小延安"。

（二）梅林之战

1948 年夏天，人民解放军全面转入外线作战，全国主要战场转入国民党统治区。人民解放军在战场上节节胜利，国民党军队节节败退，不得不放弃全面防御战略，收缩兵力，采取重点防御。在华南，人民解放战争迅速发展，群众斗争风起云涌。国民党广东当局在第一期"清剿"计划被打破之后，不甘心失败，为达到其稳定华南后方基地的目的，纠集 7 个团的兵力，以肃清平原、围困山地为目标，重点对惠东宝地区进行第二期"清剿"。6 月下旬，国民党一五四师进入广九铁路东莞、宝安和大鹏半岛沙头角一带，税警总队进驻东莞，虎门守备总队集结于虎门、宝安两地，保安第八团、保安第十三团、保安独立第七营集结于惠州、淡水、坪山一线。7 月初，国民党税警总队及虎门守备队 3000 多人向东莞、宝安地区挺进，从东、西、北面对江南支队构成弧形包围圈，采取分进合击的战术，妄图"聚歼"人民武装。此时，江南地区的人民武装力量已经发展到 7000 多人，可以集结机动使用的兵力主要为第一团、第二团和活动于东莞地区的第三团，共达 1200 多人，并初步建立了惠东宝沿海根据地和海陆惠紫五山区根据地。部队经过整训，战斗力有了进一步的提高，装备也从战斗缴获中得到改善。

针对国民党军队的进攻部署，江南支队领导在梅林召开会议，分析敌我形势，研究如何粉碎敌军的"扫荡"。会议提出了两种意见，第一种意见认为顽军明显占优势，人民解放军应避敌锋芒，不与其硬碰，迅速东移坪山或北移东莞，留下武工队、税站、情报站坚持；第二种意见认为应动员起来，粉碎敌军"扫荡"。大部队应选择易守难攻的羊台山或鸡公山、笔架山作为有利地形，诱敌进攻、集中杀敌后主动撤出，后续再视情况而定作战方案。最后这种意见得到广泛赞同。鸡公山、笔架山就在布吉、深圳镇敌人眼眉之下，仅距其七八千米，这里山高坡陡，崖峭谷深，大有一人挡路、百人难攻之势，是防御作战的理想战场。7 月 9 日，江南支队三虎队、活虎队开到上下坪，在鸡公山、笔架山之间布成三角阵地，准备迎击来犯之敌。10 日上午 8 时，国民党军队税警总队从布吉过来，兵分两路，凭借其优势火力，在猛烈的炮火掩护下，向江南支队鸡公山、笔架山阵地发起冲锋。由于江南支队阵地正面两侧地势险要，国民党军队兵力无法展开，几次冲锋都被江南支队打退。这时江南支队侧背之敌企图从东面夹击，战斗打到午后 2 时，岗头仔敌人已挺进到坂田、长岭陂、白石龙，对江南支队形成了包围圈。江南支队已达到大量杀敌之目的，决定兵分两路，迅速撤出阵地。安全撤退后，为了继续打击敌人，江南支队决定用少数部队，配合武工队在国民党军队周围布成游击网，打击和迷惑敌人；大队部和主力连队避开进攻之敌，主动撤离宝安路西中心区，越过铁路东段平湖、鹅公岭、沙湾、横岗一线，灵活机动捕捉战机，打击敌人。几路顽军进入根据地中心区后，辗转扫荡，到处扑空，疲劳至极后才发现江南支队主力早已离开中心区，只好气急败坏撤退。顽军发动的这次"清剿"持续至 8 月中旬，历时一个多月，一无所得，被迫停止"扫荡"，江南支队赢得了反"扫荡"胜利。而国民党广东当局却通过香港《星岛日报》《华侨日报》等媒体报道，谎称国民党军与人民解放军在鸡公头"激战一天，战果辉煌，击毙匪首李和等"，欺骗世人。

第三节 战略反攻与福田的解放

一、粤赣湘边纵队的成立和战略反攻

1949 年初，辽沈、淮海、平津三大战役胜利结束，人民解放战争在全国的胜利已成定局。在广东，宋子文组织两期"清剿"相继失败后，再也无力组织较具规模的"清剿"了。宋子文离开广东后，由余汉谋接任广州"绥靖"公署主任，薛岳接任广东省政府主席兼保安司令，试图作最后挣扎。

为加强和统一粤赣湘边地区党组织和军事斗争的领导，1948年 12 月 15 日，中共中央香港分局经中共中央批准，决定正式成立中共粤赣湘边区委员会（简称"粤赣湘边区党委"），时任中共中央香港分局副书记的尹林平兼任粤赣湘边区党委书记，黄松坚、梁威林任副书记。粤赣湘边区党委管辖江南地委、江北地委、珠江地委及瀚江地委、五岭地委、九连地委。

为适应斗争形势的需要，1949 年 1 月 1 日，根据中共中央 1948 年 12 月 27 日的批示和香港分局指示，中国人民解放军粤赣湘边纵队宣告成立，尹林平任纵队司令员兼政委，黄松坚任副司令员，左洪涛任政治部主任。《中国人民解放军粤赣湘边、闽粤赣边、桂滇黔边纵队成立宣言》中明确提出，本军作战目的，志在解放各地区人民群众，推翻帝国主义、封建势力、官僚资本主义之独裁统治，配合中国人民解放军，为彻底解放全中国，建立

新民主主义的新国家而奋斗；并号召全华南地区的工人、农民、知识分子、华侨、工商业家、开明士绅、民主党派、人民团体团结一致起来。粤赣湘边纵队所辖部队进行统一改编，江南支队改编为粤赣湘边纵队东江第一支队，下辖7个团和2个独立营，司令员蓝造、政委王鲁明、副政委祁峰、参谋长曾建、政治部主任刘宣。1月19日，粤赣湘边区党委发出《关于公布名义的庆祝及展开政治攻势的指示》，要求各地在庆祝粤赣湘边纵队成立的同时，大力开展宣传工作，扩大政治影响，号召人民群众支援部队，展开政治攻势，瓦解敌军，孤立反动势力，争取广泛的拥护和支持。

粤赣湘边纵队的成立和各支队的组建，对于完成建立广大根据地的战略任务，迎接和配合人民解放军野战部队解放东江和广东全境，具有重大意义。

国民党广东当局不甘失败，仍作垂死挣扎。1949年1月9日，驻广九铁路沿线及惠东宝各据点的敌军3000余人，分路对驻坪地、渡头仔及白石洞一带的东江第一支队第二、三、八团主力和新编独立营包围合击。由于指挥失误，东江部队弹药消耗及人员伤亡甚大，新编独立营被打散，第二团营教导员刁新及第三团三虎队连张尔等人牺牲。

为建立海陆惠紫五和新连河龙边两块战略基地，粉碎国民党军队的进攻阴谋，粤赣湘边纵队展开了春季攻势，在东江南北两线同时进攻敌人，有配合、有策应、有准备、有计划地打击敌人，夺取据点，占领中小墟镇和广大农村，逐步形成包围城市的态势，取得了重大胜利，使惠东宝游击根据地进一步巩固。人民武装在战斗中得到了很大的锻炼，战斗力进一步提高，武器装备也通过缴获而得到改善。6月中旬，为庆祝中国共产党成立28周年，东江第一支队第三团发出《告东宝同胞书》，号召东宝人民更紧密地团结起来，为争取全面解放而斗争。

二、宝安县委、县政府的成立与支前工作

（一）政权建设

政权建设是随着游击战争的发展和解放区的建立与巩固而逐步开展的。1948 年 8 月，《香港分局关于半年工作总结和今后方针任务》强调，经过减租减息之后的地区均应着手建立政权，政权可分为两种情况：一种是完全一面的民主政权；一种是秘密的两面政权。而未实行减租减息的地区，一般仍以两面政权为主，但可委派县长，成立名义上的县政权。① 根据这一指示精神，江南地委结合实际，就如何建立解放区政权问题作出具体指示，指出经过发动减租减息斗争，人民群众的思想觉悟和斗争水平获得提高，且反动派进攻与摧残较少的地方，可建立以人民武装为主的一面政权；若地区尚不稳定、战争频繁、组织较差的地方，则采用秘密两面政权，分别委派各乡乡长，由乡长率领武工队，秘密或半公开地渗入该地区，开展政权建设工作，逐步蚕食、压缩旧政权，待时机成熟时进行全盘彻底改造。江南地区政权设立行政专员，以统一号召、发布政令，暂不设机构，下设县政府，由县长、副县长、民政科长、财粮科长、秘书、文书各一人共同组成。县政府可配一工作队，专门负责政权及群众工作。村为最基本的政权单位，设村长、副村长、指导员、财粮委员、公安委员、战勤委员、民兵队长，受乡政权领导。离县政权较远的地方，可建立区政府，以便直接管理乡村政权，其机构由区长、指导员及

---

① 《香港分局关于半年工作总结和今后方针任务》，《中共中央香港分局文件汇集》，中央档案馆、广东省档案馆 1989 年版，第 203—204 页。

若干区员共同组成。村政权由民选，乡以上之政权由上级委派。①
在这样的情况下，原任国民党沙头乡副乡长的水围村人庄泽民
（中共地下组织成员）被调入平湖地区的游击区，担任副乡长。

1949年3月，香港分局对政权建设作出进一步指示，以边区
为单位选择合适人物（地方民主人士及在地方有威信的中共党
员），成立临时行政委员会，统一对各县政权的领导。从形式上
普遍建立各县政权，以便开展对敌政治斗争。但每个地委所统辖
的较大地区，必须建立一个完整的县政机构，以取得经验并培养
行政干部，便于将来全面发展时有能力接收各县县政府。②

4月8日，经中共中央批准，中共中央香港分局改称中共中
央华南分局，书记方方，副书记尹林平。5月，路东县人民政府
成立，县长王舒，副县长李少霖。6月，东宝县人民政府成立，
县长杨培，副县长曾劲夫，下辖3个区政府，其中宝安区区长周
吉。各县、区、乡民主政府主要任务是发动人民群众，组织和武
装人民群众；实行减租减息、征收公粮或借粮；动员人民群众支
援前线，迎接野战军南下作战，争取人民解放战争的最后胜利；
发展工商业和农村生产，改善民生，管理社会治安，保卫和巩固
政权等。解放区民主政权的建立，一方面支持了革命战争；同时
作为人民行政机关，为人民群众办事，作为党的行政干部学校，
通过实践培养了一大批行政干部。

随着形势的迅速发展，人民解放战争在全国的胜利和国民党
反动统治的覆灭已成定局。4月21日，毛泽东和朱德向中国人民

① 《江南地委关于群众工作总结及今后工作方针》，《广东革命历史文
件汇集：粤赣湘边区组织文件（1946—1949）》，甲52卷，第218页。
② 《香港分局关于半年工作总结和今后方针任务》，《中共中央香港分
局文件汇集》，中央档案馆、广东省档案馆1989年版，第461—462页。

解放军发布了《向全国进军的命令》，命令全军奋勇前进，坚决、彻底、干净、全部地歼灭中国境内一切敢于抵抗的国民党反动派，解放全国人民，保卫中国领土主权的独立和完整。① 同日，人民解放军百万大军强渡长江，彻底摧毁了国民党军队的长江防线。4月23日，南京解放。紧接着，人民解放军又以秋风扫落叶之势向南挺进。

为迅速彻底消灭国民党残余势力，解放广东和全华南，8月1日，中共中央决定组成以叶剑英为第一书记的新中共中央华南分局，并确定由第二野战军第四兵团和第四野战军第十五兵团组成独立兵团，由叶剑英、陈赓统率，进军华南，担任解放广东全境的任务，以实现从南面包围和配合歼灭白崇禧集团的战略计划。

（二）支前工作

为切实做好迎接野战军入粤作战的准备工作，中共中央华南分局早于1949年7月22日就发出指示，野战军南下作战在即，必须动员全党与广大群众认真做好各方面的准备工作，健全区乡政权（未有政权的组织动员委员会），以便将群众编整为运输、担架、侦探、交通、宣传、慰劳各种参战队伍，临时得以有组织调动，同时迅速做好公粮征收工作。②

7月29日，粤赣湘边区党委发出《做好准备工作迎接大军解放指示》，向全区军民发出迎军支前总动员令，号召全体军民组织起来。江南地委对迎军支前工作也很早作出部署。在华南分局、粤赣湘边区党委、江南地委的号召下，广大劳动青年、妇女群众

---

① 毛泽东：《向全国进军的命令》，《毛泽东选集》第4卷，人民出版社1991年版，第1451页。

② 《关于迎接大军南下的工作指示》，《粤赣湘边区革命史料》，广东人民出版社1989年版，第506—507页。

积极参加民工战勤、修桥筑路、磨军米、送军粮、设立茶水站、做交通向导、慰劳过境大军等工作，大军所到之处都得到了人民热烈的慰问与拥护。

8月下旬，根据中共中央华南分局的指示和江南地委的决定，东宝县委扩大会议在东莞梅塘召开，决定撤销东宝县委和县人民政府，分别建立东莞、宝安县委和县人民政府。中共宝安县委和县人民政府正式成立，黄永光任县委书记兼县长，同时成立宝深军事管制委员会（简称"宝深军管会"），刘汝琛任主任，代表江南地委负责宝安县的工作。8月29日至9月3日，宝深军管会主任刘汝琛、宝安县委书记黄永光在宝安乌石岩泥岗村召开县委会议，进一步明确县委分工；确定宝安县人民政府干部配备；成立宝三区、宝四区党委和人民政府，深圳镇人民政府及南头、固西联乡办事处。其中，宝三区委书记何伯琴、区长吴友业。8月底，宝安县地方武装大队成立，归县人民政府直接领导，辖3个连队，周吉任教导员，何赋儒任副教导员。10月，县大队迁驻县城南头，曾发任大队长，黄和任副大队长。宝安县、区党委和人民政府领导班子的建立和健全，对做好宝安县的解放工作，把各项工作和建设任务落实到基层，起到组织领导作用。

9月上旬，中共宝安县委和县人民政府成立后，为积极做好迎接南下大军以及接管城市的准备工作，成立支前委员会，周吉兼主任，张辉任副主任。各区也设立支前委员会，乡设立支前指挥所，村设立支前指挥员。各地积极动员18岁至45岁的男子和20岁至40岁的妇女报名参加

民兵担架队随部队参加战地救护（广东革命历史博物馆资料图片）

支前工作队。随着南下野战军的到来,宝安县各界群众在各级党组织的组织发动下,掀起了迎军支前的高潮。

支前民工队为部队运送粮食(广东革命历史博物馆资料图片)

此时,福田地区的皇岗水围交通线也异常繁忙。当时香港聚集着大批进步人士、社会贤达、革命群众和高等院校的知识青年。从1949年初开始,返乡支援解放战争和参加新中国建设的海外及香港的知识青年越来越多,通过皇岗水围交通线进入内地的青年几乎每天都有上百人,最多的时候曾经三夜两天连续不断运送,每船少则10多人,多则30多人。从香港回来的青年们,由向南武工队的同志们护送到根据地。直至全国解放,仍有不少革命青年为了摆脱港英当局的封锁,继续从落马洲或米埔通过皇岗水围码头,返回内地,投身新中国的建设。

三、人民解放战争最终胜利

9月底至10月初,随着解放战争的胜利发展,在中共江南地委的领导下,宝安地区党员队伍不断壮大,各乡党的基层组织也逐步建立起来。其中，福田地区所属的宝安县沙头乡成立乡政府，原向南武工队队长庄彭被任命为乡长，乡政府的工作人员有黎树容、邓伯伟、郭振权、庄启森等。

10月10日，国民党广九铁路护路大队、税警团向人民解放军表明投诚意愿。经布吉上下坪村谈判后，人民解放军接受投诚，并指令投诚部队退出深圳镇，迁驻黄贝岭，接受改编。13日，黄永光、周吉率领东江第一支队金虎队和由龙华、民治、沙河、石岩、固戍等地武工队组成的新编民兵连，会同文造培负责的武工队，包围沙井乡，对敌展开政治攻势，收缴该乡联防队全部武器。15日，黄永光、周吉率部开赴西乡，接受了国民党县警第二大队80余人的投诚。当天下午，在西乡举行军民联欢大会。10月15日，新华社发表公告，宣布广深全线解放。

1949年10月，人民群众欢迎解放军部队进入深圳（深圳市原粤赣湘边纵队战友联谊会资料图片）

10月16日，黄永光率县人民武装部队攻进南头城，在县城地下党员和西乡、沙河等地武工队配合下，歼灭国民党残军百余人，接管了国民党县政府和军警队伍，在南头古城竖起五星红旗，宣告宝安县国民党政权覆灭。当天下午，中共宝安县委在南头村祠堂门前召开庆祝解放大会。眼看着人民解放战争胜利在望，驻深圳镇国民党税警团团长姚官顺和护路大队大队长麦汉辉率部共1500余人宣布起义，19日奉人民武装命令开赴黄贝岭接受改编。下午，宝深军管会主任刘汝琛率东宝税务处主任蓝杰、宝安县公安局局长刘鸣周、深圳镇警察所所长蔡达、军管会秘书曾百豪等接管人员160多人入城。人民武装进城后，陈虹、庄泽民随即带领50多名武装人员接收原国民党地方政权——深圳镇公所。在鞭炮声和欢呼声中，陈虹把"深圳镇人民政府"的牌子庄严地挂在深圳镇当铺共和押门前，宣告人民政府诞生，陈虹、庄泽民分别担任正、副镇长。接着，人民政府发布告示，安定民心，维护社会秩序。晚上，深圳镇各界代表和人民群众共1000多人在民乐戏院举行庆祝大会，军管会主任刘汝琛宣布深圳镇解放。

10月20日，中共宝安县委机关迁往县城南头。由于刘汝琛准备接受九龙海关的起义，10月23日，中共中央华南分局委派江南地委副书记、东江第一支队副政委祁烽率3个连进驻深圳镇，接替刘汝琛的工作，成立中共沙深宝边界工作委员会（1952年9月并入中共宝安县委），管辖宝安境内的南头、深圳镇、沙头角三镇党的工作，直属中共中央华南分局领导。

在中国共产党的领导下，深圳镇和福田地区党组织从无到有，从小到大，带领人民群众同帝国主义、封建主义和官僚资本主义进行了长期的浴血奋战，终于迎来了革命的胜利，迎来了人民的彻底翻身和解放。

5

第五章

初步探索　曲折前进

巩固基层民主政权　和平过渡

一、基层民主政权的建立与巩固

宝安县城解放后，县人民政府随即接管各区乡政权，先后在新区设置 1 个镇（深圳镇）、3 个人民联乡（松岗、沙井、新桥、雍睦、凤凰人民联乡；西乡、上川、八合、固戍、黄田人民联乡；莲城、十约、南屏人民联乡）和 10 个乡（公明乡、沙湾乡、龙华乡、民治乡、布吉乡、平湖乡、观澜乡、沙河乡、沙头乡、石岩乡）。1949 年 10 月 30 日，深圳镇、3 个联乡办事处和 10 个乡人民政府正式宣告成立。福田地区时属沙头乡管辖，原向南武工队队长、皇岗籍人庄彭被委任为宝安县沙头乡党总支书记兼乡长，庄福泽担任乡军事委员、保卫组组长。

新生的人民政权面临着一方面继续完成新民主主义革命的遗留任务，尽快安定社会秩序，另一方面恢复濒于崩溃的国民经济，不断巩固人民民主政权等急迫任务，各级民主政权得以迅速建立，但基层政权力量十分薄弱。中华人民共和国成立初期，干部人才缺乏，广东大部分地区建立政权的路线是先上而下，干部的配备是先主要后一般。以革命老村皇岗水围为例，皇岗水围人革命斗争历史悠久，人民政权建立得也比较早，但在临近宝安县解放和解放初期，大批党员干部、革命骨干和热血青年根据革命形势发展的需求，响应上级党组织号召离开了家乡，到县、区、乡镇各级政府部门任职，参加保卫和建设新中国的工作，如庄泽民被任命为深圳镇副镇长，后担任宝安县二区副区长；庄彭被委任为沙头乡党总支书记兼乡长；庄福泽担任沙头乡军事委员、保卫组组长；庄就能被分配到广州华南分局从事机要工作，后随海南战役的打响随部队驻扎海口；等等。还有的乡、村机构和民兵组织的构成人员鱼龙混杂，有曾经做过土匪的，有国民党留落下来的军官，有匪特假积极分子，有流氓地痞。有的个别乡村政权甚至掌握在地主富农手里。因此，皇岗各村人民政权的领导力量变得薄弱。

面对基层政权建设情况，宝安县委充分认识到了问题的严重性，着手走群众路线，团结和依靠各界群众。1950 年，多次组织召开农民代表大会和各界人民代表会议，密切联系人民群众，并采取各种有效措施，对社会不稳定因素进行全面整治，着力巩固基层政权。

1950 年 2 月，中共宝安县委召开全县党员大会，大会决定采取一系列措施，包括对全体党员实行登记，并作初步审查；整顿组织，健全机构，建立健全会议制度，改变领导方法，密切上下级联系，密切党群关系；对党员干部进行整风，提高党员干部的思想水平、政治觉悟，调动党员积极性，提高党在群众中的威信。

4 月 8 日，宝安县召开第一次农民代表大会，会议代表 272 人，均是通过会议选举产生，老区代表完全由农民民主选出，新区则由工作队提名一部分，民众提名一部分进行选举。会议历时三天，与会代表围绕县委提出的春耕备荒、减租退租、完成秋征、剿匪反霸肃特四大任务进行了深入的讨论。会议决定组建县农民协会，吸收各乡积极分子参加。这次会议提高了农民的阶级觉悟和政治认识。

4 月 30 日至 5 月 3 日，宝安县召开第一次各界人民代表会议，政府机关、各党派、工农兵学商各界代表 142 人出席会议。会议团结各界代表、各条阵线上的爱国力量，支持人民民主政权开展剿匪肃特、减租退租、生产备荒、整顿税收等各项工作。

抗美援朝战争爆发后，匪特活动日益猖獗。珠江地委于 1950 年 9 月召开第三次扩大会议，提出必须将"进一步发动群众，整理与建设农村基层，巩固人民民主专政"作为在农村中贯穿一切工作的基本任务。根据珠江地委的统一部署，宝安县加强了基层整顿工作。

9 月 12 日，宝安县废除保甲制，大胆提拔任用经过各种运动考验的农民积极分子，重建乡、村人民政权，乡设人民政府委员会，管理民政、财粮、生产、文教、武装等各项工作。各村也编制组织，采用从下而上选举、由上级批准的办法。其后，宝安县坚持整顿基层与各种运动相结合，通过土地改革、镇压反革命运动，进一步整顿和巩固了基层民主政权。

二、土地改革

旧中国的封建土地制度极不合理，据统计，占乡村人口不到 10% 的地主、富农占有了 70% ~ 80% 的土地，他们借此残酷地剥削农民，迫使农民终年劳动，受尽压迫，不得温饱。地主阶级通过地租剥削、高利贷和强制佃户为他们无偿服劳役等手段榨取农民，这是中国贫穷落后的根源，也是新中国实现民主化、社会主义工业化的最大障碍。因此，新中国成立后，党在整顿乡镇基层党组织、开展剿匪工作的同时，着手领导开展了轰轰烈烈的土地改革运动。土地改革以废除封建地主阶级土地所有制、实行农民土地所有制为主要内容，旨在解放农村生产力，发展农业生产，为工业化建设开辟道路。

与全国类似，当时宝安县占土地面积33%的公偿田①以及沿海地区的围垦沙田，都集中在官僚、地主与"大天二"②手中。据统计，地主和富农占人口的4.24%，占有17.71%的耕地；雇农、贫农、贫民占人口的35.9%，只占耕地的13.4%；其余的耕地为公偿田。地主、匪特头子和汉奸出身的地主阶级有上通官府、下结土匪的活动经验，又有刀枪俱举、硬软兼施的统治方法③，广大无地少地的农民饱受他们的残酷压迫和剥削，辛苦劳作一年，缴纳地租后所剩无几，生活极其贫困。

中华人民共和国成立后，宝安各乡村洋溢着欢乐的气息，旧的统治阶级土崩瓦解，换来的是一个新生的民主政权。各个村庄由农会维持，后又设立村长和民兵队长，分别管理综合事务和治安。

为了顺利开展土地改革运动，政府要求对基层农村进行"查田定产"，对田土数量及人口进行普查。宝安县人民政府从部队上调来干部戴明到宝安县二区④开展基层政权建设和组织工作，并负责宝安二区农村基层工作的开展，包括当时的沙头乡。这一时期庄彭担任沙头乡党总支书记兼乡长；庄福泽担任沙头乡军事委员、保卫组组长，主管治安保卫并配合反特等工作。另有黎树容、郭振权、邓伯伟等，组成了沙头乡人民政府。

1950年春天，戴明带领宝安县政府安排的工作组进驻二区各村进行"查田定产"工作，核对清楚各村的人口以及土地鱼塘的

---

①　公偿田即宗族或祖先遗下的归该宗族或家族的土地。

②　"大天二"是指霸占地盘进行打劫勒索的土匪。

③　深圳市档案馆：《建国卅年深圳档案文献演绎》第1卷，花城出版社2005年版，第40页。

④　1950年4月，宝安县改编为4个区、19个乡、1个区级镇。福田时属第二区。

面积，并据此核定人均粮食和经济收入标准，再按标准比例收缴公粮和税费。这样的政策在老百姓看来较为合理，也容易接受。当时，派驻水围村的工作组根据水围的实际情况，向上级政府打报告，说明水围村具有优良的革命传统，早在大革命时期就有很多人参加革命，抗日战争、解放战争期间，很多村民在中国共产党的领导下，为新中国的成立作出了重大贡献。在上级政府的进一步调查核实确认下，水围村被评定为"革命老区"，并享受了优惠政策，减免了部分公粮税费。

福田地区大部分村庄"查田定产"都开展得比较顺利，但在反动阶级的煽动破坏之下，也有地区群众心存疑虑，轻则敷衍应对，消极怠工；重则不肯配合工作组开展工作并且谩骂吵闹，同时西固联乡隔岸村出现工作组人员被敌特杀害的情况①，以致整个沙头乡的"查田定产"工作出现了紧张气氛。负责乡里安全保卫工作的庄福泽加强了各村的治安巡逻和反特巡查，要求各村民兵提高警惕，工作组人员也加强安全防范。敌特的威胁并没有阻挠福田地区"查田定产"工作的进程，在干部群众齐心协力的努力与配合之下最终顺利完成，这为土地改革运动的开展奠定了良好的群众基础，也为中国共产党实施群众路线积累了良好的实践经验。

1950 年 6 月，中央人民政府委员会通过和颁布了《中华人民共和国土地改革法》，该法明确指出土地改革的目的是废除地主阶级封建剥削的土地所有制，实行农民的土地所有制，借以解放农村生产力，发展农业生产，为新中国的工业化开辟道路。土地

---

① 1950 年 3 月，由两广纵队和地方工作队组成的宝安第四政工队第三分队的 1 个小组共 6 人，在西固联乡的隔岸村征粮，被当地地主勾结国民党土匪武装集体杀害，被称为"隔岸事件"。

改革的总路线和总政策是依靠贫雇农，团结中农，中立富农，有步骤、有分别地消灭封建剥削制度，发展农业生产。

1950年12月23日至25日，宝安县第三次各界人民代表会议召开，大会以动员各界人民参与土地改革运动与支援抗美援朝为主题。1951年年1月，宝安县全面铺开了土地改革运动。根据珠江土改工作团的指示，宝安县委制订了土地改革分四步走的计划：第一阶段是整顿队伍，开展反破坏、反分散，追果实、追旧欠、追黑枪等运动；第二阶段是重划阶级，征收没收；第三阶段是分配果实，分配土地；第四阶段是庆祝翻身，转入生产。宝安县委和土改委还明确要求，1951年全县土改分三批进行，春天完成50%，夏天完成20%，秋天完成5%。剩下的25%到1952年4月全部完成。

1951年2月20日宝安县《土改快报》（深圳市史志办资料图片）

宝安县是革命老区，有一定的群众基础，但为了稳妥推进，县土改委于 1951 年 3 月 28 日至 4 月 3 日召开土改试点工作会议。宝安县委和县土改委按照省政府通过的《广东省土地改革实施办法》《广东省土地改革中华侨土地处理办法》的要求，在土地改革实施过程中只没收地主的土地、耕畜、农具、多余的粮食，以及在乡村中多余的房屋；地主放的高利贷予以没收，其他财产及经营的工商业不动，不追浮财，不挖底财；地主在城镇的房屋、在乡村直接用于工商业的房屋，均保留不动；对工商业主兼地主，只征收其土地、耕畜、农具，对他们在农村的房屋，只征收原由农民居住的房屋，对其本户住宅、厂房、仓库，一律加以保护。此后，全县土改工作正式进入第一阶段。

当时福田的大部分地区都是以传统农业生产为主，以渔业为辅。1951 年春天，福田农村进驻了一批土改工作人员，为广大的贫苦农民评定阶级、划分土地。以党的政策为指导，在党员和土改积极分子的领导下，依靠革命时期的农会成员，同时积极发动广大的贫苦老百姓，以"查田定产"的数据资料为基础，土地改革运动在福田地区风风火火地开展起来。

根据上级要求，各村开展土地改革运动的同时，一并进行镇压反革命运动，以土地改革的开展调动广大农民群众建设新生活的积极性，以镇压反革命来打击震慑敌对势力，为土地改革的开展扫清障碍。

在第一轮土地改革工作中，福田地区大部分的村落聚集区都以血脉姻亲关系为基础，村民之间宗族观念厚重，土改运动不是很彻底。宝安县委在 1951 年 5 月间召开各乡干部大会，传达上级指示，进一步明确要深入发动群众，依靠贫下中农，没收地主全部土地，按照土地面积和产量分给无地的雇农和缺地少地的贫下中农，要求更加彻底地开展第二轮土改工作。8 月，新的土改工作队进驻福田地区各村落，开始第二轮土改。土改工作队通过"访贫问苦"组织队伍，深入群众，逐步解除贫雇农顾虑；同时以"诉苦大会"的形式，开展阶级教育，把农民组织起来，成立贫雇农代表团；重新组织农民协会，保证贫雇农占绝对优势，帮助农民制订翻身计划，深入展开反霸斗争。在工作队的领导下，各村沸腾起来，最终落实了土地的分配，农民们拿到写着自己名字的土地证，心中感慨万分。这一时期，不少从前离开皇岗水围的人，听说家乡开展土地改革运动，给农民分田分地，纷纷从香港、广州等地回来，并且分得了土地。至1952年初，福田地区土地改革运动基本完成。

土地改革运动的顺利开展，废除了两千多年的封建地主土地所有制，使农民真正翻身做了主人，实现了"耕者有其田"；农民获得了土地，实现了梦想，掀起了大生产的高潮，农村生产力得到了解放，农业经济得以恢复和发展。同时土地改革运动的开展也调动了农民的政治热情和生产积极性，使农村基层政权也真正完善起来，进一步巩固了工农联盟和人民民主政权。

三、农业合作化

1952年春天，宝安县土地改革运动基本完成，贫苦农民分到了属于自己的土地，人民政权得到巩固。为加快恢复国民经济，政府号召广大农民积极生产粮食。然而，现实情况却不容乐观。在皇岗水围村，有些家庭缺少耕牛或者没钱买谷种，有些家庭孤儿寡母，缺少劳动力，甚至有家庭把刚刚分到手的土地以契约形式私下卖给了他人。政府把田分给农民，实现广大农民"耕者有其田"的心愿，本是让农民改善生活水平，而实际上因经济基础较差而卖地的家庭和没有生产资料、无法开展农业生产的农民可能重返贫困，即使是比较富裕的农户，在单干情况下也很难对抗天灾，可能一夜返贫，这无疑违背了土地改革的初衷。看到这些情况，水围村的党员和农会骨干十分焦急，主动对一些困难的乡亲施以援手，为其提供生产资料，帮忙下地干活，在一定程度上缓解了农民的压力，但这只是权宜之计。经过不断地努力探索，水围人自发想到了组成自由联组的方法来解决劳动力、畜力、农具等不足的问题。1952 年夏，宝安县决定开展农业生产互助合作运动，水围人自愿自觉地成立了由共产党员和农会骨干、核心成员组织的互助组，相互取长补短，互帮互助展开了生产。1954 年，以自愿为原则，皇岗第一个互助组诞生，由12 户农民组成，组长庄伟忠，副组长庄六根。

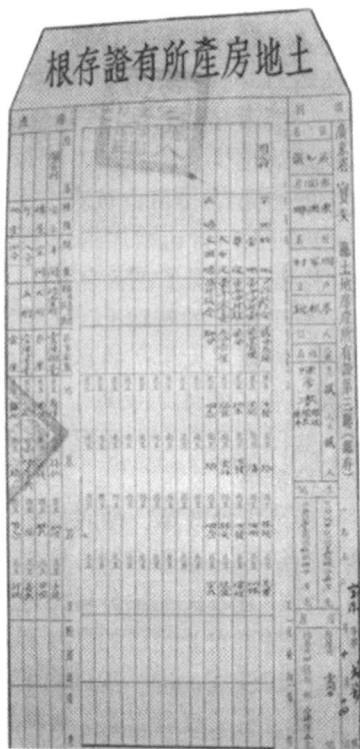

1952 年宝安县土地改革中的土地房产所有证存根（深圳市史志办资料图片）

与皇岗水围的情况相似，在福田地区的其他村落，党员干部和积极分子通过互助合作的方式把村民组织起来。互助组里的各户人家，有耕牛的出耕牛，有劳动力的出劳动力，各户凑钱一起买良种，互相帮助，互通有无。这种以家庭所有为基础、以换工为纽带，自愿结合和散伙的小型生产组织，克服了单干时出现的许多问题，使耕牛、种子、农具的使用效率达到最大化，优化了农业资源配置，农民收入得到大幅提高，给人们带来了良好的榜样作用。在党员干部和农会骨干的积极示范下，农民广泛参与其中，互助组的数量迅速增加，农村经济得到恢复。这为对农业进行社会主义改造，成立农业生产合作社打下了良好的基础。

1953 年 9 月，中共中央颁布关于从中华人民共和国成立到社会主义社会建成的过渡时期总路线，逐步实现社会主义工业化，逐步完成对农业、手工业、资本主义工商业的社会主义改造，以促进中国加快实现工业化。其中，对农业的改造是重中之重。

农业合作社社员在收割水稻（深圳市史志办资料图片）

1953 年底，中共中央公布执行《关于发展农业生产合作社的决议》，领导农民从个体所有制逐步向集体所有制过渡。1954 年春，宝安县开始试办初级农业生产合作社，派出工作组到农村做思想工作，帮助农民算经济账。初级农业生产合作社以土地入股，耕牛、农具折价归社，分红土地占 40% ~ 50%，劳动占 50% ~ 55%。农民进入初级社，土地可分红，农具、耕牛可折价。在农民自愿的基础上，新桥成立了宝安县第一个初级农业生产合作社。新桥合作社一开始只有 17 户农民加入，但在第一年便取得大丰收，粮食产量大幅增加，合作社成员的生活水平得到提高，引来更多的农民要求入社，这为整个宝安县的农业合作化树立了一面旗帜。同年，沙头也成立了福田地区的第一个初级农业生产合作社。互助组也蓬勃发展，整个宝安县的互助组占总农户的45.8%。

在农业生产合作社迅猛发展的同时，1954年秋收以后，粮食统购工作开始进行。当时宝安县许多农民纷纷要求加入互助组、合作社，积极踊跃把余粮卖给国家，支援社会主义建设，并将出售余粮的收入进一步投资扩大再生产。1955年春，宝安县委把合作社试点的经验正式向全县推广，全面铺开了办初级合作社的工作，并再次派出大量工作组到农村开展思想工作，尤其是做好先进骨干和积极分子以及有思想顾虑、抱消极态度的农民的思想工作。

1955年8月，广东省委①举行扩大会议，传达毛泽东《关于农业合作化问题》报告精神，研究广东农业合作社大发展问题。会上对广东农业合作化问题中存在的所谓"右倾"思想进行了检查与批判，制订了农业合作化的大发展计划，决定加快农业合作化步伐，巩固老社与整顿提高互助组，全面搞好生产。9月下旬，宝安县委召开三级干部扩大会议，通过了宝安县今秋明春农业合作化大发展计划，进一步动员大办农业生产合作社。会后，全县农业合作化运动快速发展。

当时福田地区党组织在先前开展得比较成功的互助组基础上整合筹备，吸纳党员干部和积极分子，组织思想先进、下定决心要加入农业生产合作社的乡亲们，逐户登记各自田地、耕牛、农具、种子等生产资料，进行造册，再评估每家劳动力情况，制订出合理分配方案。1955年秋收过后，皇岗乡成立了4个初级合作

---

① 1955年7月1日，根据中共中央指示，撤销中共中央华南分局，成立中共广东省委员会。

社。至1955年底，福田地区大部分农村都成立了合作社。当1956年春耕时，合作社的集体优越性体现了出来，农民在耕作上分工明确，人们的生产积极性高涨，干劲十足，效率大大提高。

　　与此同时，为进一步提高粮食产量，针对宝安县长期以来缺水、稻田干旱的局面，宝安县集中力量抓紧解决水利灌溉问题。1953年4月，宝安县第一个蓄水工程——笔架山水库动工，周边十几个村子如上步、福田、皇岗、泥岗、蔡屋围的数千名农民前往工地参与水库建设，布吉、草埔村的农民也背着行装前来支援。笔架山水库于1954年2月完工，为宝安县的水利建设打响了第一炮，其初始功能是灌溉农田，建成后灌溉面积可达4600亩[①]，成为上步、福田、皇岗等乡村农田的灌溉生命线。农作物的种植品种直接影响农作物产量和经济效益，为提高农民的种植效益，农业部门开始引进各种农作物优良品种，试验后进行示范、推广。1952年，宝安县在沙头乡车公庙组建县农业示范场，主要负责良种的引进、试验、繁育与推广工作，促进农业生产技术改良。1955年春，在二区组建农业技术推广站，由县农业科领导，主要协助区委指导农民开展农业生产，进行农业科学技术试验、示范与推广[②]。这些举措都使广大农民获得切实的收益，集体的优越性得以彰显。

　　1956年6月，中共宝安县第一次党员代表大会在深圳镇召开，会议通过了《宝安县1956—1962年国民经济发展规划》，决定开展以农业合作化为中心的农业生产运动，增产粮食，支援工

---

　　① 深圳百科全书编委会编：《深圳百科全书》，海天出版社2010年版，第98页。

　　② 宝安县地方志编纂委员会编：《宝安县志》，广东人民出版社1997年版，第168页。

业建设，改善人民生活，从而推动国民经济各部门和科学文化教育卫生事业的新发展。1956 年冬，随着全国农村形势的变化，宝安县掀起了扩社、转高级社的高潮。1957 年下半年，皇岗乡原有的初级社转为两个高级社，上围、下围、吉龙合并成立农业合作一社，水围和渔农村合并成立农业合作二社。

对农业进行的社会主义改造，建立起了新的生产关系，促进了生产力的发展，有力地支援了工业化建设。随着农业合作化的大发展，农村生产力得到解放，农民生产积极性提高，农业生产有了很大的发展。1955 年宝安县粮食播种面积为 775666 亩，总产量 1540763 担，比 1954 年增长了 8.93%，比 1952 年增长了 24.6%。农业生产的发展使得人民生活水平得到相应改善，购买力有了提高。据统计，1955 年人民购买力每人平均为 95.25 元，比 1954 年增加 4%，比 1952 年增加 19%[1]。农业合作化的发展路径为农业社会主义改造的顺利进行和向社会主义社会的和平过渡打下了坚实基础，创造性地开辟了一条适合中国特点的社会主义改造道路。同时，由于受到"左"的思想影响，在改造过程中也出现了一些偏差和失误。

---

[1] 深圳市史志办：《中国共产党深圳历史·第二卷（1949—1978）》，中共党史出版社 2012 年版，第 73 页。

社会主义建设初探　曲折发展

一、大胆探索　大步跃进

1. "大跃进"

1956 年中国基本完成生产资料私有制的社会主义改造，1957 年又顺利完成发展国民经济第一个五年计划，进入全面建设社会主义的新时期。为了寻找一条快速建设社会主义的新道路，摆脱长期贫苦落后的现实实现巨大飞跃，中共在理论和实践上进行了大胆探索。1957 年 9 月，中共中央召开八届三中全会扩大会议，通过《1956 年到 1967 年全国农业发展纲要（修正草案）》。10 月 27 日，《人民日报》发表社论，在中共中央机关报上提出了"跃进"口号。1958 年 5 月，中共中央在北京召开八大二次会议，会议制定了"鼓足干劲，力争上游，多快好省地建设社会主义"的总路线，通过了第二个五年计划，同时提出一系列不切实际的任务和指标。

1958 年 2 月，中共惠阳地委召开扩大会议，按照全国农业发展 40 条纲要和广东省委提出的 15 条生产跃进措施，对各县的农业发展定下跃进计划。宝安县"大跃进"由此拉开序幕。

在"大跃进"中，福田地区跟全国一样，高指标、瞎指挥、虚报风、"共产风"盛行。

2. 人民公社化运动

在"大跃进"过程中，人民公社化运动也同步开展。所谓公社，就是将几十个甚至几百个经济条件、贫富水平不同的农业生产合作社合并，社员把一切财产上交公社，多者不退，少者不补，拆了自家的炉灶建公共食堂，社员自留地、粮食、禽畜、工具农具、果树等都被收归公社所有，公社内部实行平均主义[①]。经过共产主义教育运动的宣传和发动，1958 年 9 月 27 日，宝安县第一批人民公社成立，包括南天门、超英、超美和光明人民公社。其中，南天门人民公社包括东和乡、深圳乡、盐田、深圳镇以及福田地区所属的沙头乡。1958 年 10 月 1 日，红色人民公社和红旗人民公社成立，宝安县原有的 228 个农业社合并为 6 个人民公社。

"大跃进"片面追求工农业生产和高速度建设，大幅提高和修改计划指标，造成了国民经济秩序的紊乱，浪费了大量的人力物力。"政社合一"的人民公社化运动则使个体失去了自由，严重压抑了农民生产积极性，阻碍了农村经济的发展，造成生产力的极大破坏。二者都是在党的指导思想出现"左"的错误下发动的，忽视了客观经济规律，违背了实事求是原则。

二、初步纠偏　全面调整

1960 年 11 月 3 日，中共中央发出《关于农村人民公社当前政策问题的紧急指示信》（简称《十二条》）；1961 年 1 月，中共中央八届九中全会召开，通过了对国民经济实行"调整、巩固、充实、提高"的方针（简称"八字"方针）。《十二条》的发布和"八字"方针的实行，加快了全国农村调整的步伐，以整顿农村普遍盛行的"五风"（即"共产"风、浮夸风、强迫命令风、

---

① 深圳市史志办：《中国共产党深圳历史·第 2 卷（1949—1978）》，中共党史出版社 2012 年版，第 116 页。

生产瞎指挥风、干部特殊化风）为中心的整风整社运动在全国农村普遍开展起来。

在整风整社运动期间，1961 年 3 月，毛泽东亲自主持制定了《农村人民公社工作条例（草案)》（简称《农业六十条》），其后根据各地执行中的反馈情况做了两次重要修改。《农业六十条》对人民公社的性质、组织、规模和管理做出了具体的规定，指出现阶段人民公社的根本制度是以生产大队集体所有制为基础的三级（即公社、大队、生产队）集体所有制，生产大队和生产队之间的经济关系采用"三包一奖四固定"（即大队对生产队实行包工包产、包成本，超产奖励，把劳力、土地、耕牛、农具固定给生产队）的办法去解决。

这一期间，宝安积极响应中央号召，大力调整农业内部关系，从实际出发、实事求是解决问题，纠正"左"的倾向和错误。宝安县被划分为 5 个大区、22 个公社，人民公社实行公社、大队、生产队三级所有制，以生产队为基本核算单位，实行"三包一奖四固定"，以调动生产队和社员的生产积极性。各人民公社的生产大队根据历年水稻产量年均增长的情况，规定了合理的包产指标，做到既留有余地，又有产可超。后来，宝安县委又分别检查了各地区执行三包的情况，发现三包奖励的办法还不够合理，超产队未能享受大部或全部果实，亏产队担负的责任太轻，以致影响了生产队和社员的生产积极性。针对这种情况，宝安县根据党的政策和群众意见，对包产范围和三包奖惩办法做出进一步完善，规定生产队在三包计划以外扩种的早稻以及利用果园、经济作物地间种的杂粮，一律不列入包产范围；生产队不开垦的零星荒地，由社员在完成集体生产任务后，开荒扩种；超产的粮食全部奖励给生产队；奖罚一律相同，保证生产队超产越多，获益越大；社员劳动得越好，收入越多①。这对于充分调动社员生产积极性，克服队与队之间的平均主义有着积极意义。

1961 年 10 月 26 日至 29 日，宝安县召开第二次党员代表大会，县委书记陈仁代表县委作了《中国共产党宝安县委员会工作报告》，对前五年宝安县委工作进行了总结和反思。五年来，在"左"倾思想影响下，宝安的社会主义经济建设同全国一样遭受到了严重干扰和破坏，教训是十分深刻的。与此同时，也进行了一些积极的探索，取得了一些建设成就。例如，为改变宝安长期以来缺水制约农业发展的落后面貌，在"以农业为基础，大办农业、大办粮食"的方针下，宝安县大力推进农田水利建设。1959 年开工兴建十大水利工程——深圳水库、石岩水库、三洲田水库、高峰水库、青林径水库、马泻水库、西沥水库、七沥水库、五指扒水库和樟坑径水库。水库兴建过程中，充分发挥人民公社的优越性，投入劳动力最高时达 6 万多人，占全县劳动力总数的60%②，其中马泻水库位于今福田辖区内，是梅林水库的前身。马泻水库的建成离不开福田地区革命老区村村民的辛勤努力和付出，水围村、皇岗村及周边其他村庄，几乎全体村民都前往梅林修建马泻水库，用自己的血汗创造出不少奇迹和辉煌，皇岗突击队的猛将庄选良就是其中一位，一天完成运土 27.3 立方米，成为高工效标兵。经过一冬一春的努力，十座水库的主体工程全部完成，开始发挥灌溉效益，缓解了旱灾，促进了农业事业的发展。这些水利工程全部建成以后，全县的水利自流灌溉面积可从 14 万

---

① 《抓扩种保总产 抓水利创条件 抓政策鼓干劲 宝安粮食生产两年持续上升》，《人民日报》1961 年 9 月 19 日。
② 朱赤：《深圳往事——龙华史话（1949—1979）》，羊城晚报出版社 2015 年版，第 104 页。

亩增加到 42 万亩①。1964 年，宝安县遭受旱灾，附城公社决定架设一条高 30 米、长 60 米的渡槽，将深圳水库的水引到沙头等十多个村庄，由时任附城公社副社长的蔡叠森负责工程。他坚持与参加工程建设的群众一起，在工地上吃住，连春节都没有回家，在他的带领下，引水工程任务及时完成，抗旱问题得以解决。

在农业和畜牧业的管理上，也进行了积极的探索。农业方面，中华人民共和国成立前，宝安县种植的农作物品种主要为传统品种，如赤谷，历代政府没有设立管理种子工作的专门机构，农民一般通过亲戚朋友引进良种。中华人民共和国成立后，农业部门开始引进各种农作物优良品种，经过试验后示范、推广。1956 年初，宝安县成立种子推广站，专门负责农作物良种的审定、推广工作，对水稻、花生和番薯等农作物地方品种进行整理，审定良种，淘汰劣种。1957 年 5 月宝安县进行番薯品种评审工作，在全县乡、社分别召开老农座谈会，进行登记和评选工作，福田地区所在的沙头乡是被选中的四乡之一。番薯红苗品种在沙头乡有40 ~ 50 年的栽培历史，是冬种春收的良种，耐旱、耐咸及耐寒性强。1955 年春天出现霜冻，导致全县番薯普遍受损减产，最严重的全部枯死，而沙头乡的红苗番薯损失不大，仍然正常生长，保持亩产 2000 ~ 4000 市斤②。为更好地开展农业科学技术试验、示范和推广，协助县委和区委指导农业生产，1959 年，所有公社都建立了农业技术推广站。1960 年，成立宝安县农村科学研究所和宝安县良种繁育场，两个机构由同一班人马负责，开展良种和高

---

① 《抓扩种保总产　抓水利创条件　抓政策鼓干劲　宝安粮食生产两年持续上升》，《人民日报》1961 年 9 月 19 日。

② 宝安县地方志编纂委员会编：《宝安县志》，广东人民出版社 1997年版，第 168 页。

产栽培技术的试验、示范和推广工作。在畜牧业的管理上，1961年成立沙头人民公社兽医站，1962年更名为附城人民公社兽医站，主要负责畜禽防病防疫技术服务、疾病诊治和宰前检验检疫，为辖区内畜牧业的发展提供技术支持，由宝安县农业局畜牧科领导。

在总结1961年前五年的经验与教训的基础上，中共宝安县第二次党员代表大会从实际出发，正确认识到农业发展必须尊重事物发展的客观规律，人民公社的规模、体制和劳动分配必须与社会发展水平相适应；会议确定了三年内发展生产的方针，提出了1961年后七年的战略规划和确保措施，并对中央"调整、充实、巩固、提高"的八字方针在宝安的贯彻作出了具体部署，为宝安顺利完成国民经济的调整指明了方向。宝安县在农业、工商业、文化、教育、卫生事业等方面开始做出全面调整。

农业方面，进一步调整生产队的规模，建立"直属小队"；采用物质刺激，着手推行"包产到户"，加强经营管理，解决生产的所有制问题；把大队基本所有制改为生产队基本所有制，由"三包"全奖全罚改为包干上调下拨，由大队统一分配改为生产队分配，解决生产与分配之间的矛盾。在生活管理体制上，将公社化期间社员上缴的自留地、部分生产资料和生活资料发还原主，解散公共食堂，取消部分供给制，规定社员按工分分配产品。通过调整，改变了过去统得过多、管得过死、规模过大、搞平均主义的状况，恢复了社员的家庭副业，开放了农贸市场，充分调动了社员群众和小集体的生产积极性，进一步解放了社会生产力，促进了农业生产的复苏。城乡工业和商业方面，鼓励发展自由市场，下放企业，主张自负盈亏。此举意味着过去并入国营企业、供销社的小商小贩，可以连人带钱退出，退出后组成合作小组或自己经营，自负盈亏；单干的小商小贩可以到宝安县任何地方采购，成交价格交易双方自由议定；小商小贩、合作小组无需上缴公社利润提成。城镇人口方面，大力精简企业职工和压缩城镇人口。教育方面，以巩固、提高教学质量为主，控制学校招生数量，同时广泛开展扫盲和业余教育工作。文化工作上，继续挖掘传统艺术，大力开展群众性的、小型多样的业余文化体育活动，活跃城乡文化生活，增强人民体质。卫生工作上，继续贯彻"预防为主"的方针和中医中药政策，整顿基层卫生组织，提高医疗技术水平，发扬传统艺术，允许中医私人挂牌行医①。

经过全面调整，宝安经济形势很快好转，市场逐渐繁荣起来，1963 年全县工农业总产值 7227 万元，到 1965 年增长到 10913 万元，年均增长 13.2%②，在很大程度上扭转了"大跃进"造成的困难局面，使经济形势呈现较好的发展势头，人民群众生活水平得到明显提高。但在调整过程中，由于"左"的指导思想一直没有从根本上加以否定，仍在相当程度上干扰了国民经济的调整，影响和局限了国民经济调整的成果。

三、十年内乱 经济建设

"左"的指导思想在党内继续发展，最终导致"文化大革命"的全面发动。1966 年 5 月中央政治局扩大会议和同年 8 月八届十一中全会的召开，标志着"文化大革命"全面发动。这一时期福田地区农民生活基本稳定，仍然坚持"抓革命促生产"的理念，忙于农业生产。

①　深圳市史志办：《中国共产党深圳历史·第二卷（1949—1978）》，中共党史出版社 2012 年版，第 175—179 页。

②　宝安县地方志编纂委员会编：《宝安县志》，广东人民出版社 1997 年版，第 148 页。

宝安与香港之间关系源远流长，香港"新界"原来就是宝安的一部分，双边经济往来十分密切。中华人民共和国成立后，香港、澳门是内地传统的出口和转口市场，香港经济的飞速发展，有利于国家每年从这里取得较多外汇收入，但"文化大革命"以来，内地出口货物占港澳进口总数的比重急剧下降。宝安县离香港近，运距最短，有着先天的地理优势，在宝安县就近大搞农副产品出口基地，在领导层中已形成共识。1973年11月，中国共产党深圳口岸委员会正式成立，直属省委领导。

1974年4月19日，华国锋在听取广东省汇报工作时提出："靠近香港的宝安县，经济工作要花点钱，把建设搞快点，有政治影响问题。首先要抓路线，要显示我们社会主义的优越性，要做好群众的工作。"① 随后，省委、地委联合工作组到宝安县传达中央领导指示，要求逐步把宝安县建成农副产品出口基地，促进宝安经济建设。8月，国家计委、外贸部等部委共同研究广东省外贸规划及宝安、珠海建立贸易出口基地问题。1975年9月，在宝安县革委会向省革委经济领导小组请示后，在县革委领导下，由计划、财贸、工交、农业、外贸等部门负责人组成县革委贸易基地领导小组，县革委书记挂帅，指定一名副主任主抓，并从有关单位抽调22名干部组成贸易基地办公室，下设5个小组，负责具体工作。1975年开始，宝安县把贸易基地建设纳入到农业学大寨运动中，贸易出口得到增长，1976年超额完成全面外汇任务的43%，全县贸易基地建设取得了一定成绩，但仍有差距，一直到

---

① 《国务院领导同志接见广东汇报同志时的谈话记录》，1974年4月19日。

改革开放前夕，才大规模迅速发展起来①。

1976 年 10 月"四人帮"倒台后，中国形势发生了根本改变。福田地区人民在上级的号召下，积极投身农业生产，从香港运回鸡粪，增加田地肥力，使土地产量得到提高。其中，水围村 1977 年的粮食产量比 1976 年增加 17 万斤，得到中共宝安县革委的高度肯定，获得一台机耕船（带船型底盘的手扶拖拉机）的奖励②。

同时福田地区村民利用上级下发的"临时下海证""过境耕作证""探亲证"，到香港耕作和做收废旧生意，与香港建立起密切联系，这为改革开放后响应上级号召引进资金进来办厂提供了不少便利。曾经从福田地区到香港的大部分人凭借着踏实肯干、勤劳勇敢的品质在香港攒下不少资本，改革开放后，他们踊跃回内地投资办厂，为发展内地经济、密切两岸联系作出了贡献。

---

① 深圳市史志办：《中国共产党深圳历史·第二卷（1949—1978）》，中共党史出版社 2012 年版，第 235—242 页。

② 《深圳福田水围历史的变迁》编委会：《永远的家园——深圳福田水围历史的变迁》，新华出版社 2014 年版，第 299 页。

6

第六章

继往开来　奋力创新

第一节 改革开放 开拓发展

　　福田地区毗邻香港，在改革开放前，便响应宝安县"利用香港，建设宝安"的"三个五"政策，即过境耕作的农民和下海作业的渔蚝民，每月可有五次、每次可以带五斤副食品或价值不超过五元的东西入境，发展内地与香港地区之间的贸易。这可以说是中华人民共和国成立后，基层党组织对外开放的初次尝试。1977 年 11 月，邓小平到广东视察，为中央创办深圳经济特区埋下了历史伏笔。

　　1978 年 12 月，中共十一届三中全会作出将全国工作重心转移到经济建设上来，实行改革开放，加速社会主义现代化建设的重大决策，拉开了改革开放的序幕。1979 年 1 月，交通部和广东省革委会联合向国务院呈报《关于我驻香港招商局在广东宝安建立工业区的报告》，提出在宝安蛇口设立工业区，并得到中央批准，成为创办经济特区的雏形。1980 年 8 月，第五届全国人大常委会第十五次会议审议通过《广东省经济特区条例》，宣告深圳经济特区正式诞生。深圳从此进入新的历史征程，焕发生机活力。

　　福田地区人民在建设经济特区的号召下，以杀出一条血路的勇气，开辟前进的道路。深圳制定社会经济发展总体规划，大规模展开以城市基础建设为中心的各项工作，大胆冲破计划经济体制的束缚，以单项改革为突破口，逐步建立社会主义市场经济体制的基本框架。同时发挥毗邻香港的地理优势，通过外引内联，夯实深圳特区的国民经济基础，各项社会事业得到相应发展，铸造了开拓、创新、团结、奉献的深圳精神。改革开放以来，深圳创造了罕见的工业化、城市化和现代化的发展速度，堪称世界奇迹。在创造奇迹的过程中，福田人民作出了不可忽视的巨大贡献。

一、福田的改革实践

（一）国企股份制改革

在改革开放初期，国营企业的运作存在两个弊端：一是责、权、利互相脱节，二是缺乏自我约束的内在机制，从而产生消费、投资双膨胀的倾向，国有资产增值缓慢，经济效益更呈下降趋势。国营企业要实现向市场经济的转变，必须要改革所有制结构。

在经济特区经济所有制多样化的情况下，国营企业要和三资企业、内联企业、集体企业、私营企业竞争，就必须改变僵化低效的传统经营模式，寻求一种能够增强企业自我发展和自我约束能力，提高经济效益的所有制模式。深圳当时的经济环境，为国营企业进行股份制改革提供了的条件。深圳企业不断寻找更有效的改革途径，而股份制企业在特区诞生之初就已出现，许多中外、深港合资企业和内联企业，虽然没有采用"股份公司"的名称，但其性质就是股份制企业。它们财产关系明确，通过入股的方式筹集发展资金，有独立的法人地位，自主经营、自负盈亏。至1986年，深圳的股份制企业已经大量存在，并活跃在深圳经济特区的市场上。另外，深圳人改革意识强烈，心理承受能力强，对股票并不陌生，当时深圳的闲置资金数量巨大，居民手中持有大量现金，企业也握有大量可自由支配的资金，这些都为国营企业推行股份制改革提供了良好的资金条件。

1986年10月15日，深圳市人民政府印发《深圳经济特区国营企业股份化试点暂行规定》，全面推进国营企业股份化改革，并对改革的程序、方式、国有资产评估等作了明确规定。1987 年 3 月，市政府又颁布《深圳经济特区国营企业股份化试点登记注册的暂行办法》，同时成立深圳市投资管理公司，加强对国有资产股份化后的管理，国营企业股份化试点工作拉开序幕。

1988 年初，深圳市首批纳入股份化试点的大型国营企业有 6 家，由市投资管理公司直接管理，按国际惯例实行董事会领导下的总经理负责制，其中总部位于福田区的赛格集团就是首批进行股份制改革的特区国营企业之一。

1988 年 3 月，赛格集团选择了达声公司这一全资直属企业作为股份制改革的试点，实行由赛格集团控股、企业参股、职工个人持股的内部股份制改革。1992 年 4 月，达声股票正式上市交易，达声公司成为一家规范化的上市公司。4 年后，凭借股份制改革创造的优势，达声公司的国有资产由原来的 132 万元增加到 1283 万元，为原始股本的 9.7 倍。达声等一批国营企业股份制改革试点的成功，给赛格集团其他下属公司以极大的鼓舞和启发，股份制试点工作也逐步展开推广。1991 年赛格集团的直属企业宝华电子公司和赛格电子工程发展公司相继改组为内部股份有限公司，赛格集团的参资企业华发电子公司、中厨股份有限公司通过股份制改革，成为深圳上市公司，并向海外发行了 B 股，为企业发展吸收了大量境外资金。当时的赛格集团已拥有达声、华发、中厨三家上市公司的原始股票 7745 万股，这是证券化了的国有资产。同年 10 月开始，赛格集团开始实行全面的股份制改革。

1992 年 5 月，根据市政办《关于同意成立深圳市福田区投资管理公司的批复》，福田区在全市率先成立第一家区级资产经营公司——福田区投资管理公司。履行对区属企业国有资产的管理，向区属企业参股，作周转性投资及提供贷款担保。承担区政府授权的其他业务，如参与旧城、旧村的改造和房地产开发等业务。

1996 年，福田区成立第二家资产经营公司——深圳市福田区投资发展公司。区属国有企业分别划归这两家资产经营公司管理，区属国有企业基本实现行政管理职能与经营管理职能分开。1998年，又设立福田区国有资产管理委员会，下设国有资产管理委员会办公室（简称"国资办"），加强对区属国有资产的监督管理。作为深圳市区属国有企业改革综合试点，福田区国有企业改革与发展势头良好，从 1994 年至 2006 年，历经准备、起步、推进、攻坚四个主要阶段。13 年间，福田区积极推进以内部员工持股为主、以产权主体多元化为目标的股份制改造，区属国有企业全部完成改制。在 13 年的国企改革实践中，福田区大胆探索，勇于创新，从成立全市首家区级国有资产经营公司，率先建立和完善区级"三层次"（国资办—资产经营公司—区属企业）国有资产经营管理体系，率先在资产经营公司设监事会。此外，对经营不善的国有资产，由资产经营公司先实施破产、再重组改制，从而确保了区属国有资产的保值增值。福田区在国企改革的探索与实践中走出了一条创新之路，并创造出"金地模式""飞通模式"等一批各具特色的企业改制新形式，在全国产生了良好反响。

1994 年起，为深化企业产权制度改革，全面推行公司制改造，深圳开始现代企业制度试点工作，其中金地集团是全市 28 家试点企业中唯一的区属企业。金地集团成立于 1988 年，1993 年进入房地产开发市场，1994 年 11 月开始实行员工持股改制，1996 年完成股份制改革，在地产界享有品质美誉。金地集团的大股东为福田区投资发展公司——深圳市福田区国资委下属企业，这是一家以房地产开发为支柱，集产权经营、金融证券于一体的大型国有控股企业。2001 年 4 月，金地集团在上交所挂牌上市，实现福田区属上市公司零的突破。金地集团项目已遍及上海、深圳、北京等多个城市，发展成为一个以房地产开发为主营业务的上市公司。

国企进行股份制改革后，经济效益大幅度提高，初步建立起自我约束、自我积累机制，带来了巨大的社会效益。

（二）土地使用制度及住房制度改革

随着改革开放进程的加快，深圳经济特区在全国率先进行土地使用和住房制度改革，开始了土地有偿使用的实践。在土地管理上把土地所有权和使用权分开，所有权归国家所有，使用权进行有偿出让或转让，征收土地使用费，为解决建设一座现代化大城市的资金问题寻找到新的出路。同时，率先打破传统的由国家统包、低租金、福利制的住房制度，实行住房制度商品化改革。

特区建立初期，土地使用由市政府行政划拨给各下属房地产开发企业，原则上不能转让。1983 年 11 月 15 日，深圳市颁布《深圳经济特区土地使用实施办法》，明确规定只要符合市政府对某块土地的使用要求，不连带房产的土地使用权转让也可以是合法的，这对无偿、无期限使用土地的旧体制是一个关键性的突破，对于促进特区城市的快速形成、创造良好的投资环境起到了巨大的积极作用。为了提高土地使用效率、合理配置土地资源，深圳经济特区进行了一系列的理论探讨、调查研究及立法准备活动，决定逐步实施由市土地管理部门设计的改革方案。1987 年 5 月 21 日，深圳市委常委会议讨论通过《深圳经济特区土地管理体制改革方案》，决定采用公开拍卖、招标、协议等办法，将土地的使用权转让给使用者；允许土地流通、转让、买卖和抵押；政府加强宏观管理及产业政策的引导，一改过去利用行政手段审批用地的做法，逐步开始角色转变。

1987 年 9 月，市政府首次采用协商议价的方式，有偿出让一块面积为 5321 平方米的土地给中国航空进出口公司深圳工贸中心。该地位于福田区华强北（即今为中航北苑），地价款约

106.436万元。这是土地使用权在中国第一次作为资产进入市场，标志着中国土地使用制度改革取得关键性突破。在具体操作上，这次国有土地使用权出让，借鉴香港经验，开创了内地土地出让一种崭新的计价方式——以楼面面积计算土地价格。实践证明这是一种科学的计价方式。同年12月，广东省第六届人民代表大会第三十次常委会议通过《深圳经济特区土地管理条例》（草案），在法律上确立了深圳经济特区国有土地使用权有偿出让和转让的制度，以及土地所有权和使用权分离、土地使用权进入流通领域的土地管理体制。1988年4月，全国人大修改宪法，修改为"土地的使用权可以依照法律的规定转让"，国有土地使用权出让由此在全国范围内合法化，深圳起了带头示范作用。

1988年深圳开始全面推行住房制度改革，进行售房提租，发放房补的实践，按成本价向职工出售公产房，实现住房商品化；提高房租，增加住房的个人支出部分；发放住房补贴，使之成为职工货币收入的一部分。另外，建立福利、商品住房供求双轨制。政府投资兴建福利房和微利房，前者供给对象是机关事业单位的工作人员，后者供给对象主要是国营企业员工；房地产专业公司投资兴建市场商品房，出售对象是社会所有公民。

（三）农村城市化

城市是现代化的载体，城市化是现代化的重要内容之一。农村城市化加快了深圳的现代化进程，为把深圳建设成为国际化城市提供了广阔的空间和条件。

深圳特区成立后，开始大规模基础设施建设，市中心区大量农田被征用，大批农民脱离农业生产，开始依靠经济特区改革的优惠政策，积极发展"三来一补"工业。至1992年，深圳特区内的农村和农民，在经济发展、村政建设、生活环境等方面发生了实质性的巨变，主要体现在农村产业结构和就业结构改变、村政基础设施大幅完善、社会福利事业和精神文明建设长足发展，这些变化都是农村工业化和城市化的标志。

1992年6月，深圳出台《关于深圳经济特区农村城市化的暂行规定》，把特区内的68个行政村、17个自然村和沙河华侨农场改建为100个居委会、66家城市集体股份公司和12家企业公司，4.6万名农民一次性转化为城市居民，农转非户口达13851户，农村向城市转变，农民向工人转变。1992年起，福田区以原上步村为试点，在全市率先开展农村城市化工作，福田区各村相继完成农村集体企业的股份制改造，如上步村、皇岗村、水围村、岗厦村、上梅林村、下梅林村都成立了各村集体股份有限公司。1992年底，福田区共15个行政村的集体企业全部转换为集体股份合作公司，全区农村城市化工作初步完成。从联产承包责任制向集体经济转变，再从集体经济向股份制转变，福田区正式告别了过去的小农经济模式，成功实现了特区农村城市化的历史性飞跃，开创了中国区域农村城市化的先河。

1. 上步村——深圳市农民居民化第一村

深圳城市化的第一步，是在福田上步村迈出的。1991年秋，深圳市委组成五人综合小组到福田上步村进行特区农村城市化调研。调研组认为，特区农村已经出现了职业非农化、收入多元化、生活环境及生活方式居民化等明显的城市化特征。上步村还实现了免费医疗和村民子弟免费上学，并成立了工会，各自然村下设基层工会。特区内实现农村城市化的条件和时机已经成熟。

1992年初，市政府决定在上步村开展"农村向城市化转变，农民向城市居民转变"试点工作。5月1日，福田区在撤销上步村委的同时，分别在其下属的埔尾、玉田、沙埔头、旧墟、赤尾5个自然村成立居民委员会，并同时对外挂牌，成为深圳市农村城市化改革的第一村。同年7月16日，深圳市首家农村城市化股份公司——深圳市上步实业股份有限公司成立。随后，中共深圳市上步实业股份有限公司党委揭牌，成为深圳市第一个特区农村城市化股份公司党委。

上步村城市化试点成功后，特区农村城市化工作迅速全面铺开。福田区先后撤销了全区 15 个村委会，成立了 34 个城市居委会，完成了农村政制向城市政制的历史性转变，原有的 15 个农村企业先后完成了股份制改造。

2. 渔农城中村改造——"中国第一爆"

城中村是城市总体规划内，实行农村集体所有制和农村管理体制的"都市村庄"，也称旧城旧村。村民私宅用地主要用于建设村民私有房屋，集体发展用地主要用于配套设施、商品房、办公楼和厂房的建设。2003 年，福田区在全市率先成立区旧城区重建局，全区城中村改造建设工作进入政府引导的新阶段。

作为深圳市第一个城中村整体拆除、全面改造项目，2005 年5 月 22 日，福田区渔农村对 15 栋纳入改造的民房实施爆破拆除作业，是当时全国城市控制拆除爆破规模最大、一次爆破 A 级高层建筑栋数最多的爆破工程，并在全国第一次采用原地坍塌爆破拆除高层楼宇的爆破方法，被誉为"中国第一爆"。

渔农村在遏制违法抢建的同时，积极推动城中村整体改造，从而实现第一次完全制止城中村的群体私房抢建，第一次实现城中村整村拆除改造，第一次实施政府一线主导、市场配合运作的改造模式，第一次彻底消除了城中村固有的封闭空间形态。是福田区乃至深圳市城中村改造的分水岭和催化剂，在一定程度上催生了《深圳市城中村（旧村）改造暂行规定》的制定出台。

3. 筑巢引凤，老村新貌

改革开放后，深圳各区"三来一补"的企业办得如火如荼，深圳经济得到了一定的发展。最初，深圳因地制宜承接港商、外商的来料加工，没有资金和厂房，就将旧仓库、旧会堂、旧牛栏、文化室甚至是住房，改造成厂房；没有技术和经验，于是承接技术要求低的装配工作，如表带、玩具、毛衫等。这种原料多、耗能少、有销路的劳动密集型企业，恰好与当时中国内地劳动力数量多、知识水平低的特点相吻合，还明显带有工场手工业的性质特点。革命老区村之一的皇岗村审时度势，着眼长远，主动承接中高档层次，且具有一定专业技术含量的轻工产品的加工，打造良好的投资环境，兴办工业区，出租厂房，吸引香港商人来皇岗村投资办厂。开辟工业区需要大量的建设资金，适逢国家为了启动农村的经济建设，促使农民迈开脱贫致富的步伐，主导推出优惠的低息贷款，皇岗村抓住了这一大好机会，1985 年 2 月，从信用社、银行贷款 200 万元，拉开了兴建沙埔尾工业区的序幕。仅仅 6 个月时间，工业区第一期三幢共 5400 平方米的标准工业厂房拔地而起。

最早租用新厂房的是威皇针织厂，接着，电子、五金、化工、汽车修理等 50 多家企业纷纷前往皇岗安家，如雨后春笋一般，在皇岗生根发展。第一期厂房全部出租完毕，极大地鼓舞了皇岗人大办来料加工的信心，以庄顺福为首的皇岗村干部顺势提出"贷远景、租眼前，一两年内立基础，三四年后见成效"的方针，1985 年 6 月下旬，开始第二期三幢厂房的基建工程。两期工业厂房共 10800 平方米，工程总投资（包括工业区道路）共 170 多万元，这在当时，无疑是个大手笔。在皇岗村引进的来料加工工厂中，投资最大、具有先进设备的利来电子厂是福田区立区以来最大的来料加工厂之一。

其他革命老区村也同样在开展筑巢引凤的工作。1987 年，国家征用水围村大部分的山地和良田，用以建设皇岗口岸、落马洲大桥和福田保税区等重点工程，为了补偿水围村的经济损失，政府补贴 120 万元，水围村并未将这笔钱分掉，而是在这基础上，向银行申请了 300 万元的贷款，全部用来进行基础建设，改善水围村的投资环境，兴办工厂，吸引投资。水围与皇岗两村合资修建了一条沥青路，从市区道路的干线经皇岗村直通水围村，可通过两辆并行的大货车，使水围村的竞争力得以提升。1988 年起，水围村通过租金、管理费、外汇补贴等多种渠道，积累了一定的资金，逐渐具备了相当的实力，开始集体兴建厂房，到 20 世纪 90 年代末，村里引进的企业达 14 家，创汇和用工的规模颇为可观。上梅林村于 1981 年利用旧糖厂改建厂房，引进港商办起第一家来料加工工厂。1986 年，岗厦村委会利用交通运输便捷、人工成本低的优势，在集体用地上建起了四栋厂房，引进"三来一补"企业，港资、合资、私营的各类工厂蜂拥而至。

随着改革开放的深入发展，来料加工产业竞争力逐渐下降，迫使深圳调整产业结构，寻找新的经济发展方式。各村完成集体经济股份化改革后，利用有限的土地资源，与社会资本合作，开发兴建商业房地产项目，形成以商业、房地产开发与租赁、服务业等第三产业为主的经营模式。村民的收入来源实现多样化，主要有村集体经济分红、房屋出租、商业经营和工资性收入等，村民开始过上富裕的生活。搭上改革开放的快车后，老区村人民众志成城，老区村面貌焕然一新。

（四）改革开放后的福田发展

随着深圳经济的快速发展，上步管理区成为新市区的重要部分被列入深圳市发展规划，新市区建设如火如荼地展开。1981 年 11 月 23 日，深圳经济特区发展公司与香港合和中国发展（深圳）有限公司签订协议，建设福田新市区。1982 年 4 月，市政府制定出台《深圳经济特区社会经济发展大纲》，提出在上步建立商业区，在福田新区中心地段建特区商业、金融、行政中心。1988 年

8月17日，福田新市区建设拉开序幕，总面积44平方千米，位于市区以西，北倚笔架山，南临深圳湾，西至沙河工业区，总投资约40亿元。1990年1月4日，经国务院批准，深圳市设立福田区。

福田区成立后，区委、区政府进一步发展区、街、村三级工业，并优化工业经济结构。建区之初，福田区委、区政府实施"高起点建设，高速度发展"战略，激励发展高新技术产业，加快"三来一补"企业转型。此时，民营工业企业、外商投资企业有较大发展，尤其是高新技术产业发展迅速。这一时期，位于华强北的深圳赛格电子集团紧抓时代机遇，快速发展。华强北逐渐成为国内举足轻重的电子元器件交易市场。

从1978年到1992年，福田的经济社会发展给革命老区带来了巨大的变化。随着福田引入和兴办的"三来一补"企业不断增多，解决了大部分革命老区群众就业问题。1990年福田革命老区农村人均收入1245元，比1979年翻了近四番，大部分革命老区群众的温饱得到彻底解决。同时，交通也越发便利，福田各个村都修建了混凝土公路，子女上学问题随着学校的新建和扩建逐步得以解决。1990年，深圳特区成立十周年之际，曾第一个向中央建议设立经济特区的习仲勋，来深圳参加庆典。当看到经济特区的发展景象时，他感慨万分，实践证明，把人民生活水平搞上去才是社会主义国家建设的唯一出路。

20世纪末，东欧剧变，苏联解体，冷战格局终结，社会主义国家遭受到严重冲击。此时，中国不仅在经济上面临着改革压力，在政治上还要防止西方大国对社会主义国家推行"和平演变"策略。面对国际国内纷繁复杂的形势，国内经济改革再次遇到方向不定、道路不明的问题。1992年1月19日上午，深圳火车站迎来一位重要的客人，他就是改革开放总设计师——邓小平。在这次视察南方谈话中，邓小平提出中国要坚定改革开放不动摇，"不坚持社会主义，不改革开放，不发展经济，不改善人民生活，只能是死路一条。基本路线要管一百年，动摇不得。只有坚持这条路线，人民才会相信你，拥护你"[①]。

邓小平的南方谈话极大地鼓舞了深圳人民，特区人再一次掀起了改革新浪潮。深圳市委、市政府加快了福田中心区的开发建设步伐，计划将福田中心区建成对外贸易中心、金融中心、信息中心和文化中心。1992年底，市政府投入近10亿元巨资，基本完成水、电、通信等"三通一平"及路网建设等基础工程，一批建筑工程进入施工阶段，整个中心区呈现出一片热火朝天的开发建设的繁忙景象。

福田中心区加快建设的同时，福田保税工业区也在快速推进。早在1990年3月，市政府就正式批准设立福田保税工业区，仅一年后，福田保税工业区便获得国务院批准改称福田保税区。福田保税区位于福田中心区的南端，北接广深珠高速公路，南临深圳河，东连全国最大陆路口岸——皇岗口岸，西至新洲河，总面积1.68平方千米，其中围网面积1.35平方千米。得益于得天独厚的地理优势，福田保税区开发势头迅猛，根据深圳市委、市政府指示精神，福田保税区制定"以引进先进工业为主，大力发展国际贸易，并带动金融、信息、仓储、房地产、专业服务等第三产业"的发展方向，颁布实施了3个政策性法规，完成基础建设投资1.68亿元，批准设立了4家外资企业，出让土地共计8.7万平方米。大量资金、技术密集型的高层次产业，世界著名跨国公司、大财团纷至沓来。福田保税区进入了大开发、大建设、大发展时

---

① 邓小平：《邓小平文选》第3卷，人民出版社1993年版，第370—371页。

期。至 2018 年，福田保税区已经成为国内发展成就比较突出和极具竞争力的保税区域之一。区内企业近 1800 家，以高科技加工、现代物流和国际商贸产业为主，员工近 8 万人。区内建有日通车能力 4000 辆次的 1 号专用通道，经落马洲大桥与香港直接连通。

进入 21 世纪以后，福田区委、区政府瞄准科技领域，集中发力，通过重点扶持辖区中小民营科技企业，推动辖区高新技术产业，从而带动经济发展进入"黄金时期"。2000 年 10 月，福田区高新科技创业中心挂牌，陆续建立松岭、彩田、八卦岭、天安数码城和福田保税区 5 个孵化基地，接纳数百家中小民营科技企业。2004 年，为优化经济空间布局，福田区政府制定《福田区鼓励社会力量兴办科技园区的暂行规定》，通过大力发展高新技术，福田区加快传统产业结构改造、升级换代和产业聚集步伐，使得产业发展朝着高端化方向迈进，产业质量与现代化水平逐步提高。

"十五"规划期间（2001—2005 年），深圳市以福田区为主体的总部经济圈初步形成。2007 年初，福田区率先在全市推出整合资源、营造环境、完善总部经济服务体系，鼓励和支持国内外大企业集团在深圳设立总部或区域总部的政策，实行扶持总部经济发展的一系列措施。以制造业为主的第二产业总部企业和以物流业、金融业和房地产为主的第三产业总部企业，纷纷落户福田。招商银行、深圳发展银行、平安集团、万科公司、金地集团、华侨城集团、招商地产、天健集团、中国宝安集团、鹏基集团、中海地产、华润万家、天虹商场、农产品公司、盐田港集团、华为技术公司、中兴通讯、创维集团、康佳集团、三九集团、海王生物、深圳市水务集团、光明集团、金威啤酒等大型企业的总部纷至沓来。它们最低年销售额达到 10 亿元，高的则数百亿甚至近千亿元。

福田区总部经济圈中，金融业可谓成绩斐然，并成为总部经济圈中的主轴。2006 年福田区"十一五"（2006—2010 年）总体规划中提出积极发展金融服务业，加快发展证券、银行、保险、基金、期货等行业，强化金融业的支柱产业地位，推动全区乃至全市服务业向更高的层次发展。通过营造良好的金融发展环境，利用辖区众多证券公司、基金公司总部、专业银行和期货公司等良好的金融业基础，充分发挥毗邻全球金融中心——香港的区位优势，福田区从整体上对中心区金融中心的地位和国际化水平进行提升，把福田中心区逐步打造成为深圳的"华尔街"。如今，深圳全市大部分金融机构总部在福田安家，银行、证券、基金、期货、信托、保险等金融业生态链全面发展，中国内地两大证券交易所之——深圳证券交易所也根植福田；金融机构龙头企业实力突出，招商银行、平安证券、国海证券等金融名企雄踞于此。

二、招商引资谋发展

（一）对外引进

深圳经济特区发挥特殊优势，通过引进资金、技术、人才、设备和科学的管理方法，不断改善投资环境，与港澳地区和国外发展经济技术合作关系，并取得显著成绩。

积极利用港资和外资进行基础设施建设。1981 年，广东省公路建设公司与香港合和中国发展（高速公路）有限公司签订合作协议，合作修建广深高速公路，项目建设所需资金由香港合和中国发展（高速公路）有限公司负责，广东省公路建设公司提供土地、办理征地及其他手续。广深高速北起于广州市黄村立交，与广州环城高速公路北段相接，南止于深圳市福田区皇岗口岸，与皇岗路相接，公路开通后成为世界上最繁忙的高速公路之一。1983 年 11 月，深圳市电信发展总公司与英国大东电报局公共有限公司签订合资经营深大电话有限公司协议，公司注册资本 2000

万元，深圳占 51%，英方占 49%，合作年限 20 年，总部设立在深圳市福田区。深大电话有限公司的成立是中国邮电改革史上的重大突破，作为中国电信旗下的第一家中外合资（作）电信运营企业，深大电话承担了深圳特区二线关内（除蛇口）、面积约 320 平方千米区域内的通信网络建设，面向特区市民、企事业单位及社会团体各类用户，提供多种电信业务。

利用外资进行工业建设。经济特区建立初期，主要采用"三来一补"的形式发展工业。办厂资金由客商筹集，设备、原料或原器件由客商引进，工业产品由客商在境外市场销售，技术管理由客商负责，深圳市提供土地、厂房和生活设施，收取加工及管理费。"三来一补"企业具有形式灵活、投资少、时间短、见效快、风险小、成本低等特点，在解决劳动力就业、增加外汇收入等方面具有积极作用，是促进深圳早期外向型经济发展的一条有效途径。因进行大规模基础设施建设，福田区大量农田被征用，大批农民脱离农业生产，开始依靠特区改革的优惠政策，积极发展"三来一补"企业。

利用港资和外资开发旅游设施和项目，发展旅游业。1982 年10 月，深圳特区发展公司与香港志强发展公司签订合作经营香蜜湖度假村首期工程、综合旅游项目，这是福田地区首个对港经济合作的旅游开发项目。1984 年 3 月，深圳特区发展公司与日本、泰国、中国香港企业组成的华联实业公司合作兴建的深圳高尔夫俱乐部球场动工，球场位于福田区深南大道与滨海大道之间，东临临洲路，西接泰然一路，占地 136.8 万平方米，是当时全国最大的国际标准的高尔夫球场。

积极引进技术。1980 年至 1985 年，深圳经济特区（不含蛇口工业区和南油服务总公司）从日本、美国、联邦德国、英国、新加坡、意大利等国家和香港地区共引进 5 万美元以上的单机设备 10052 台（套），10 万美元以上生产线（含装备线）56 条，其中具有国际先进水平的设备 1282 台（套），具有适用性的先进技术设备 989 台（套），其中含引进软件项目 19 项，为深圳工业技术发展打下了一定基础。

（二）对外开放

1. 皇岗口岸

皇岗口岸坐落在深圳市福田区南端，与香港"新界"落马洲隔河相望。口岸南面的皇岗—落马洲大桥横跨深圳河，全长 950 米，使深圳与香港的公路网相连。皇岗口岸区域占地面积 101.6 万平方米，其中监管区 65.3 万平方米，生活区 6.8 万平方米，商业服务区 29.5 万平方米。监管区分东、西两个场地，东场为货检场地，西场为客车和旅检场地。

1981 年 6 月，深港口岸建立两地会晤制度，并展开第一次正式会晤，双方逐步加大合作力度。为适应特区经济发展和对外开放的需要、方便港深两地旅客的往来，深圳的口岸经历了一个数量从少到多、规模从小到大的过程。皇岗口岸配合广深高速公路建设而开设，旨在加强深圳乃至珠三角地区与香港的联系。

1984 年 4 月 30 日，深港两地政府达成开辟"深圳皇岗—香港落马洲"过境通道的协议。1985 年 5 月 5 日，皇岗口岸破土动工兴建；1988 年经国务院批准对外开放，1989 年年底货运部分启用通车，1991 年 8 月客运部分开通使用。1994 年 11 月起，皇岗口岸开辟两条货检通道，试行 24 小时通关，并设置空车验放专用通道。

至 2018 年，皇岗口岸仍是深圳市除罗湖口岸以外最繁忙的口岸，是全国货车出入境数量最多的客货综合性公路口岸。

2. 福田保税区

保税区是中国深化改革、扩大开放的新生事物，是继经济特区、经济技术开发区之后，经国务院批准设立的开放程度最大、层次最高的海关监管特殊经济区域。作为一个口岸城市，深圳需要通过保税区这一开放平台，发挥城市的整体对外开放功能，福田保税区应运而生。

1987年4月，深圳国际工程有限公司与香港方显扬集团开始酝酿在皇岗口岸附近投资建设福田出口加工区，得到市政府的支持。福田出口加工区选址皇岗口岸被改造后的深圳河与广深高速公路分离带之间的低洼鱼塘地带，地处广深高速公路与香港落马洲大桥衔接处侧畔，无居民居住，便于开发建设；交通便利，可利用香港的现代物流技术条件和海陆空交通运输优势为其服务；总面积约232万平方米。

1988年11月，深圳市政府决定把福田出口加工区改为福田国际工业村，并成立福田国际工业村工作组，加强筹建工作。12月，福田国际工业村工作组向深圳市委、市政府请示，将工业村办成一个完全由外商投资、开发、经营管理，按照国际惯例办事，只准引进外资、发展工业，产品只准外销的封闭式出口创汇基地和深化改革的试验场地。

1990年3月，市政府决定把福田国际工业村改为福田保税工业区，并成立市福田保税工业区管理委员会，负责保税工业区有关管理事宜。1991年，经国务院批准，深圳在福田保税工业区的基础上设立深圳福田保税区，这是深圳市乃至全国范围内最早设立的保税区之一。

当时，吸引客商进驻的常用方法是筑巢引凤——由政府投资建设厂房、宿舍，而福田保税区的开发建设不采取这一方法，而是按照不给钱只给土地、滚动开发的原则，通过出让土地，以招商引资开发和自主投资发展相结合的方式，"两个轮子"同时驱动发展，筹措建设资金。1992年11月，福田保税区管委会与星岛有限公司签署第一份土地使用权出让合同书，出让 1.5 万平方米工业用地，每平方米地价为 1750 港元，收回土地出让金 2625 万港元。

1992 年，福田保税区开始向外招商。1994 年，随着保税区基础设施逐渐完善，全区工作重点逐步转到功能开发和实际运作上来。福田保税区管理部门紧紧抓住当时香港仓储用地供不应求的机遇，以仓储项目为重心，引进大型仓储物流企业入驻保税区，并带动物流、国际贸易、转口贸易以及出口加工业等产业的发展。同年 5 月，市政府制定《深圳经济特区福田保税区管理规定》，将福田保税区功能定位为"开展国际贸易、兴办高科技和技术先进型工业，举办金融业、信息业、仓储业以及国家法律法规允许的其他第三产业"，并在保税区中率先实行管理局的管理模式。12 月，福田保税区管理委员会更名为福田保税区管理局，在全国保税区中率先实行政、事、企一体化管理，其实际运作逐步向国际惯例靠拢。1999 年起，福田保税区集中力量在引进重量级高新技术项目上下工夫，把眼光瞄准欧美国际知名跨国公司、跨国集团，把突破口定位在电子信息、光通信、生物工程等领域。

福田保税区配合福田总部经济发展战略，引进了一大批国内外集团设立总部、区域性总部或研发中心、采购中心等，特别是吸引、扶持和培育了一批支柱产业的总部企业，加快形成具有比较优势和核心竞争力的总部企业集群。至 2018 年，区内企业有近 1800 家，员工近 8 万人，其中，世界 500 强企业有 17 家。福田保税区已经成为福田区，甚至是全市经济发展的重要动力源。

3. 福田口岸

福田口岸是香港回归后，中央政府为改善内地与香港通关现状，提高通关效率的一项民心工程，于 2007 年 8 月 15 日正式开通，是旅客出入境的陆路口岸，与深圳地铁 4 号线终点站合二为一，以轨道接驳为主。该口岸南临深圳河，北靠裕亨路，东侧为渔农村，西侧为皇岗码头，口岸联检楼北接港铁（深圳）4号线（又称深圳地铁4号线）、深圳地铁10号线，南经通道桥与香港落马洲站联检楼及东铁线落马洲支线相连，成为中国首个实现内地与香港无缝接驳的地铁口岸。

（二）进出口贸易

福田加工贸易出口开始于1982年，1981年福田公社工业公司与香港东荣公司合作开办上步福田石场（1982年改名为东荣石场），1982年该石场开采的建筑石料开始出口香港。

1983年上步区成立后，"三来一补"企业增多，加工贸易出口逐年增加。1985年工业出口产品产值106万元，占当年区属工业产品产值的2.98%，出口产品主要是建筑用石料、服装、鞋帽、玩具、泡沫塑料、电子表、手袋、微型收音机等。1990年福田区成立，当年出口产品产值1672万元，占当年区属工业总产值的8.23%，出口产品新增金属切割机床、医疗仪器设备、电子元器件、光通电信设备、半导体集成电路、液晶显示屏等机电产品，技术附加值提高。2003年，高新技术产品出口62.03亿美元，占当年辖区出口总额的56.39%，加工贸易出口产品结构进一步优化。2017年，福田加工贸易出口总额达108.1亿美元，占辖区出口总额的26.34%。

除加工贸易出口，福田区一般贸易出口也持续发展。1991年，区属首家具有市级进出口经营权的福田区进出口公司成立，标志着福田区具有直接进出口经营权。1994年，进出口业务扩展到39个国家和地区。1998年，福田区政府安排1000万元商贸出口基金，扶持和鼓励区属商贸企业扩大出口，后把扶持对象扩展到辖区中小型商贸出口企业。从1990年至2000年，区属商贸出口由15.5万美元增加到1112万美元，年均增长60.76%。进入

21 世纪，福田区实施科技兴贸战略，鼓励高新技术产品出口。2017 年，福田一般贸易出口达 167.84 亿美元，占出口总额的 40.9%。

福田区进出口贸易还利用福田保税区的优势，在保税区内发展仓储产业，开展转口贸易。从 2011 年至 2017 年，保税仓储转口货物额从 60.90 亿美元增长到 123.52 亿美元，2017 年占出口总额的 30.1%。

三、探索创新立标杆

（一）深圳股市发源地

深圳最早的股市，是在福田区红荔路园岭住宅区 18 栋一楼和门前开始交易的。1985 年 1 月，深圳特区证券公司在这里开始试运营。1985 年，深圳特区证券公司总部职工 22 人，营业面积 100 平方米左右，没有电子显示屏和观看行情的电脑，只有一大块黑板，用粉笔书写当天每笔股票交易的价格和行情。证券部的工作人员主要做撮合工作，买卖双方每成交一笔，工作人员就把已成交的交易记录从黑板上擦掉。

1990 年 12 月 1 日，深圳证券交易所开业，成为改革开放后中国内地第一个运作的证券交易所，深圳证券市场粗具雏形。在深圳证券期货业的发展历程中，福田区园岭新村和华强北成为全国瞩目的证券交易发源地。

1998 年至 1999 年，在福田区以振华路为核心，由上步路、华富路、深南路和红荔路围成的方圆约 1 万平方米的区域内，有 100 多个证券营业部，仅振华路一条长不足两千米的小街道，就有 30 多个。这片区域被称为闻名全国的"证券一条街"。中国股市早期交易主体是散户，证券公司靠增加交易场所和优化场地环境吸引客户。有的大券商在"证券一条街"同时设有两三个营业部。营业网点内大堂宽敞，大屏幕下设数百张桌椅让股民观看行情，大堂周围有大户室，整条街的交易量接近全市成交量的30%。

随着股市熊市出现，中国证券的交易主体逐渐由散户转为机构交易者，到2002年，华强北剩下的证券部不到20个，与鼎盛时期相比，营业部数量下降近八成，加上华强北功能转变，租金上升，"证券一条街"退出中国股市历史。

（二）中国国际高新技术成果交易会

1995年，深圳经济特区提出新的发展理念，科学技术是第一生产力、高新技术产业是深圳经济第一增长点，开始积极调整优化经济结构。在稳定、升级"三来一补"企业的同时，大力发展以信息技术产业、生物技术产业、新材料产业为重点的高新技术产业，使产业结构顺利转型升级，奠定了深圳现代产业的基础。

1994—1999年，高新技术产品产值从146亿元增加到819亿元，年均增长53.9%。在高新技术产品产值中，拥有自主知识产权的比重从18.4%提高到46.8%。高新技术产品出口从9.9亿美元增加到51.9亿美元。深圳市工业总产值从723亿元增加到2026亿元，在全国各大城市中排行第四。在政府对高新技术产业发展的扶持、高新技术产业自身发展的内在动力、资本市场对高新技术产业的追逐等合力作用下，1999年，深圳市取得举办首届中国国际高新技术成果交易会（以下简称"高交会"）的主办资格，交会应运而生。

高交会由商务部、科技部、工信部、国家发改委、农业农村部、国家知识产权局、中国科学院、中国工程院等部委和深圳市人民政府共同举办，以深圳福田会展中心为主会场，每年举办一届，至2018年一直是中国规模最大、最具影响力的科技类展会。高交会集成果交易、产品展示、高层论坛、项目招商、合作交流于一体，以其国家级、国际性、高水平、大规模、讲实效、专业化、不落幕等特点，享有中国科技第一展之称。高交会馆坐落在福田中心区深南大道旁，1999 年 8 月建成，占地面积 5.4 万平方米，建筑面积 2.5 万平方米，设有 A、B1、B2、B3、C 五个展馆（2004 年以后，高交会转移到深圳会展中心举办）。

1999 年 10 月 5—10 日，首届高交会在深圳市福田区的高交会馆举办，内容主要由高新技术成果交易，以国际计算机、通信、网络产品展为主题的高新技术产品展示交易，高新技术论坛三大部分构成，时任中共中央政治局常委、国务院总理朱镕基出席开幕式并发表重要讲话。首届高交会吸引了 26 个国家和地区的 86 个代表团参加，参展企业 2856 家，参展项目 4150 个，成交额 64.94 亿美元。福田区科技局组织辖区企业参展，并在首届高交会中签约项目 17 个，成交金额 14.3 亿元人民币。

2018 年 11 月，第二十届高交会如期开幕，至此在深圳福田区举办的高交会已走过 20 个年头。第二十届高交会安排有展览（含国家高新技术展、综合类展和专业类展）、论坛、专业技术会议、活动、人才与智力交流会和海外分会等六大方面内容，以紧扣主题、聚焦实体经济、突出创新驱动、服务"一带一路"建设、落实国家区域协调发展战略、围绕高交会 20 周年举办条例活动为特点，集中展现了新发展理念在推动经济高质量发展方面的重要作用，促进了科学技术与实体经济、科技创新与经济社会深度融合发展。经过多年发展，高交会已成为中国高新技术领域对外开放的重要窗口，在推动高新技术成果商品化、产业化、国际化以及促进国家、地区间的经济技术交流与合作中发挥着越来越重要的作用。

（三）中国电子第一街——华强北商圈

华强北商圈的前身是始建于 1982 年的上步工业区。由于港台地区电子工业发展势头强劲，加之电子产业具有占地少、无环境污染的优点，因此上步工业区把电子工业定为龙头产业。原电子工业部、兵器部、航空局、广东省电子局等单位纷纷在上步工业区安营扎寨，建立起一批电子工业企业。几年之间，爱华、京华、华发等大厦拔地而起，到1985年上步工业区基本建成。

为了更好地引导行业发展，1986年电子工业部、广东省人民政府及深圳市人民政府经过磋商，决定以省市所属的电子企业和部属电子企业为基础，吸收其他部门所属电子企业参加，组建深圳电子集团公司，1988年更名为赛格电子集团，集团旗下一度拥有宝华、康佳等160家电子企业。同年3月28日，占地1400平方米的全国第一家专门销售国内外电子元器件、组织生产资料配套供应的深圳电子配套市场——赛格电子配套市场在华强北正式开业。来自深圳等内地的160多家厂商以及10家港商，以自营自销、联营代销的方式经营，标志着华强北开始从工厂区向国内举足轻重的电子元器件交易市场转型。此后，电子行业继续产销两旺，华强北电子配套市场不断扩容。

20世纪80年代后期，由于市政府着手进行产业结构调整，淘汰了一批技术含量低、经济效益不高的企业，加之工业区地价猛涨，人力成本提高，企业的利润越来越薄，厂家纷纷外迁，第二产业逐步退出，以商场为代表的服务业入驻，第三产业迅速崛起。上步工业区逐步转向商贸、办公、银行、证券、房地产及其他行业，变成以商业、办公为主导，兼有部分居住功能的综合区。1994年，万佳百货进驻华强北，标志着华强北开始由工业物流园转变为现代商业街，并向城市大商圈衍变。此后，大批各类专业市场、主题商场通过租赁工业厂房并改造成商业物业的形式，纷纷落户华强北，翻开了华强北商圈崭新的一页。

1995年4月，深圳国际电子城专业市场正式开业。1997年，万商电器城、大百汇商业城开业，赛格广场动工兴建。1998 年，与赛格仅一街之隔的华强电子市场开业，与新赛格广场一起成为华强北电子市场双雄。2000 年赛格广场大厦落成，大厦高 71 层，成为华强北的标志性建筑，裙楼一至八层是亚洲最大的电子市场，被誉为"世界电子之窗"和"永不落幕的高科技产品展销会"。2007 年 10 月 12 日，全国首个电子市场价格指数——"华强北·中国电子市场价格指数"正式发布，被誉为中国电子市场的"风向标"。至此，华强北逐步成为中国最大的电子产品生产及批发零售中心，华强北商圈不断发展。

至 2008 年，华强北商业街南北长 930 米，拥有电子专业市场 27 家，商家近 3 万家，年交易额 370 多亿元，日人流量约 50 万人次，成为中国乃至亚洲最大的电子信息产品集散地，创造了国内同类市场的四个第一：销售额第一、电子专业市场经营面积第一、经营电子产品种类第一、商业覆盖率第一。同年 10 月 14 日，中国电子商会正式授予其"中国电子第一街"称号，这是深圳建设国家创新型城市取得的殊荣，也是福田建设产业高端先锋城区的新跨越。

自 2013 年 3 月起，政府对华强北主干道进行围挡，进行改造提升。随着地铁 7 号线的通车，历时四年封街的华强北于 2017 年 1 月 14 日重新开街，并首次以"步行街"身份崭新亮相。华强北步行商业街长 830 米，地上、地下建筑空间由原先的 460 万平方米大幅增至 600 万平方米。地下部分共有 3 层，分为商业层、地铁层和设备层，地下商业街连通 4 条地铁线，人流聚集。通过四年的蛰伏和发展，这条"中国电子第一街"已成为国际电子商业名城和创客的天堂。

（四）福田总部经济圈

"十五"期间（2001—2005 年），深圳市中心区和中央商务区（CBD）建设取得重大进展，以福田区为主体的总部经济圈初步形成。深圳市中心区位于深圳市东西条状带的地理中心位置，总占地面积 607 公顷，由滨河大道、红荔路、彩田路和新洲路 4 条城市干道围合而成。深南大道由东向西将中心区分成南北两个片区，南片区 233 公顷，是深圳市的中心商务区（CBD）；北片区 180 公顷，是行政、文化中心和未来的金融中心。深圳中心区规划总建筑面积 750 万平方米，就业人口 26 万人，居住人口 7.7 万人，日均人流量达 150 万人次，集行政、文化、信息中心与商务、国际展览中心于一体，是深圳乃至珠三角区域内人流、信息流、技术流、资金流最集中的核心区域。

2007 年初，福田区率先在全市推出整合资源、营造环境、完善总部经济服务体系，鼓励和支持国内外大型企业集团在深圳设立总部或区域总部的政策，先后出台《深圳市福田区扶持总部经济发展若干措施》等文件。随后，2008 年深圳市出台《深圳市人民政府关于加快总部经济发展的若干意见》，正式吹响了大力发展总部经济的号角。

福田区的总部经济发展无论是数量还是规模，都稳居全市首位。2008 年，深圳市首批公布的 180 家总部企业中，福田区占 93 家。福田区总部经济的发展呈现出一定的区域特色：一是总部企业的行业分布高度集中在第三产业，尤其以金融业数量最多，增长速度快。2011 年，福田区共引进国内总部企业和跨国公司区域总部 11 家，其中 5 家为金融机构总部，辖区内注册的金融机构达 120 家，居全市第一。除金融业以外，福田总部企业主体产业还分布在网络经济、创意经济和现代物流经济领域，未来成长空间广阔。二是各类关系国计民生行业的总部企业集中，聚集了移动深圳分公司、深圳水务集团、燃气集团、广东核电、大鹏液化、地铁公司、报业集团、深圳巴士集团、广电集团、中国南方电网深圳公司、中石化深圳公司等。三是世界 500 强企业、大型跨国集团公司投资企业数量多。2011 年底，世界 500 强企业在福田投资法人企业增加 4 家，累计 133 家。四是行业领军作用明显，骨干企业以福田为中心向外扩张，辐射力强，这些企业在自身发展壮大的同时也提升了福田的知名度。如设立在福田区的招商银行总行，经过 20 多年的发展，已从原来的区域性小银行发展成为具有一定规模与较强实力的全国性商业银行，形成立足深圳、辐射全国、面向海外的业务体系和市场网络，总部经济辐射能力不断增强。五是税收效应明显，越来越多的福田总部企业在总部所在地汇总申报缴纳企业所得税。2010 年，福田辖区税收完成 515 亿元，比 2009 年增收 85 亿元，成为深圳市的"税仓"。据统计，福田的总部企业占区域企业总数不到 1%，但税收收入占辖区税收收入的一半以上，招商银行大厦、江苏大厦、国通大厦等成为福田区的纳税高地。

福田总部企业高度集中于第三产业，一是因为福田区城市功能正在由生产型向服务型转变，高端服务企业呈快速流入状态；二是因为部分企业在选择迁出成本较高的福田时，仍将设计、营销、管理等职能中心放在福田，在福田保留和发展高端管理型总部，这种"总部—制造基地分离"模式成功带动福田制造业企业向高端化发展，从而有利于福田全区的产业升级优化。统计数据显示，福田区总部经济和现代服务业"双轮驱动"作用明显。2011 年总部企业实现增加值 657 亿元，同比增长 9.2%，占地区生产总值的 31.3%，金融作为福田区经济的第一支柱，实现增加值 769 亿元，占地区生产总值比重达 36.7%。

（五）国内首座大型地下火车站——福田站

为促进珠三角城市一体化发展，加强京广深港城市之间的联系，在 2005 年底，铁道部提出，在新深圳站（即深圳北站）作为深圳地区铁路中心客运站的基础上，京广深港客运专线在深圳市中心区增设一座地下车站。2006年，深圳市政府与铁道部在北京签署备忘录，决定在福田区建设国内首座大型地下火车站——福田站。

福田站选址于深圳市福田区益田路下，与中心区城市轨道系统构成综合换乘枢纽，依靠轨道交通进行接驳，主要承担广深港之间高频、高端的城际商务客流。福田站总建筑面积14.7万平方米，可供3000名旅客同时候车。由于高速铁路乘客可在福田站转乘多线地铁，福田站不设停车场。此外，车站采用现代化的高速铁路管理，不设行包房、候车厅等传统设施。

2015年11月25日，广铁集团宣布福田站开始试运行；同年12月30日福田站正式开通运营。2018年9月23日，广深港高速铁路香港段通车，福田站是重要一站。

四、文化福田增活力

深圳经济特区不仅探索出一条具有中国特色的物质文明发展道路，还同步大力发展社会主义精神文明。

（一）深圳文化设施建设

深圳特区成立以后，曾兴起两次文化设施建设高潮，一次发生在20世纪80年代，一次则是2000年初以来。

1982年底，深圳市委对全市文化设施建设进行规划，提出在众多文化设施项目中，抓住重点，分期分批建设。经过层层筛选和认真核定，确定将深圳大学、图书馆、博物馆、电视台、体育馆、大剧院、科学馆和新闻文化中心列为建设的重点，立即投入施工，这就是著名的深圳八大文化设施。特区初建之时，百业待兴，在这样的基础上发展文化，展现了市领导的高瞻远瞩。八大文化设施的建设在当时引起了很大争议——在"文化沙漠"上发展文化，拿出大笔资金来建设文化设施，引起了社会的广泛讨论，但市委、市政府顶住压力，以超强的魄力和决心，克服困难，筹集资金，坚持建设这八项文化民生工程。

深圳八大文化设施绝大部分选址在福田地区，图书馆、博物馆、科学馆、新闻文化中心、体育馆均位于园岭街道辖区内。其中，图书馆、博物馆、新闻文化中心坐落于荔枝公园湖畔。深圳图书馆于 1986 年建成开馆，是首个投入使用的深圳八大文化设施，图书馆率先实行"分级藏书、分科开架、分室阅览"的新型藏书和流通模式，采取免证进馆，并且是第一个全面实现图书流通业务计算机管理的公共图书馆，引起社会热烈反响。深圳博物馆于 1981 年立项成立，自此深圳拥有了自己的文博队伍，文博工作者开始在全市范围内开展大规模的文物普查和重点考古发掘工作。1984 年，博物馆动工兴建，1988 年落成开馆，在当时被誉为中国最现代化的博物馆。新闻文化中心大厦于 1987 年建成并投入使用，是一座用于发展新闻文化事业的大型现代化建筑，服务对象主要为中外新闻、文化、艺术科学界人士以及海外实业界、金融界人士，大厦位于荔枝公园南侧，与深圳博物馆、大剧院、特区报社相映生辉，形成一片各具特色的文化设施建筑群。科学馆位于深南中路与上步中路的交会处，1987 年建成，是国内最早建成的科普场馆之一。体育馆位于笔架山下，东邻上步北路，北接泥岗西路，南靠笋岗路，是当时全国一流的体育场馆之一，也是深圳体育事业发展的见证者和推动者。

2000 年初以来，深圳掀起第二次文化设施建设高潮。2003 年 1 月，深圳市委三届六次全会正式确立"文化立市"战略，大力发展文化、卫生、体育事业，加快推进"钢琴之城""图书馆之城""设计之都"和"动漫基地"建设，努力把文化产业培植为第四大支柱产业。随后，一批具有国际水准的新的文化设施——

图书馆新馆、音乐厅、电视中心、深圳书城中心城、博物馆新馆、青少年宫等建筑先后投入使用。这些文化场馆都位于福田中心区，共同组成代表城市形象和水平的文化设施群落，极大地促进了深圳文化事业的发展。

（二）福田城市社区文化建设

在文化建设上，福田区坚持吸收西方现代化文明成果，与继承中华民族优秀文化遗产并举，大力创新文化建设管理模式，积极推动文化设施建设，丰富福田人民的精神生活。

特区成立之初，福田居民社区分城市社区（如公务员住宅区、工业区、商业区、商住区）和农村城市化社区（原来是农村，1992年后逐步改造成城市化社区）。1990年，红岭路以西至上海宾馆以东为城市社区，社区文化由所在企事业单位兴办和管理，在组织职工开展企业文化活动的基础上，每逢节日便搭建临时舞台开展节庆文化活动，吸引附近打工者和当地居民参加。1993年万厦居业公司中标管理莲花北住宅区，在住宅区中腾出地方兴办社区文化设施，组织开展文化活动，开创了物业公司建设与管理社区文化的先河，后在全区推广。2003年，福田区委、区政府将社区文化建设纳入创建文化先进区的重要内容，深圳市委、市政府也将其列入"固本强基"工程内容，市区两级政府财政拨专款进行文化设施建设，社区普遍有了文化设施，由社区物业公司管理并组织文化活动。

（三）福田革命老区村落文化建设

皇岗村、水围村是历史悠久的革命老区村落，在现代城市化背景下，发展成为农村城市化社区，在精神文明建设上尤其注重继承中华民族优秀文化传统。1992年5月，福田区水围村被确定为深圳市加强精神文明建设的首批试点单位。1996年，皇岗村建成全国第一间村级博物馆——皇岗村博物馆。这是以庄氏宗祠为主建成的大型仿古建筑，着重展示皇岗村的村史、皇岗村改革创业的奋斗历程和皇岗村的风情，是深圳农村改革开放成就的缩影。1997年，皇岗文化广场落成，占地面积达2万平方米，可容近上万人同时观看演出，成为附近居民休闲娱乐的重要场所。2004年被评为"全国特色文化广场"，是深圳少数几个获此殊荣的文化广场之一。

水围村的文化设施建设别具一格，深圳市大部分城中村的村口有入村牌坊，水围村没有采取这一常规做法，而是在社区的东、西、南、北的四个入口建设园林式的街心花园。水围村的居民自称是庄子后裔，他们在东面的街心花园设置了先祖庄子的铜像；在南面的花园，则有一块块重叠的巨石组成的8米多高的假山，在巨石上刻有"水围村"大字，作为社区显著的标识；在西面，则充分利用明代古井这一珍贵的历史遗址，以古井为中心建立花园，供居民小憩；北面的园林广场的天然奇石更为亮眼。水围村社区入口的园林建设，将其独特的文化底蕴融入到环境中，让居民随时随地都能感受到水围的文化风采。从水围街进村，一侧有历史文化长廊，记录了水围村的往昔与今日的故事，展现了村落变迁的动态过程。水围村还建成了水围文化广场、社区图书馆、雅石艺术博物馆等。其中，水围雅石艺术博物馆展厅面积1500平方米，藏有雅石精品、书法字画、陶瓷珍品约1600余件，成为福田区的一张文化名片。

第
二
节　坚守初心　深耕福田

一、续航十八大　再谋发展

2012 年底，党的十八大胜利召开。大会高举中国特色社会主义伟大旗帜，为实现全面建成小康社会宏伟目标、奋力开拓中国特色社会主义更为广阔的发展前景作出战略部署。党的十八大以来，在党的领导关怀与人民的不断奋斗下，福田区委、区政府砥砺奋进，切实推进改革进程，坚持干在实处，以沧桑巨变展现开放的磅礴伟力，用智慧和汗水谱写发展的壮丽诗篇。在此期间，福田区实现了"十二五"规划圆满收官以及"十三五"规划的良好开局。

2015 年 10 月，党的十八届五中全会在北京胜利召开。会议提出必须牢固树立并切实贯彻创新、协调、绿色、开放、共享的发展理念。围绕五大发展理念，福田通过开放创新、协调发展、绿色发展与民生共享，努力将全区打造成为代表深圳经济特区的靓丽窗口和典范城区，成为彰显中国特色社会主义制度优越性的精彩缩影和有力印证。

通过一批又一批福田人的真心实干，辖区经济建设取得了辉煌成就。2018 年福田区生产总值突破 4000 亿元大关，达 4018.26 亿元，比上年增长 7.4%。全年完成固定资产投资 464.86 亿元，比上年增长 24.1%，连续 5 年实现两位数增长；全年外贸增长再上台阶，完成进出口总额 1130.83 亿美元，比上年增长 6.6%；财税收入再创新高，完成税收总额 1688.69 亿元，比上年增长 12.2%，比地区生产总值增速高出 4.8 个百分点。同时，经济质量持续提高，产业结构优化升级，第三产业实现增加值 3778.07 亿元，占 GDP 比重达 94%。其中，现代服务业、专业服务业、文化产业分别实现增加值 2745.35 亿元、412.06 亿元、368.01 亿元。总部经济聚势迸发，总部企业实现增加值 1584.98 亿元；税收过亿元楼宇达 86 栋，成为全国"含金量"最高的中央商务区；经济效益显著，万元地区生产总值水耗、电耗均低于全市平均水平，低能耗发展全市领先。

（一）创新福田　开放发展

福田地处粤港澳大湾区、泛珠三角经济圈、东盟十国经济圈的交叉重叠区，拥有优越的地理位置，便捷的城区交通，良好的国际竞争和合作环境，高融合度的国际化文化，加上地区产业基础深厚，产业层次高端，发展环境优良，因此是投资兴业、创新创业的福地。

1. 打造"双创"中心

"大众创业、万众创新"最早由李克强总理在出席 2014 年 9 月夏季达沃斯论坛时提出。他指出，要在 960 万平方千米土地上掀起大众创业、草根创业的新浪潮，形成万众创新、人人创新的新势态。"双创"一词自此走进人们的视野。几个月后，国务院将其写入 2015 年政府工作报告予以推动。

为打造国际化创新型城区，福田推出多项重要举措，实施一系列重点工程，建设具有国际影响力的智能硬件创新区、金融科技引领区和双创服务样板区，努力推动双创产业纵深发展，致力将福田打造成全球极具吸引力的知名双创中心。

2016 年，国家级高新技术企业新认定 340 家，总数达 830 家，华强北国际创客中心、赛格众创空间等创新载体发展迅速，成立全国首家区教育创客学院，开发80多门创客课程。2017年华强北双创示范基地以第一名佳绩荣列深圳市首批十大双创基地；6月，福田区凭借着华强北智能硬件创新、众创空间发展及科技金融优势，被国务院确定为全国第二批双创示范基地。

为进一步推动双创产业发展，福田区政府在制定一系列硬政策的同时，也提供便捷的软服务。点线世界专业服务交易中心是福田区构建的全国首个一站式专业服务集聚平台，其以"一点需求、全线响应"为宗旨，着力打造四大品牌活动"院士讲坛""创新CEO实战营""创新企业路演""高校技术成果发布"，一方面为青年人才和创业者提供创新的载体和圆梦的舞台，另一方面为福田辖区所有企业提供研发设计、经营管理、市场开发、融资上市等全产业链专业服务，有效释放全社会创新创业动能，推动全国双创示范基地建设。

为破解双创产业发展融资难的问题，福田大力营造良好的金融生态环境，依托深交所、创新投、高新投等国家及市级金融平台，创办区级大规模引导基金，聚焦双创企业。在加快建设深圳开放创新实验室的同时，继续在工业设计、电子产品、人工智能等领域建设一批创新创业实验室；充分发挥赛格集团、华强集团等大型龙头企业的带动作用，促进大中型企业建设各类双创平台和创客基地，引导和鼓励其向各类创新创业主体开放技术、开发、营销、推广等资源，构建和大企业的对接服务机构，共建开放式创新创业生态圈。

另外，为聚集全球双创资源、推动双创全球化发展，福田区还充分发挥国际化程度较高的优势，加强与全球创新创业资源双向联动，构建开放型、全球化创新创业体系。通过与国际创新资源密集区域建立创新创业直通车、鼓励企业建设海外创新中心等方式，实现海外创新资源互通，探索"全球化 + 双创"发展模式。①

2. 建设知识产权生态区

完善的知识产权保护机制是有效激发创新创业动力与活力的前提和基础。长期以来，福田区非常重视知识产权保护，积极营造良好知识产权保护环境，并取得显著成效。2013 年 9 月，国家知识产权局正式批准在福田区设立国家知识产权服务业集聚发展试验区。同年 11 月，福田区国家知识产权服务业集聚发展试验区正式揭牌设立。经过多年的深耕培育、探索创新，福田区知识产权产业整体规模快速扩大、服务能力持续提升、品牌机构不断增多、产业支撑作用明显增强。2016 年 10 月，福田顺利通过集聚发展试验区验收并取得优秀评级。

2017 年 4 月 28 日，国家知识产权服务业聚集发展示范区在福田揭牌，福田区成为全国首家区级政府的示范区，其在促进知识产权发展、构建"高精尖"经济结构中发挥了重要作用，为深圳市知识产权强市建设作出了贡献。为了推动示范区建设，福田区知识产权运营重点项目相继出炉，2017 年 9 月 12 日，深圳中一专利商标事务所与深圳报业集团合作成立的中一知识产权城正式揭牌。福田区计划将中一知识产权城项目打造为福田区乃至深圳市的知识产权重点项目，建成全板块全链条高品质的知识产权综合服务平台，为企业和机构提供专业、权威、高端的一体化服务。

截至 2017 年，福田区知识产权代理机构已增至 66 家，占深圳总数的近五成。除了为知识产权发展提供硬件和平台支持外，

---

① 张光岩：《深圳福田：向世界级核心经济区迈进》，《南方日报》，2017 年 10 月 18 日。

福田区还经常举办以知识产权保护为主题的宣传活动，从宣传的角度出发提高企业和市民对知识产权的关注度，包括投资拍摄有关商标确权、专利研发和专利维权的知识产权系列微电影，通过推送的方式向福田区内企业进行推广。[①]

3. 建设科技成果转化基地

只有加快科技成果的转化速度，才能更好地打造创新创业中心，真正发挥科技是第一生产力的作用。2014 年国务院通过《中华人民共和国促进科技成果转化法修正案（草案）》，这不仅是中国科技政策的重要组成部分，也是党和政府尊重知识、尊重人才方针的具体体现。

福田政策优势明显、产业空间资源独特、科技孵化和综合条件卓越，这些极大促进了福田成为科技成果转化的中心。福田区通过发挥产业空间资源优势和产业发展专项资金政策扶持的方式，全面引入主要涵盖新一代信息技术、大数据、金融科技等领域核心技术研究的高端科技创新资源。2017 年深圳高等金融研究院（以下简称"深高金"）正式入驻福田区国际创新中心。深高金由深圳市政府依托香港中文大学（深圳）而成立，构建了结构完整、具有国际竞争力的教育和研究团队。

福田区还在创新技术孵化与成果转化上加大国际交流与合作。2017 年 7 月 12 日，深圳市福田区与以色列希伯来大学伊萨姆（Yissum）科技技术转移公司正式签署《中国—以色列国际创新中心建设合作备忘录》，双方携手合作，共同打造具有影响力的"中以国际创新中心"。一方面，福田区给予以色列希伯来大学 Yissum 科技技术转移公司以产业空间支持，在中以创新种子基

[①] 冉勇：《深圳福田：建设知识产权生态区　激发科技创新活力》，《中国商报》2018 年 10 月 26 日。

外籍人士在福田从事科研工作（《深圳特区报》2018 年 12 月 12 日资料图片）

金中配置政府引导基金，对发展给予全方位的政策支持；另一方面，以色列以创新技术优势，把独家获得的专利许可和开发项目引入福田区，促成科技成果的转化与区域经济的发展，以此实现互惠互利，共同发展。

（二）百花齐放　协调发展

福田在抓好物质文明建设的同时，大力推动文化事业的发展，坚持改革创新、文化惠民，不断创新公共文化服务内容和形式，实现"两个文明"协调发展。"十二五"期间，覆盖全区的公共文化体育服务设施网络逐步实现标准化、均等化，服务模式服务效能显著提升，数字化水平大幅提高，政府主导、多元参与、协同发展的公共文化体育服务格局基本形成，初步展示了"深圳文化、福田表达"的丰富内涵。同时，福田区通过引导、策划、举办丰富多彩的文化活动，推出一系列传播当代中国价值观念、弘扬中华优秀传统文化的精品力作，努力丰富人民群众精神文化生活，增强人民精神力量，为全面建成小康社会提供强大精神支撑。全区文化事业繁荣兴旺、文化产业蓬勃发展，人民群众的文化需求更加丰富、文化获得感显著提升。

1. 打造"十大文化功能区"

2013年11月，按照"深圳创建、福田申报；深圳文化、福田表达"的工作理念，福田区作为广东省唯一代表，成功获得第二批国家公共文化服务体系示范区创建资格。根据创建要求，福田在全国率先提出"十大文化功能区"概念，通过统筹整合文化资源，将文化要素分门别类，打造包括主题文化馆、图书馆阅读、博物馆、广场文化、公园、公共艺术、地铁、现代戏剧、街道特色、数字平台等在内"3传统+3新兴+3特色+1平台"的"十大文化功能区"，努力实现文化资源的效能最大化。如地铁板块，作为每天载着市民抵达城市四面八方的交通工具，地铁文化接触对象广，展示频率高，人们不经意间就能在墙面、路面看到深圳作家创作的诗歌、小说，与地铁有关的电影，甚至是快闪的音乐会、真人秀。

街道特色板块，福田10个街道紧紧围绕自身特色，将街区建设成为主题突出的文化街区：园岭的青工文化、南园的摄影文化、福田街道的白领文化、沙头的民俗文化、梅林的绿色文化、华富的设计文化、香蜜湖的国际文化、莲花的书画文化、华强北的商圈文化、福保的至善文化。一个街道，一款特色。沙头街道每年举办的来深建设者过大年系列活动、华强北好声音暨周末广场音乐荟等得到市民的广泛参与和好评。

在福田，市民闲暇时，既能在全亚洲最大的独体书店中心书城里泡上一整天，也可以加入慈济阅读会、三叶草阅读会、深圳读书月，分享阅读体会；既能饱览孟京辉戏剧福田演出季，还可步入下沙博物馆，领略本地的民俗文化，或者打开手机微信，免费预定公共文化体育设施。在过去看似遥远的文化体验，通过公共文化服务建设，现已唾手可得。从文化馆、图书馆、博物馆到广场、公园、地铁，从特色街区到数字智能平台，无论老人还是小孩，白领精英抑或是社会草根，都可以在"十大文化功能区"里，找到适合自己的公共文化享受。[①]

2. 开创"一中心""三会"文化治理新模式

2013 年 11 月，福田区取得创建国家公共文化服务体系示范区资格，同时选取"社会力量参与公共文化服务研究"作为创建研究课题，以期通过制度设计和政策导向，围绕政府资源带动、政府制度驱动两个方面，促进社会力量积极参与公共文化服务建设。在资源带动方面，设立福田区宣传文化体育事业发展专项资金，并出台资金管理办法。2012 年起，福田区每年支出 1 个亿作为专项资金，扶持各类文体事业公益项目，吸引社会力量和资源成功举办一大批品牌活动及对外交流活动。制度驱动方面，福田区创设"一中心""三会"。"一中心"即公共文化体育发展中心，"三会"即文化议事会、创建示范区理事会、文化场馆理事会。2012 年，福田区率先设立公共文化体育发展中心，运营管理区属公共文化体育设施，组织各类文化体育活动、比赛和培训，在公共文化领域大力实施政事分开、管办分开；成立全国首家区级文化议事会，改变了过去由区有关部门负责文化决策和项目执行的运作机制，加快从传统政府主导向现代社会共同治理转变进程；区图书馆公共文化机构法人治理结构改革项目获国家级试点，在 7 个主题文化场馆组建理事会，综合提升区属文化场馆在管理运营、人才结构、服务产品供给等方面的市场化、法治化、国际化水平。"一中心"和"三会"模式从文化决策、执行、监督等多层面探索文化体制机制的改革创新，推动了公共文化事业的共同治理、共同参与。2015 年初福田区被文化部确定为全国 12 个

[①] 福明、温现青、杨志敏：《百花齐放满眼春 文化福祉次第开》，《深圳特区报》2018 年 12 月 12 日。

"文化部改革发展调研联系点"之一。

3. 打造文学作品和人才高地

"广东文学看深圳,深圳文学看福田"。为鼓励和支持重点作家的文学创作,2015年2月,福田启动由区宣传文化体育事业发展专项基金资助的"文学福田"重点作家作品出版扶持工程,经过认真遴选,推荐了10位作家的10部作品进行结集出版,并在以后每年遴选一次,举办一次新书发布会。经过多年磨砺与沉淀,福田涌现出一大批在深圳、广东乃至全国知名的作家,涉及小说、戏剧、儿童文学、散文、诗歌、评论等领域。"文学福田"出版工程推出的作家作品斩获过多个重要文学奖项,包括鲁迅文学奖、中国戏剧奖、儿童文学奖、《民族文学》年度文学奖、冰心散文奖、老舍散文奖、广东鲁迅文艺奖等。[1]

第三届"文学福田"出版工程新书发布会(东方头条网资料图片)

---

[1] 刘丽:《遴选10位作家 出版10本佳作》,《南方日报》2015年2月11日。

福田区莲花山文学院挂牌仪式（《中国商报》资料图片）

2018 年福田区莲花山文学院挂牌成立，成为深圳特区首个注册挂牌的区级文学院，标志着广大作家和文学爱好者有了崭新的发展平台，也标志着福田区又一个坚强有力的文学阵地诞生。文学院的成立，将吸引更多优秀作家加入，孵化更多优秀的文学人才，催生更多优秀的文学作品。[①]

4. 举办高品质文化品牌活动

福田区在创建国家公共文化服务体系示范区过程中，举办了一系列弘扬非物质文化遗产的活动，"福田·传承"是其中的品牌活动之一。2016 年以来，"福田·传承"精心打造学在福田、艺在福田、字在福田、炫在福田四个板块，向广大青少年展示非物质文化遗产的魅力，引导他们了解、学习、运用、继承非物质文化遗产的精髓。2017 年福田深化提升"福田·传承"品牌活动，新增"技在福田"活动板块，组织多位专家走进近 20 所中小学，组织非遗传承人走进 10 余个社区，让人们零距离感受非遗

---

① 卫风、温现青：《在春天里谱写福田文学发展新篇章》，《深圳商报》2018 年 4 月 2 日。

2018 年 6 月，"非遗·缤纷创意市集"上的糖画表演（福田区文化体育局资料图片）

传统文化魅力，使年轻一代更好地"传国脉，承国风"。

5. 推进文体设施建设

2018 年深圳市掀起第三次文体设施建设高潮，深圳歌剧院、改革开放展览馆、创意设计馆、中国国家博物馆·深圳馆、深圳科技馆、深圳海洋博物馆、深圳自然博物馆、深圳美术馆新馆、深圳市青少年中心等作为重点建设内容，被称之为"新十大文化设施"。2018 年 11 月 8 日，"新十大文化设施"之一的深圳改革开放展览馆"大潮起珠江——广东改革开放 40 周年展览"正式对外开放。展览馆位于福田区福中路，展馆面积达 6300 平方米，展线全长 1305 米，上版照片 730 张、实物 1908 件、主题场景 15 个、互动体验和模型沙盘 26 个，加上其他共计 3234 个展项。

深圳改革开放展览馆运用高科技手段、互动体验项目，全面、生动和立体地展现广东改革开放 40 年的壮阔历程和辉煌成就。展览分为三个部分：第一部分广东"敢为人先勇立潮头"，记述从

1978 年至 1992 年，广东如何把握率先创办特区历史机遇的故事；第二部分"增创优势砥砺前行"，记述从 1992 年邓小平南方谈话到 2012 年十八大召开前夕，广东改革开放的发展变化；第三部分"走在前列当好窗口"，则展现了十八大以来，广东如何走在改革开放的前沿，实现科学发展。

2018 年 10 月 24 日，改革开放展览馆接待了中共中央总书记、国家主席、中央军委主席习近平，受到总书记、各级领导和专家、市民的一致好评。

（三）生态美卷　绿色发展

党的十八大把生态文明建设摆在更加突出的位置，纳入中国特色社会主义事业"五位一体"总体布局，明确提出了建设美丽中国的战略目标。

1. 培育群众环保理念

为激发群众参与绿色生活、绿色发展、节能环保和生态文明

2015 年 3 月 15 日，华富街道在笔架山公园举办家庭闲置用品环保互换活动（肖林摄）

建设的积极性，动员企业加入到节能环保行动中来，福田举行了多种环保宣传活动。2015 年 3 月 15 日，华富街道在笔架山公园举办家庭闲置用品环保互换活动；4 月 11 日，由福田区政府主办的以"绿色行动·福田梦"为主题的节能环保活动在红树林自然保护区举行；2017 年 1 月 8 日，福田区城市管理局、福田区城市综合管理行政执法局联合 16 家公益组织共同发起"2017 年福田区首届垃圾不落地新年跑"活动等。

福田区举办大大小小的环保活动，是政府培育个人环保意识的重要举措，旨在带动群众共同努力，逐步形成"一点一滴促进节能环保，千家万户参与节能环保"的福田风貌，营造美好和谐的绿色生态环境。

2. 首创循环经济评价标准体系

作为中心城区，福田区资源约束压力突出，迫切需要以循环经济突破发展要素瓶颈。但国内循环经济长期缺乏系统、规范的技术指标、评价参数以及统计数据，节能环保工作难以客观衡量和有效推广。为此，福田区与深圳市标准研究院合作研究，在全国率先创新建立并实施"1＋4"循环经济评价标准体系，创建低碳园区。"1"即出台《福田区循环经济评价指引办法》，实现评价工作规范化、常态化；"4"即《园区循环经济评价标准》《楼宇循环经济评价标准》《商场循环经济评价标准》和《循环经济项目评价标准》，涵盖基本指标、管理指标、技术指标、鼓励指标在内的四类评价指标体系。为鼓励社会主体自愿参与循环经济评价，参与循环经济评价且符合政策条件的企业及其项目，在同等条件下可优先获得福田区产业发展专项资金和费用支持。福田区循环经济评价将办公楼宇、各类园区、商场超市等管理机构及入驻企业等市场主体作为重点，纳入循环经济建设主体，鼓励其自愿参与循环经济评价，并引入行业协会、专业机构等社会组织，从而更广泛发动社会力量，调动全社会的积极性。2015 年福田区评出首批循环经济星级园区、楼宇、商场及项目 19 个，从中择优评定循环经济示范单位 10 家。据测算，通过科学、持续推动用能管理和节能降耗改造，2016 年，产业园区节能率可达 20% ~ 30% ，公共楼宇和商场节能率可达 15% ~ 25% 。[①]

3. 打造中心花城名片

福田大力推动公园建设，打造"百园之区"。截至 2017 年底，辖区内拥有 119 个公园，156 千米绿道，绿化覆盖面积 3381.56 公顷，绿化覆盖率为 43% ，是全国首个被授予"国家生态文明建设示范区"的中心城区。

坐落于区中心的香蜜公园，集生态、人文、休闲、婚庆等功能于一体，是福田倾力打造的经典之作，也是辖区众多精品公园的一个精彩缩影。占地面积达 42 万平方米的香蜜公园，在设计建造之初，就对标世界一流标准，开创了"开门问计"汲取民意最大公约数、以法治思维建设公园的先河。海绵城市的建园理念、甜蜜浪漫的特色主题、诗意栖居的生态空间、独树一帜的空中栈道，使香蜜公园从深圳上千公园中脱颖而出，开园后迅速成为"网红"公园。建设亮点之一的中部空中栈道，最高处达 8.8 米，在这里可以俯瞰整片荔枝林。[②]

福田区还拥有全国唯一处于城市腹地的红树林湿地——福田红树林自然保护区。保护区面积 367.64 公顷，天然红树林 70 公顷，红树植物 22 种，栖息鸟类 180 多种，其中国家保护的珍惜濒

① 黄青山、曾家祺、黄飘远：《福田：高位优质发展正逢春》，《深圳商报》2016 年 9 月 27 日。

② 福明、温现青、杨志敏：《生态美卷一流品质 炫彩琉璃魅力福田》，《深圳特区报》2018 年 12 月 12 日。

危鸟类 23 种。红树林自然保护区与香港米埔自然保护区仅一水相隔，二者共同构成了一个半封闭且与外海直接相连的沿岸水体，成为具有国际意义的深圳湾湿地生态系统，也成为深港交界上最具特色的风景线。这里可观赏到"落霞与千鸟齐飞，静水共长天一色"的美景，成为众多游客和市民旅游、休闲的打卡之处。

4. 提升老旧社区整体面貌

福田辖区面积在全市十区中位居第九，人口密度却居全市十区之首。作为高度建成区，对老旧的城中村进行环境综合整治提升是福田区化解空间瓶颈、提升城区品质的一项重要举措，对南园巴登片区的改造便是这一举措的内容之一。巴登片区地处深圳市委对面，辖区面积约 0.25 平方千米，由巴登村、埔尾村组成，属于城中村社区，辖区"四旧"建筑（旧城中村、旧工业区、旧商业区、旧住宅区）多、商贸娱乐场所多，人口密度大、市容环境差、消防设施落后、安全事故风险较高，给辖区的城市管理和安全生产带来极大的挑战。针对城市中心的老街区、现代文明下的古村落，在不推倒重来的前提下，福田区 2016 年启动城中村综合整治行动，全面提升整体空间环境，改善环境质量。昔日福田城中村的脏乱差现象大幅减少，街区面貌焕然一新，巴登片区成为城中村环境综合整治的新典范、具有本土文化特色的示范村。①

5. 开展水环境综合整治

福田区通过开展一系列水环境整治工程，以低冲击的开发模式打造一批高品质的水环境整治项目，实现沿河水污染物零排放。发源于梅林坳山区的福田河是深港界河——深圳河的支流，干流全长 6.8 千米，流域面积 15.9 平方千米，曾经河道功能单一、形

---

① 福明、温现青、杨志敏：《生态美卷一流品质　炫彩琉璃魅力福田》，《深圳特区报》2018 年 12 月 12 日。

态均一化、河流水体污染严重、河底河岸全部硬质化，被人们称之为"臭水沟"。为改善河流水质，福田区采用微纳米曝气技术和水体原位生态修复技术对福田河7个排污口开展治理，通过截污纳管、垃圾清理、清淤疏浚、河口建闸、防洪工程、引水补水、充氧曝气等一系列精细化精准化的工程，使福田河发生蜕变。2017年底，福田河由生态环境部、住建部认定已消除黑臭。2018年度福田河水质稳定在不黑不臭标准基础上，公众调查满意度维持在90%以上，并于2018年5月顺利通过中央环保黑臭水体整治专项督察，实现了"长治久清"目标。因高标准推进黑臭水体治理，提前超额完成正本清源任务，福田河成为深圳市唯一登上生态环境部督察通报黑臭水体治理光荣榜的河流。

同时，福田区还加强梅林水库水源保护林、禾镰坑和莲塘尾等水库蓄水工程建设，实施"水更清"行动，打造多层次的滨海环湖沿河植被景观体系，推进防洪排涝、污染治理和生态景观建设，构建景观水体的生态功能系统。

（四）民生至上　成果共享

1. 提升教育强区水平，促进全民参与体育

福田致力于建设教育强区，集聚了优质教育资源，拥有深圳实验学校、深圳市外国语学校、深圳市高级中学、荔园小学、荔园外国语小学、园岭小学等一批名校，红岭教育集团、明德实验学校则在教育改革中走在前列。

教师是立教之本、兴教之源。福田区牢牢把握教育大计、教师为本的理念，重视学校教师的培训与提升。十八大以来，福田区在全市率先创办了"特级教师工作室"和"特色教师工作室"，为教学名师的专业再提升提供广阔空间；通过策划、组织、发动特级教师、名师工作室主持人、首席教师、高研班学员等名师，举办福田区特级教师论坛、名师大讲堂，把他们长期积淀的先进

教育教学理念与老师们分享，切实发挥名优特教师的辐射带动示范作用，形成具有福田品牌特色的新型教师专业发展模式。

为满足人民群众对优质学位日益增长的需求，2016 年以来，福田区统筹规划、优化布局学位建设，包括全面梳理教育用地，建立用地台账；充分利用城市更新，增加学校用地；合理置换，腾挪空间，扩大教育用地，为辖区居民提供更多学位。一直走在教育改革前沿的福田，还实施"名校 +"战略，成立了全省第一个区县级教育科研部门——福田区教育科学研究院，组织 20 多位专家和名师建成 STEM[1] 教育智库，设立 17 所 STEM 教育基地学校，通过教育科研力量培育孵化优质学校，从整体上持续提升辖区教育水平。[2]

福田区加快推进体育强区建设，落实全民健身国家战略。福田区群众体育事业蓬勃发展，全民健身热情日益高涨，各类群众体育赛事活动层出不穷，全民健身节、百米健身圈、福田健身房等成为全市亮点。2017 年 1 月 8 日，以"让脚步慢下来、心境静下来、生活乐起来"为主题的福田绿道马拉松欢乐开跑，800 名市民从福田区中心公园榕树广场起跑。绿道马拉松是福田区文化惠民品牌"福田健身房"系列活动之一，由福田区委宣传部（区文体局）主办，深受市民热捧。至 2017 年，绿道马拉松活动已举办四届，并在 2014 年和 2015 年连续两年入选福田区最受欢迎的

---

① STEM 是 Science（科学）、Technology（技术）、Engineering（工程）以及 Mathematics（数学）四门学科的英文首字母组合，因其倡导通过整合学科知识提升学生的科技员工素养，培养具备创新精神与实践能力的综合素质人才的理念而备受海内外教育界重视。

② 笑言、温现青、杨志敏：《民生至上　幸福福田》，《深圳特区报》2018 年 12 月 12 日。

体育活动。①"福田健身房"不是一家真正的健身房，而是福田区政府重点打造的一个创新型群众体育项目，通过将辖区 78.6 平方千米打造成大健身房的概念，充分利用、深度整合福田公共体育资源，为辖区居民提供场馆免费开放、场地设施、体质监测、体育指导、群体活动等五大板块的综合性服务，大力推动全区人民参与体育锻炼。"福田健身房"不仅推动全年区属九大体育场馆对市民免费开放 40 天，还打造形成春季·光彩莲花山、夏季·绿道骑行、秋季·笔架山登高、冬季·绿道马拉松等群众体育运动品牌项目。

2. 探索多元共治关系，营造和谐家园氛围

围绕"多元共治"的主题，福田区坚持把社区党建工作作为城市党建的重中之重，积极搭建多元共治平台，不断完善街道社区服务水平，实现政府治理和社会调节、居民自治良性互动，切实提高人民幸福感。南华社区党建创新项目"红色驿站"，将社区党员、义工、社工等力量整合，为社区 85 岁以上长者提供配餐服务，政府补贴近一半的餐费。② 一份盒饭解决的不仅是老人吃饭难问题，更在日复一日的送餐、见面、聊天中，为老人提供全方位的社区服务，成了党联系群众、服务群众的纽带。

福田区团委和福田区义工联通过强化组织建设、深化活动建设、丰富志愿服务机制等一系列措施推进志愿服务建设，促进志愿者队伍规范化发展。区妇联、残联以及志愿者团体等积极进行福田公益服务建设，以关爱之心带给福田群众以温暖。从 2010 年

---

① 邹振民：《2017 年福田绿道马拉松欢乐开跑》，《晶报》2017 年 1 月 10 日。

② 福明、薛志刚：《党建铸魂强核心　特色各异树品牌》，《深圳特区报》2018 年 12 月 12 日。

开始，福田区妇联开展"留住爱，守护你"情系来深留守儿童系列关爱活动，通过兴趣班、亲子出游、小组活动等形式关爱来深留守儿童；开展特殊儿童融合教育行动，通过奥尔夫音乐教学法，提高孩子们的参与能力、专注力和交流能力，促进特殊儿童和家庭融入社会；开展"爱暖福田姐妹，共筑关爱城区"关爱活动，弘扬助人者最乐、行善者最美的道德理念和公益文化，提升辖区妇女群众的幸福感；规范困境儿童帮扶服务，进一步完善福田区困境儿童数据库，根据数据库的基础信息资料，针对性开展困境儿童所需的各类服务，取得了明显成效。

青年驿站站友义工队承接区义工联"星星的孩子"篮球训练营项目，教自闭症儿童打篮球（福田区委资料图片）

在社会治理中，福田积极发挥法律与道德规范社会行为、调节社会关系、维护社会秩序的作用，坚持法治与德治并用。为有效打破"信访不信法"的困局，切实解决好民众诉求，福田区在全国首创11个访前法律工作室，引入专业法律团队，为来访群众提供最合适的诉求解决渠道，成功率和调解协议执行率均达到

95%以上。为弘扬社会主义核心价值观，强化社会文化引导力、凝聚力、影响力，形成基层社会文明道德新风尚，福田区着力打造"福田好公民"品牌活动。活动评选出在助人为乐、见义勇为、诚实守信、敬业奉献、孝老爱亲等方面事迹突出、具有榜样示范作用的个人和团体，并对他们进行宣传，树立道德榜样，营造"崇德尚礼"文明氛围。来自不同行业、不同年龄的普通市民组成"福田好公民"群体，传播正能量，弘扬主旋律，为福田经济社会发展发挥着独特作用，影响到越来越多的人，成为一道美丽的风景。

中心城区多元共治、惠民法治、人文德治、科技慧智的社会治理模式，引发全国关注，成为福田区走在全国共建共治共享社会治理格局前列最亮眼的名片。

3. 聚焦分级医疗，提升敬老服务品质

党的十八大以来，福田区医改建设进程稳步推进，医疗资源布局持续优化，医疗卫生综合实力全面提升，"健康福田"建设使中心城区展现出全新的精神面貌。伴随着福田区分级诊疗制度的推行，社区医疗健康服务体系发挥越来越重要的作用。福田区通过不断升级"1＋N"一站式签约服务模式①，扎实开展家庭医生服务，深化医养结合健康服务，以家庭医生团队进养老机构、进社区、进家庭的工作方式，为辖区住养老人提供建立健康档案、定期体检、健康管理、上门巡诊、康复护理和家庭病床等基本医疗健康服务。福田区还积极推进中医药进社区服务，开展"中医

①　"一站式签约服务模式"即签约福田区社康中心家庭医生，家庭医生团队将全过程关注、多途径解决签约居民所遇到的健康问题。"1＋N"即1个核心团队队长，N个成员的服务团队；1个枢纽，N类转接服务；1个平台，N种双向联系。

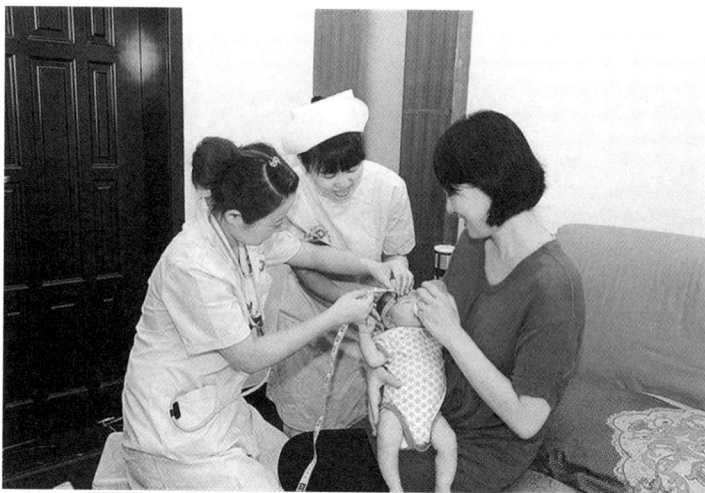

家庭医生服务（《深圳特区报》资料图片）

专家下社康"活动；加强区域社康中心品牌建设，加大区域社康人员配备力度，全面提升区域社康的综合服务能力。①

　　作为一座年轻的移民城市，深圳仍然处于劳动力的人口红利期。根据《深圳市 2015 年全国 1% 人口抽样调查主要数据公报》，15—64 岁的人口为 946.99 万人，占总人口的 83.23%；65 岁及以上人口为 38.37 万人，仅占 3.37%。② 但与全市情况相比，福田区老龄人口所占比例明显高于全市平均水平，③ 福田区人口老龄化悄悄逼近④。

---

　　① 　笑言、温现青、杨志敏：《民生至上　幸福福田》，《深圳特区报》2018 年 12 月 12 日。

　　② 　数据来源于《深圳市 2015 年全国 1% 人口抽样调查主要数据公报》。

　　③ 　数据来源于《福田区 2015 年全国 1% 人口抽样调查主要数据公报》。

　　④ 　按照联合国对于老龄化的定义，当一个国家或地区 60 岁以上老年人口占人口总数比例的 10%，或 65 岁以上老年人口占人口总数的 7%，即意味着这个国家或地区的人口处于老龄化社会。

表6-1　2010年、2015年全国、深圳市、福田区人口年龄结构表[①]

单位：万人、%

指标\地区	2010年						2015年					
	0~14岁		15~64岁		65岁及以上		0~14岁		15~64岁		65岁及以上	
	人数	占比	人数	占比	人数	占比	人数	占比	人数	占比	人数	占比
全国	22245.97	16.60	99843.34	74.53	11883.17	8.87	22696.00	16.52	100279.00	73.01	14374.00	10.47
深圳市	101.88	9.84	915.64	88.40	18.28	1.76	152.53	13.40	946.99	83.22	38.37	3.37
福田区	15.58	11.82	111.84	84.85	4.38	3.33	19.48	13.52	116.52	80.88	8.06	5.60

　　面对与日俱增的养老压力，福田区积极构建养老服务新模式，全力打造社会认同、群众喜爱、医养结合的都市社区养老服务品牌。其中，长者食堂就是引导社会力量建设和运营，以"中心食堂＋社区配送点"的模式运作，通过一中心辐射多社区的养老服务项目，从而解决老人温饱问题与基本生活问题。2016年3月17日，福田区首个社区长者食堂在莲花街道揭牌，位于华龄老年服务中心的长者食堂厨房面积680平方米，可容纳250名老人同时就餐。老年人可以来食堂吃，也可以预约营养均衡、多样的营养餐，由爱心义工配送员配送上门。长者食堂不仅解决了老人们中午吃饭难的问题，也成为老人们交流和参与社会活动的平台，提升了老人在社区中获得的幸福感。

　　4.　推进司法改革实践，建设包容开放国际化城区

　　"公正是法治的生命线"，"努力让人民群众在每一个司法案件中感受到公平正义"。党的十八届四中全会为司法改革确立了方向和目标。由于区一级党委和政府囿于自身权限，往往在推进司法改革上力不从心，全国许多区级层面的司法改革搁浅或夭折。

────────────

　　①　数据来源于全国、深圳市及福田区全国人口普查资料。

福田区却顶着压力，冲破障碍，以改革思维引领，以人、财、物保障为坚实后盾，在推进司法改革、保障司法公正上"杀出一条血路"。2012 年以来，福田区法院全面推行审判长负责制改革，通过公开选任推出一批优秀法官代表作为审判长，明确权责，配备工作团队，建立新型审判工作机制，在审判权运行机制改革探索上迈出第一步。福田区法院还通过改革审判监督方式，建立院领导参审参议新机制；强化监督与保障，建立科学的配套管理机制等措施进一步弱化行政色彩，回归司法规律。2015 年 1 月，福田区人民法院荣获"全国优秀法院"称号。在微观街道司法落实上，福田区积极落实基层依法治理工作，也取得良好成绩，2014 年 3 月，福保街道人民调解委员会获授"全国模范人民调解委员会"称号。

作为包容开放的中心城区，福田国际化氛围浓厚，国际交流成果不断刷新。2013 年 3 月 23 日，成立深圳市首支由外籍友人组成的义工团队——"福田之友"志愿服务队，由来自美国、韩国、西班牙、加纳等国的 100 多名义工组成。2016 年 9 月 13 日晚，在深圳音乐厅举行"寻找福田国际好朋友"专项活动，共 16 名在福田工作生活的外籍友人获得"福田国际好朋友"精英奖。截至 2017 年，福田已经与日本长野县饭山市、法国伊西莱·莫利诺市、俄罗斯陶里亚蒂市、韩国首尔江南区、加拿大奥克维尔市城区缔结友好城区，国际友城增至 5 个，友城数量位居全市各区第一。

二、立足新时代 再谱新篇

2017 年 10 月 18 日，中国共产党第十九次全国代表大会在北京召开，习近平总书记在大会作了题为《决胜全面建成小康社会夺取新时代中国特色社会主义伟大胜利》的报告，提出"经过长期努力，中国特色社会主义进入新时代，这是我国发展新的历史方位"。

2018 年 3 月 7 日上午，习近平总书记在参加十三届全国人大一次会议广东代表团审议时提出，广东既是向世界展示中国改革开放成就的重要窗口，也是国际社会观察中国改革开放的重要窗口，要求广东的同志们进一步解放思想、改革创新，真抓实干、奋发进取，以新的更大作为开创广东工作新局面，在构建推动经济高质量发展体制机制上走在全国前列，在建设现代化经济体系上走在全国前列，在形成全面开放新格局上走在全国前列，在营造共建共治共享社会治理格局上走在全国前列。实现"四个走在全国前列"，当好"两个重要窗口"既是习近平总书记对广东改革开放的殷切希望，也是广东步入新时代的重要历史定位和光荣使命。

2018 年 10 月，习近平总书记时隔六年再次视察广东，时隔四年再次对深圳工作作出重要批示，向世界宣示中国改革开放永不停步的坚定决心和强烈信号，对深圳提出"朝着建设中国特色社会主义先行示范区的方向前行，努力创建社会主义现代化强国的城市范例"的新要求、新定位。

进入新的历史时期，福田区面临新的内部与外部环境，挑战和机遇并存。面对习近平总书记的殷切期望和嘱托，福田区委、区政府聚焦落实"四个走在全国前列"的发展使命，进一步深化、细化加快建设高质量发展的社会主义现代化典范城区的战略部署，着力打造区域性金融中心、更具辐射力的科技创新中心、更具软实力的文化教育中心以及更具影响力的服务交流中心，建设雄踞高端、创新福田，低碳环保、美丽福田，首善之区、幸福福田。

（一）雄踞高端　创新福田

习近平主席曾谈道，中国改革已经进入攻坚期和深水区，要敢于啃硬骨头，敢于涉险滩，敢于向积存多年的顽疾开刀。步入新时代，福田区的经济改革面临种种难题，面对中心区先发优势减弱的现实，如何寻求破解之路，急需"福田智慧"。福田面临着几大顽疾，首先是产业发展后劲存在隐忧。金融业和商贸业是全区规模最大的两大行业，占全区生产总值的比重分别为36.2%、22.4%。"十二五"期间，金融业和商贸业的增速呈下降趋势，对经济增长的带动作用有所弱化。在消费升级的趋势下，新业态如网购、电商的发展对实体商贸业造成较大分流。战略性新兴产业增加值占地区生产总值比重仅为18.5%，低于全市平均水平。同时研发能力不足，全社会研发投入占地区生产总值比重为0.7%。其次是产业发展空间紧缺。全区建设用地约56.82平方千米，已建成区域土地面积约57.3平方千米，存量用地面积仅剩碎片化的2平方千米。因产业空间不足搬离福田的企业趋多，"十二五"期间从福田区净迁出规模以上企业约180家。[①]

面对经济的下行压力和发展空间的约束，福田亟需寻找和培育新的经济增长动力，强化金融核心新业态；加快拓展高端产业用房面积，构建产业空间发展格局，种好"高产田"；打造湾区营商环境高地，推动经济高质量发展，筑好"碧梧巢"。

1. 强化金融核心新业态

福田区是深圳市的金融核心区，也是中国三大金融集聚区之一。福田拥有深圳全市三分之二的持牌金融总部机构，中国内地两大证券交易所之一的深圳证券交易所落户福田，银行、证券、

---

① 数据来源于《深圳市福田区国民经济和社会发展第十三个五年总体规划纲要》。

基金、期货、信托、保险等持牌机构业态全面，金融机构龙头企业实力突出，平安集团和招商银行两家金融企业进入世界 500 强。总高度 660 米的平安国际金融中心成为深圳地标。根据中国社会科学院发布的报告，福田 CBD 面积在北上广深四城 CBD 中最小，产值却高居全国 CBD 之首。

　　作为深圳中心城区和金融核心区，福田区优质资源集聚，金融产业底蕴深厚，具有较大发展空间。在此基础上，福田不断提升金融业发展的能级，规划"一核三区"的金融空间，即 CBD 金融总部核心区，国际金融总部生态区、金融新业态集聚区和金融综合服务功能区，提高福田的金融业集聚度。提升大型金融总部功能，积极支持招商银行、平安集团、中信证券、招商证券、生命人寿、国银金融租赁等金融机构做大做强。创新金融招商引资机制，积极引进总部型金融机构，进一步提升福田金融产业的规模和能级。积极与深交所开展深度合作，共建企业融资服务平台。充分发挥福田创投公司集聚的基础优势，大力发展天使投资、创

金融中心　创新福田（《深圳特区报》2018 年 12 月 12 日资料图片）

业风险投资、并购重组投资等私募金融，助力深圳打造辐射全国的私募股权投资中心。与前海共同推进深圳建设国际一流的金融中心，推动建立福田与前海金融业发展联席会议机制，实施政策互通、项目对接、信息共享等，在竞争与合作中实现共赢。

为打造现代金融高地，福田一方面与香港合作共建资本输出服务基地，积极吸引承接香港金融机构内迁业务、香港金融机构的外包业务，与香港金融机构在备份中心、数据处理中心、软件开发中心、理财中心等后台服务方面进行合作。同时努力成为中国资本输出的后方基地，积极吸引国内银行、投资机构、跨国企业在福田设立"走出去"的功能性总部、区域总部，建设中国资本"走出去"的国内基地。借助深港通，继续深化深港金融合作，鼓励福田金融机构借力香港国际金融中心，提升国际化水平。积极把握中国资本输出的机遇期，充分利用香港作为中国资本输出中转枢纽的有利条件，深化与香港在资本输出方面的互补合作，形成深圳福田与香港中环一内一外两个相互补充的中国资本"走出去"的服务基地。

另一方面，在全球金融产业迅速发展趋势下，福田区抢抓先机，大力发展金融科技产业，推进科技金融深度融合，着力打造国家级绿色金融示范区，将其作为落实创新驱动发展战略、深化供给侧结构性改革的重要突破口。至2018年，福田区已经集聚一批有影响力、有特色的金融科技企业和项目，基本建成了涵盖金融科技、监管科技、司法科技等层面的产业生态体系。随着粤港澳大湾区的发展，福田金融科技创新迎来重要的发展机遇期。2018年，全国唯一的市场化个人征信业务机构——百行征信有限公司、中国人民银行金融科技研究院、招商金科等相继落户福田，加上本土平安科技、银之杰、赢时胜、新国都等一批优秀上市公司，福田区金融科技蜂巢生态体系已经基本形成。为鼓励企业在金融与科技深度融合中有所作为，福田还启动了金融科技创新奖评选，对辖区持牌金融机构、金融科技类企业，以及涉及金融科技领域、绿色金融领域、社会影响力金融领域的相关单位予以奖励。

未来福田区将打造深圳"华尔街"，继续巩固提升福田作为深圳金融中心核心区和港深大都会国际金融中心重要组成部分的地位，构建以多层级资本市场为核心、业态丰富、创新活跃、空间集聚、功能完善的金融产业体系，基本建成全国性的资本交易中心、中小企业投融资中心、财富管理中心、要素平台交易结算中心、金融产品创新中心。深层次优化金融生态环境，增强金融创新源动力，提升市场能级和开放水平，依托深交所，扩大资本市场规模和全球影响力。

2. 构建"一核三带一轴"产业发展总体布局

2017年，福田区出台国内首个地方产业体系中长期规划《深圳市福田区现代产业体系中长期发展规划（2017—2035年)》，在产业自发集聚的基础上，结合产业发展空间需求，以营造产业生态与推动产城融合为导向，为现代产业体系在空间尺度上构建了"一核三带一轴"的产业发展总体布局[①]。

"一核"就是以中央金融商务区为发展核心，进一步提升服务、辐射、引领功能。大力发展金融、专门专业服务、信息与科学技术服务、商贸服务等现代服务业，引入新兴产业领域适合在中央金融商务核心区发展的总部企业，着力打造总部管理功能核与金融服务功能核。

"三带"即建设北部智能科技产业带，连接梅林—彩田片区

---

① 《深圳市福田区现代产业体系中长期发展规划（2017—2035年)》，福田政府在线，2017年12月7日。

福田中心区（福田区史志办资料图片，摄于 2017 年 8 月）

深圳智谷、华强—上步片区全球智能终端创新中心与八卦岭片区深圳金融科技城，引导以新一代信息技术、智能科技与终端装备等为主的新兴产业领域的优质企业入驻，发展以金融、专业服务等为主的现代服务业，加快高端产业集聚。发展中部"深圳国际金融产业带"，以现有 CBD 金融区及深南大道两侧金融资源为基础，延伸至香蜜湖片区深圳国际金融街及国际交流中心，打造高质量、高标准、高集聚的金融服务核心街区。打造南部深港创新合作带，大力发展河套—福保片区深港科技创新特别合作区，围绕河套 A 区、C 区与福田保税区功能定位，差异化布局优质创新型产业；辐射带动金地—沙头片区深圳时尚天街与车公庙—天安片区"深圳2049"未来产业集聚区创新发展；导入服务深港两地的现代服务业、新兴产业、先进制造业，形成深港创新合作新前线。

"一轴"即总部经济轴心，沿深圳中心公园两侧，高标准、高起点布局总部经济产业带。产业带北启梅林—彩田深圳智谷，东衔华强北全球智能终端创新中心，西联中央活力区，南接深港科技创新特别合作区。贯通"一核三带"产业集群，使福田区发展成为金融、科技、服务高度交融，人才、信息、决策高度集聚的总部经济产业带；推进深圳中轴提升发展战略，将福田打造成为引领粤港澳大湾区发展的决策中枢与创新轴心。

3. 升级打造"八大片区"

"八大片区"是指中央活力区、河套—福保片区、香蜜湖片区、车公庙—天安片区、华强—上步片区、梅林—彩田片区、金地—沙头片区、八卦岭片区，[①] 着力打造福田区产业发展新阵列。

首先，中央活力区各大商业综合体定位为粤港澳金融商务核心区，建设为粤港澳大湾区的资源配置中心、运营中心与时尚消费中心。中央活力区规划为高端金融集聚区，承载高端金融服务，汇聚金融总部企业；举办高水平公共活动、科技文化会展，发展休闲娱乐；集中布局总部楼宇与高端商圈，承载高端商务活动；整合提升中央活力区各大商业综合体，高标准建设新型综合商圈，布局具备世界一流消费体验的时尚消费内容，打造世界级商圈。

河套—福保片区则要打造深港科技创新特别合作区，以创新和科技为主线，集聚国际创新资源，打造"一带一路"国际化创新合作新平台、粤港澳大湾区科技发展新引擎、深港跨境深度合作新支点、政策制度改革创新试验区。2017 年 1 月，深港两地正式签署《关于港深推进落马洲河套地区共同发展的合作备忘录》，明确在落马洲河套地区打造港深创新及科技园。河套 A 区为港方管辖范围内、深港双方合作发展的港深创新及科技园。河套 C 区与港深创新及科技园协同发展，重点布局生命健康与生物医药、

---

① 《深圳市福田区现代产业体系中长期发展规划（2017—2035 年）》，福田政府在线，2017 年 12 月 7 日。

人工智能、金融科技、新材料等领域的研发与产业化发展，支持研发设计、技术咨询、科技推广、技术贸易、检验检测等科技服务业发展。福田保税区则重点发展先进制造、创新研发、商贸物流等保税产业，引进与培育先进电子产品制造，建设智能无人工厂，支持智能装备、医疗器械、先进电子材料研发与定制化制造，提升发展现代物流。2018 年 9 月 27 日，从福田保税区深港协同创新中心，经皇岗口岸出入境，至香港科学园的直通巴士正式开通，促进了深港两地科技商务人才深度交流，形成"广深港半小时经济圈"。

香蜜湖片区定位为深圳国际金融街，建设成为深圳国际政务、经济、金融、文化、科技交流中心，成为"一带一路"经济带与全球创新资源的配置枢纽，打造为"三生"① 融合发展、宜居宜业宜商宜游的示范城区，成为深圳向世界展示可持续发展成功实践的典范。作为福田中心城区最后一块可供连片开发的宝地，香蜜湖北区拟规划为高质量、高标准的国际交流中心，主要承担高层次、国际化金融商务、科学技术、文化艺术等交流活动，承接重大政务和国事活动，建设成为城市国际交往和展示改革开放形象的"城市新客厅"；中区拟规划为辐射粤港澳大湾区的香蜜湖新金融中心，建设成为代表深圳参与国内国际竞争的金融总部集聚区，进一步巩固深圳作为区域金融中心的地位，成为带动深圳金融产业升级的新载体和新引擎。2018 年，香蜜湖深圳国际金融街已完成 20 多个科技金融前沿项目的引进。

车公庙—天安片区定位为"深圳2049"未来产业集聚区，打造为率先迈进未来城市形态的产城示范引领区，重点引进智能科技企业总部、研发总部或研究院，积极建设智能产业创新加速器，

---

① "三生"即生态、生产、生活。

布局软件、互联网、数据服务、信息安全、光机电一体化、集成电路设计、电子通讯设备及新一代通信技术等新兴产业，发展时尚数码产品、新媒体、数字内容制作等"创意＋智能"交叉产业，重点聚集融合智能科技的文化创意企业总部。

华强北—上步片区定位为全球智能终端创新中心，打造为吸引全球智能硬件创业者的创新高地，成为全球智能终端产业重要的源创与首展中心。

梅林—彩田片区定位为深圳智谷，集聚发展以人工智能前沿技术应用为核心的创新型产业，发展智能装备研发、互联网与电子商务、物联网与智能管理服务系统、智能终端产品与服务，发展金融科技、智能商务等信息技术服务业，布局科技金融与商务服务业，发展高端电子产品展销与高端消费。

金地—沙头片区定位为深圳时尚天街，重点布局时尚设计、工业设计、时装珠宝、奢侈品等时尚产业，发展新媒体、数字内容、创意影视、广告传媒等文化产业，逐步推动建筑装饰产业集聚发展，打造时尚创意产业集聚、优质休闲消费汇聚的精品街区。

八卦岭片区定位为深圳金融科技城，重点发展金融科技等数据智能、信息技术服务，发展智能终端与智能装备研发、文化体育智能创意设备研发、数字内容与工业设计等"智能＋"产业，发展以人工智能产业为投资主题的风险投资、知识产权服务、孵化加速管理服务等生产性服务业。

未来，在面向智能化的新时代，福田将以国际视野、一流标准，汇聚全球高端资源要素，打造引领华南、服务全国、辐射全球的总部经济集聚区和国际创新金融中心、全球智能终端创新中心、国际文化创意设计中心，在粤港澳世界级湾区发挥现代产业引领区和国际交往枢纽的示范作用。

4．打造营商环境高地

营商环境是竞争力的集中体现，也是衡量城区整体实力的重要标准。福田区抓紧抓实粤港澳大湾区建设重大历史机遇，围绕建设高质量发展的社会主义现代化典范城区总目标，以优化营商环境改革作为推动经济高质量发展的主攻方向，营造法治化、市场化、国际化、便利化的"福田福地"营商环境，形成滋养企业发展和孕育创新创业的丰厚土壤。

构建政策支撑体系，帮助企业提高效能。福田区于 2017 年出台国内首个地方产业体系中长期规划《深圳市福田区现代产业体系中长期发展规划（2017—2035 年）》，确立以"曼哈顿 + 硅谷"为对标、"金融 + 科技 + 文化"为特色、"CBD + 高新区"为形态的高质量发展目标。2018 年修订形成"1 + 9 + N"产业政策体系，包括 1 个产业资金管理办法、9 个产业政策、若干细分产业或区域措施，安排支持资金 18 亿元，为企业"装备"升级提供持续动力和精准服务。

深化营商环境系列改革，为市场提升服务。福田区同步建设实体空间和虚拟空间两个政务服务平台，打造全能型"福田政务超级枢纽"和智慧化"掌上政府"。福田区自助服务大厅作为全市自助服务试点区，实行"24 小时不打烊"；智慧福田 APP 提供"零跑腿"服务达 500 多项，被誉为"指尖政务大厅"。

强化创新载体和空间保障，为企业增加活力。福田区依托深港科技创新合作区这一重大平台，成功引进香港生产力促进局、孔雀谷、鲲云人工智能研究院等 30 多家科创平台及企业，国家级"双创示范基地"集聚作用渐渐显现；充分发挥中国（南方）知识产权运营中心作用，为企业提供知识产权创造、保护、法律、投融资等一站式服务；福田区实施"三五空间"工程，推出 5 块新增总部用地吸引总部企业上市公司新增量，提供 50 万平方米政府产业用房激发大中型企业新动能，打造50万平方米低成本产业空间实现中小型创新企业转型；以"政府主导＋国企实施＋安置房建设＋人才住房建设"改造模式，将老旧住宅区、城中村高质量改造为人才住房，"十三五"期间以各种形式提供22385套保障性住房，缓解人才住房紧缺问题。

优化信用服务，扩宽融资渠道，帮助企业降低成本。2018年，全国唯一的市场化个人征信机构——百行征信有限公司落户福田，形成"央行征信＋百行征信"双支柱格局，为互联网金融行业健康发展保驾护航；扩展金融产业空间布局，建设香蜜湖深圳国际金融街，对辖区成功发行债券的企业予以贴息支持和发行支持；打造华南债券融资中心，推动中央国债登记结算有限责任公司深圳客户服务中心升级落户，辐射湾区经济健康发展。2018年福田区智慧化"放管服"创新获国务院通报表扬，并在智慧中国年会荣获"2018中国营商环境创新奖"。

为打造营商环境高地，建设"福田福地"，未来福田将对标世界一流，实施营商环境评价体系对标行动、政务服务"超级枢纽"构建行动、"智慧＋"服务体系打造行动等计划，进一步助推福田经济高质量发展。①

（二）低碳环保　美丽福田

"环境就是民生，青山就是美丽，蓝天也是幸福。像保护眼睛一样保护生态环境，像对待生命一样对待生态环境。"② 习近平总书记曾如此阐释环境的作用。在践行环境保护方面，深圳市是

---

① 福田区发展和改革局：《定了！打造湾区营商环境高地，福田接下来这么干！》，福田政府在线，2019年7月30日。

② 郭俊奎：《习近平"环境就是民生"说到了群众心坎上》，人民网，2015年3月8日。

全国的排头兵。2018 年，深圳市空气质量综合指数在全国 169 个重点城市中排名第六。全市环境空气质量指数（AQI）达到国家一级（优）和二级（良）的天数共 345 天，占全年监测有效天数（365 天）的 94.5%，比 2017 年上升 0.5 个百分点，全年灰霾天数 20 天，比 2017 年减少 2 天。[①]

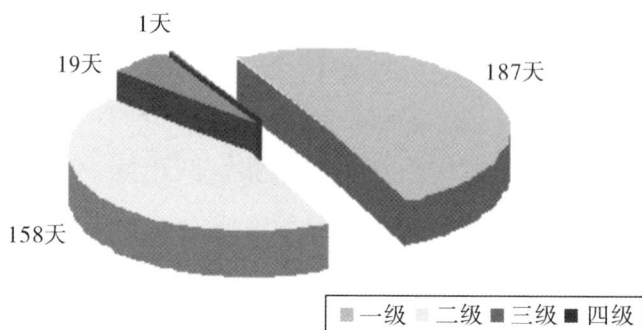

2018 年深圳市空气质量级别天数图

深圳的绿水青山、蓝天白云，离不开所辖各区的共同努力。福田区一直都积极倡导低碳发展理念，为深圳的美好环境添砖加瓦。

1. 推进海绵城市建设，发展低碳循环经济

福田作为中心城区，随着经济的持续高速增长，土地、资源、环境、人口与空间的供需压力剧增，矛盾问题凸显，资源供应的趋紧和环境污染等问题对福田区的可持续发展形成制约。践行循环低碳发展模式，建立循环经济发展长效机制，成为破解福田困境的方法之一。

2017 年 3 月，李克强总理在政府工作报告中提出：统筹城市

---

① 深圳市生态环境局：《2018 年度深圳市环境状况公报》，福田政府在线，2019 年 4 月 11 日。

地上地下建设，再开工建设城市地下综合管廊 2000 千米以上，启动消除城区重点易涝区段三年行动，推进海绵城市建设，使城市既有"面子"，更有"里子"。[①] 海绵城市是推动绿色建筑建设、低碳城市发展、智慧城市形成的创新表现，是新时代特色背景下现代绿色新技术与社会、环境、人文等多种因素的有机结合。福田区积极落实海绵城市建设要求，综合采取"渗、滞、蓄、净、用、排"等措施，强化城市绿地、道路、水系等对雨水吸纳、蓄渗和缓释作用；对新建道路与广场、公园和绿地、建筑与小区、水务工程以及城市更新改造、综合整治等建设项目，必须严格按照海绵城区要求进行规划设计和建设，最大限度减少城区开发建设对生态环境的影响；推进城区雨水利用工程建设，推广雨水综合利用模式，打造辖区居民亲水空间；建立与区级海绵城区建设运营绩效挂钩的统计与考核指标，制定相关考核办法与激励机制，将区各部门海绵城区建设任务纳入福田区生态文明建设考核，积极推广海绵城市建设理念。

在能源方面，积极促进能源节约利用，率先在全国建立和实施"4＋1"循环经济评价标准体系，通过创建低碳经济园区，鼓励各行业自愿清洁生产，引导企业改进生产工艺，降低能耗、物耗和排污。2018 年，福田区万元 GDP 能耗为 0.3554 吨标煤，低于全市平均水平，空气质量优良率达 93.4%。国土资源方面，加强土地利用研究和规划管控引导，促进土地资源节约集约利用，坚持"储备一批、推进一批、开工一批"思路，采用综合整治、功能改变和拆除重建等模式，全面推进城市更新，合力开发利用地下空间。

[①] 《解读两会政府工作报告　建设有里有面的"海绵城市"》，央广网，2017 年 3 月 22 日。

2. 构建互联互通慢行系统，建设生态人居环境

慢行交通系统是城市综合交通系统的重要组成部分，主要包括步行、自行车、公交车等慢速出行方式。市民采用慢速出行方式，不仅可以缓解交通拥堵现状，减少汽车尾气污染，从而营造舒适、安全、便捷、清洁、宁静的宜居环境，还有利于锻炼身体、舒缓紧张生活压力。福田区实施慢行系统提升计划，对慢行系统进行整体规划，建立慢行接驳通道体系、多样化的立体步行系统和自行车快捷通道系统，建成高品质的"公交＋步行＋自行车"的慢行城区；充分利用地上空间，建设北起梅林山、南接莲花山，串联梅林片区与中心区，贯通福田北中轴的空中慢行走廊；推动"两廊"规划建设，串联园博园、红树林生态公园、深圳湾公园、福田污水处理厂上盖公园组成西翼，串联笔架山公园、中心公园、福田河组成东翼，构建东西贯通的生态长廊；打造多层立体步行交通系统和慢行绿道，把城市工作空间、生活空间有机联系起来，实现"工作快节奏、生活慢节奏"；以轨道交通和快速公交站点为中心，500 米半径范围内完善步行通道，3000 米半径范围内完善自行车系统，与城区绿道、社区中心、公共开放空间、商业中心和公共交通站点相结合，构建慢行交通网络；优化慢行系统相关设施，建设连通重要功能区的"低碳交通"网络，引导和鼓励居民低碳出行。

福田区在构建便捷交通体系，引领市民绿色出行潮流的同时，还将进一步完善绿地生态功能、打造健康绿色空间，优化社区居住环境、提升生活环境品质，加快建筑能耗改造，培育绿色节能住区，从而建设生态人居环境。

3. 推进生态文化宣传，弘扬生态文化

一直以来，福田区以世界水日、无车日、植树节等重要纪念日为载体，开展绿色生态文明宣传和教育，推动生态文明理念进

入企业、社区和学校，引导社会广泛参与生态文明建设、履行生态责任和义务。今后福田区还将多层次推进生态文化宣传，对政府职工、企事业单位员工、社区居民等不同层面群众多维度开展生态文明意识、环境责任意识、绿色消费意识培育；深层次推进生态文化教育，增强生态文化发展动力；高层次推进生态文化载体建设，夯实生态文明基础。

（三）首善之区　幸福福田

党的十八大以来，福田区在经济、生态、社会民生各方面取得长足的进步。然而，进入新的历史时期，福田区面临新的内部与外部环境，挑战和机遇并存。作为高度建成区，福田建筑拥挤，人口密集。2017 年末，福田区常住人口达到 156.12 万人，人口密度 1.98 万人/平方千米，是深圳平均水平的 3.2 倍，位居十区之首。人口的持续增长，给城区教育、医疗养老、交通等发展带来了巨大的压力与挑战。高水平医疗、高质量教育等供给仍有较大缺口，在数量、质量和可及性方面与一流国际化中心城区差距仍然十分明显。同时，有些片区基础设施老化、老旧住宅区配套落后、交通路网拥堵等问题较为突出，长期制约着片区的发展。面对新时代出现的种种难题，福田区积极进行理念创新，努力破解发展难题，勇于谋求新作为。

1．教育为本，学有所教

福田区一直以来都坚持教育为先。随着福田区外来人口的增多，部分学校面临着巨大压力，一些学校深陷城中村的包围之中，校舍面积极度紧缺。如始建于 1924 年的岗厦小学，校舍建筑面积居全区倒数第二。为解决校舍空间不足的问题，学校会议室都改造成了教室。学校除了面临校舍不足、社会信任度不高的问题之外，非深户籍学生比例日益增多且学生家庭学习环境艰苦尤为突出。全校 27 个班，在校生 1344 人，其中进城务工人员子女 1171

人，约占学生总数的 87%。[①] 有的学生家庭环境和学习条件极差，缺乏专门的学习桌，残旧不堪的餐桌需要一桌多用，房间拥挤，杂物堆砌凌乱，学生放学后不愿回家，宁愿留在学校乒乓球台上趴着写作业。

在福田区，类似岗厦小学这样的城中村学校共有 18 所，约占全区的四分之一。它们通常原是村办，坐落于城中村，后经政府改制为公办，生源以非深户籍的外来务工人员子女为主，普遍高达 70% 以上。针对城中村学校教育问题，福田区"十三五"规划指出，城中村学校必须进行改造提质，通过改造提质缩小全区校际间的差异，整体提升福田区的教育品质，促进义务教育全面、均衡发展。一方面，全面启动新校园行动计划，加快学校建设步伐，推进学位建设。已新建成福苑小学、福田区外国语学校南校区、荔园外国语北校区，完成北环中学、福强小学改扩建工程；并将继续推动安托山小学、深康学校等校园新建计划，完成皇岗中学、新沙小学、岗厦小学等学校改扩建任务。另一方面，深入推进合作办学，促进城中村新品牌学校提质增优，推进荔园教育

2006 年 9 月，红岭中学高中部开学，新增优质学位 1000 多个（福田区史志办资料图片）

---

① 朱倩：《福田区城中村学校是怎样变得高大上的》，《南方都市报》2016 年 11 月 17 日。

集团等名校办新校、扶弱校，扩大优质教育资源覆盖面；积极动员现有学校挖潜扩容，提高校园资源配置效率，持续增加学位供给。通过以上一系列工程措施，不断缩小校际间办学水平差距，统筹推进优质学位供给，争取 5 年内新建、改扩建义务教育阶段学校 21 所，增加学位 17550 个，缓解上学难、环境差问题。

除城中村教育改造提质外，福田还将全面深化教育综合改革，坚持典型引路、示范先行，积极推进管、办、评分离的法人治理结构改革，进一步深化办学体制和教育管理体制改革。同时，福田将与教育发达国家和地区开展全方位、多层次、宽领域的交流与合作，发展中外合作办学，鼓励民办学校兴建国际学校，使得外籍人士子女获得基础教育的便利，实现外籍人士子女学有所教。

2. 老有所养，病有所医

解决老龄化问题，提高老年人口的生活质量，实现经济和社会可持续发展，是福田区现代化建设中一项重要战略任务。未来福田将全面建设以居家养老为基础、社区养老为核心、机构养老为支撑的养老服务体系，不断推进区福利中心社会化、专业化养老改革，加快福田区老人保健服务中心等养老服务基地建设；推进区福利中心扩容增位工作，建设区老人保健服务中心、康馨公司养老公寓梅林项目、深业集团中城高端养生公馆项目和园岭八角楼附楼项目；转型升级老年人日间照料中心，提升软硬件设施水平，打造集托养、日间照料、居家养老、医养结合于一体的多元化新型养老服务综合体——颐康之家。

同时，福田将采取更为贴心的养老政策。通过制定居家养老政策指引，拓展养老服务内容和形式，提供养老专业化、精细化的上门服务；建立养老服务第三方评估机制，推广医疗养护相结合的养老新模式，探索异地养老机构补助和异地养老补贴制度；加强养老服务队伍建设，探索养老护理员津贴制度；推行老年人优待政策，完善老年人教育、文化、体育服务体系。

福田计划运用大数据、云计算和物联网等先进技术，开展智慧养老，为辖区老年人提供集生活、应急、健康管理为一体的智慧居家服务。2018年8月，作为公办养老机构社会化改革崭新模式的福田区福利中心PPP①项目正式开业，这是全市首家公办养老机构PPP项目。福田区政府携手万科引进4D厨房管理体系，专业的营养师为长者实现营养膳食管理；独创"会员管家+社工+义工"复合模式，开展多元活动，丰富老人精神生活；首创文娱活动积分制——乐活币，鼓励长者从简单的学习中找寻快乐、融入机构；设立社区健康服务站，为中心老人提供专属医疗服务；构建"互联网+智能养老"平台，全面提升运营服务效率。

福田区还将着力改善医疗服务水平。通过加强区属医疗机构品质建设和公共卫生服务体系建设，提升国际化医疗服务水平来打造卫生医疗示范强区。首先，通过联手知名院校，加强区属医疗机构内涵建设。将区人民医院建设为中山大学附属医院，并使之成为区医疗联合体牵头单位和心血管与风湿病优势明显的三甲综合医院；将区中医院建设为广州中医药大学深圳医院，并将其打造成为特色鲜明、优势突出的现代化三级甲等中医院。其次，加强公共卫生服务体系建设，促进基本公共卫生服务均等化，逐步提高人均公共卫生服务经费；深入开展妇幼安康工程，推动妇幼卫生和计生服务项目融合。同时，加快推进名医诊疗中心建设，推动成立福田中医国际诊疗中心，探索建立多语种就医服务模式。

①　PPP即Public - Private - Partnership，政府与私营企业签订长期协议，授权私营企业代表政府建设、运营、管理公共基础设施，并向公众提供公共服务，达到增加公共设施、扩大公共服务规模和提高服务质量的目的。

最后，加大社会办医支持力度，建立公开、透明、平等、规范的社会办医准入制度，鼓励社会力量投资多元需求领域，提供高端、特色诊疗服务，参与发展全科医学服务体系。

3. 住有所居，空间再造

福田辖区面积 78.66 平方千米，土地空间资源不足，成为制约福田发展的瓶颈。同时，城中村的老旧住宅区也一直是福田区的心病。这些老旧小区公共配套落后、污水管网老旧待修；供电设施过载严重、残旧老化，存在着严重的安全隐患。小区内无电梯、外无专用停车场；道路狭窄，乱停放现象随处可见，小商小贩经常将原本就不宽敞的道路堵得水泄不通；至于学校、养老等设施更是不足。如何加快老旧小区改造，盘活土地空间，提升居民生活品质和城市宜居环境，实现空间再造，是福田面临的一大难题。

2017 年 9 月 2 日，福田区华富村东、西区改造正式启动签约，建成近 30 年的老旧小区整体改造重建项目正式拉开帷幕。该项目是福田区第一个按照全新模式实施的旧改项目，采用"政府主导 + 国企实施 + 安置房建设 + 人才房建设"模式，以保证项目的成功进行。改造后的新华富村将被打造成为深圳中心未来家园城市新标杆，成为国内顶级、国际一流的新型宜居住宅。①

和华富村东、西区的旧改模式相同，未来福田城区更新的实施模式将由市场化推动转为政府主导，不断拓展城区发展空间，释放存量土地潜力。通过加强针对土地利用的研究与规划合理管控引导，促进土地资源集约利用；加强土地整备工作，增加用地储备，保障持续性供地；全面推进城市更新工作，坚持储备一批、

---

① 孙天明：《深圳福田这个 30 年小区"旧改"不一般，两种拆迁补偿方式可选》，《南方都市报》2017 年 9 月 2 日。

推进一批、开工一批的思路，采用综合整治、功能改变和拆除重建等多种更新模式，稳步推进旧工业区、旧工商混合区、旧住宅区和城中村城市更新，提高城市土地资源配置效能，为国际化中心城区提供空间支持。

除加快城市更新改造、开展空间再造、节约利用土地等措施拓展民生空间外，福田区还将加强旧工业区升级改造，拓展高端产业空间载体，提升产业空间环境品质。坚持片区统筹规划引导，完善产业发展服务平台，建立由政府、业主、社区、企业、专业人员组成的多位一体的社会合作平台，发动旧工业区业主积极参与更新改造，鼓励小业主联合开展更新改造。推进福田中心区、香蜜湖深高片区、河套 C 区、梅林片区、福田保税区等更新改造，为全区产业发展提供空间支撑和保障。

附　录

红色历史资料

附录一 **革命遗址、文物**

一、梅庄黄公祠

东江纵队宝三区联乡办事处旧址——梅庄黄公祠位于福田区梅林街道办事处上梅林社区。始建于明代，1959 年被拆，1996 年重修。其面宽 13 米，进深 32.8 米，占地 426.4 平方米，是一座三进四合院格局的祠堂。祠堂内的梁柱、檐楞、山墙都有彩绘雕刻，有花草、鸟兽、人物或田园风光，特别是其中的壁画以古人的传统故事为题材，教人行善积德。整个宗祠集画、木工、画工和雕工等艺术为一体，具有岭南建筑的艺术风格。

上梅林村地处山区，村民世世代代以种养业为生，民风淳朴，有着爱家乡、爱国家的良好传统。抗日战争时期，战火燃烧到华南地区，抗日游击队活跃在上梅林一带，抗击日本侵略者。1938 年，上梅林村村民组织起抗日自卫队，开展军事训练，学习军事知识，积极主动参与抗日运动，破坏敌人的运输线、通讯设施，配合游击队打击日本侵略者。抗战后期，广东人民抗日游击总队曾在上梅林梅庄黄公祠设立宝三区联乡办事处，开展革命斗争。上梅林村村民还积极为游击队筹粮筹款、运送物资、收集情报、带路送信、救护伤病员、洗衣做饭，成为抗日的堡垒村。

1941 年 12 月香港沦陷后，广东人民抗日游击队遵照中共中央指示，冲破日军严密封锁，深入港九，克服重重困难，冲破日伪封锁，历时半年紧张战斗，成功营救了800多名爱国民主人士、文化界知名人士及其他方面的人士，为中国革命保存了一笔重要的文化财富。在从香港到深圳再进入内陆地区的营救路线中，福田区上梅林村是必经之路，路过上梅林时，他们夜宿梅庄黄公祠，次日经梅林坳翻山到达宝安白石龙根据地。抗战后期，东江纵队曾在梅林设立税站。

2001年10月，福田区人民政府批准梅庄黄公祠为区级文物保护单位。

二、庄氏宗祠

庄氏宗祠位于福田区福田街道皇岗社区下围二村75号。建于清乾隆年间，坐北向南，为三开间三进布局。面阔14米，进深41.6米，面积582.4平方米。大门外两侧有塾台①，前堂面阔三间，进深三间，平面呈凹形。中堂面阔、进深均为三间，抬梁式构架，脊瓜柱上刻大斗，其余瓜柱雕成花瓶形，梁头饰龙首，前檐步梁上用雕祥云的驼墩支托檩条。后堂进深、面阔各为三间，明间后部设神龛，供祭列祖牌位。

1925年冬，皇岗村成立农民协会，会址设在庄氏宗祠，同期成立皇岗农民自卫军，并成立党组织。1927年8月，中共广东省委指示宝安县委在皇岗村建立一个交通站，以联络当时设在香港的省委机关和广州及各区县。交通站秘密交通点设在庄氏宗祠，由共产党员庄泽民任站长，主要任务是收集传送情报及护送重要人物进出香港。

1928年5月，宝安暴动失败后，斗争转入地下，交通站活动

---

① 塾台：指祠堂入口出台阶两旁的花岗岩平台。

中断。1930 年 2 月，党组织决定恢复皇岗交通站，庄泽民从香港悄悄潜回皇岗，开设一家杂货店，恢复了皇岗党组织和交通站的活动。1931 年 3—4 月，庄泽民任中共地下组织三区委副书记兼皇岗交通站负责人。1931 年底，由于曾品贤、庄海添叛变，宝安党组织和皇岗交通站遭到严重破坏，红色交通线再次被迫中止一切活动。

1932 年，皇岗村村民集资将庄氏祠堂翻修一新，除第三进锦绣堂仍供奉列祖列宗、族中英雄以及状元庄有恭的牌位外，其余部分改造为一所学校，以一世祖庄敬德之名，命名为敬德小学。1947 年春夏之交，皇岗村地下组织工作得到恢复。共产党员张烽、莫慧明、莫靖远是上级指定的皇岗村地下组织负责人，他们相继到皇岗村敬德学校任教，以教书为业作掩护，在敬德学校组织读书会，传播革命思想，从事革命工作。

庄氏宗祠现已空置不用，由于从未修葺，建筑原貌和建筑构件均保持原貌，历史价值较高。

三、曾生墓

曾生墓建于 1996 年 10 月。曾生是广东省深圳市坪山人，1934 年参加革命，1936 年加入中国共产党。抗日战争时期任东江纵队司令员，在华南抗日游击战争和中国抗日战争中作出了重大贡献；解放战争时期，任华东野战军两广纵队司令员，率部参加济南、淮海和解放广东等战役。中华人民共和国成立后，先后任广东军区副司令员、交通部部长、中顾委委员等职，1995 年 11 月因病逝世。1996 年 5 月经中央办公厅、国务院办公厅批准，曾生骨灰在位于福田北环大道与彩田路交会处的深圳革命烈士陵园东侧安放并修建墓碑，对教育后人具有现实意义。

四、何华益墓

何华益墓位于福田区梅林街道办梅林水库南山坳上。该墓葬原位于现北环大道上，因修路于 1994 年迁至现址，为当代墓葬。

何华益女士的生平事迹对于研究深圳地区的抗日斗争和社会主义建设历史，以及进行爱国主义教育，有一定的意义。2004 年 5 月，经福田区人民政府批准，何华益墓被列为福田区级爱国主义教育点之一。

五、石厦炮楼

石厦炮楼建于民国初年，位于现福田区沙头街道石厦社区，高 16.5 米，面阔 4.9 米，进深 4.6 米，占地面积约 22 平方米，坐南朝北，土木结构，四周外墙用三合土板筑而成。楼高五层，每层有木楼梯相通，各层皆在四周外墙设兼有通气和采光作用的射击孔洞，顶层有凸出墙面的防卫设施。炮楼墙体已斑驳，但总体坚固完好，每层都有一个小窗户，墙体四周有石做的枪眼，最高层还在凸出来的前、左、右和下方都留有枪眼的"堞楼"。该建筑是民初时期宝安地区社会面貌的见证，具有一定的历史价值。

炮楼是石厦村赵聿修家建于民国初年。赵家是石厦村大户人家，为保护全村人安全和财产，赵家出资建了这座炮楼。赵聿修一家都住在炮楼里，家里还有枪支，可防御外人骚扰。五层高的炮楼一直是石厦一带最高建筑，登上可清楚看到很远的地方，甚至可看到深圳河及对岸的香港。炮楼主人后来全家去了香港，20 世纪 70 年代在元朗捐资兴建赵聿修纪念中学。

当年日军占领宝安后，炮楼曾被侵略者占据。中华人民共和国成立初期，石厦村搞土改时，炮楼成了土改工作队的办公、住宿点。炮楼东北角挂着一个大喇叭，是当年生产队念最高指示、通知开会所用，改革开放后再没用过。据说炮楼里曾经开过一间银行，炮楼临街南侧墙上一个一米见方的窗口就是银行的办事窗口。

2001 年福田区政府批准石厦炮楼为区级文物保护单位。

六、深圳革命烈士陵园

深圳革命烈士陵园位于深圳市福田区北环路旁。陵园内的深圳革命烈士纪念碑原是宝安县革命烈士纪念碑。1983 年 8 月，由原坐落在蔡屋围人民广场的宝安县革命烈士纪念碑迁建于现址，并更名为深圳革命烈士纪念碑。占地面积 4.5 万平方米，1987 年 4 月完成主碑、芳名亭、道路、停车场以及园林绿化部分等首期工程，1997 年扩建纪念碑建设陈列室、办公室等设施。

深圳革命烈士纪念碑座宽 7 米、碑身宽 3.5 米。碑身用高级花岗岩砌成，高 27 米，正面镌刻曾生书写的"革命烈士永垂不朽"八个大字。碑座的三面各镶嵌一块铜铸浮雕，西面浮雕反映抗日游击战争的壮烈场面；东面反映中国共产党营救香港沦陷后被困的文化人士和国际友人的斗争；南面反映解放战争的场景。该碑记录着深圳市革命烈士 1045 人（其中女烈士 42 名）芳名，包括民主革命和第一、二次国内革命战争时期牺牲的 10 名，抗日战争时期牺牲的 489 名，解放战争时期牺牲的 414 名，社会主义革命和建设时期牺牲的 89 名，尚未查明牺牲年代的 43 名。

深圳市革命烈士纪念碑是为了褒扬和纪念在深圳牺牲的革命先烈而建造，1988 年 4 月经广东人民政府批准，被确定为省级重点烈士纪念建筑物保护单位，同年 10 月深圳市政府将其列为深圳市第三批市级文物保护单位，1995 年 2 月，被列入深圳市第一批爱国主义教育基地。1995 年 10 月，市委宣传部、市民政局联合报请市人民政府同意，由市政府请示省人民政府批准，将深圳革命烈士纪念碑改建为深圳革命烈士陵园。2012 年，被列入深圳市党史教育基地。

纪念公园和场馆

一、莲花山公园

莲花山公园位于福田中心区最北端，南临红荔路，北到莲花路，东起彩田路，西至新洲路，全园占地面积 181 万平方米。其中，莲花山主峰山顶广场面积 4000 平方米，改革开放总设计师邓小平的青铜像矗立在广场中央，是深圳市委、市政府接待贵宾的重要地点，党和国家领导人以及许多外国政要名人曾到此参观。广场北侧建有 300 平方米的城市规划展览厅，以图片、文字及沙

莲花山公园（福田区史志办资料图片，摄于 2012 年）

盘模型的形式向市民和游客展示深圳改革开放的建设历程，是游客了解深圳城市建设规划、未来发展的重要场所。

（一）邓小平铜像广场

邓小平铜像广场的立像选址前前后后选择了 7 个地方，最后经深圳市委、市政府共同讨论决定，选择了寓意深刻的海拔高度为 97 米的莲花山山峰。莲花山山峰恰好位于深圳市中心区的中轴线上，视野开阔，既能看到深圳市区的景观，也能眺望到已回到祖国怀抱的香港，这一点恰好了却了邓小平生前想去香港看看的心愿。四季常绿的小叶榕和高大呈塔形翠绿的龙柏环绕在铜像四周，更衬托出铜像广场肃穆庄严的氛围。从公园的北面登上山顶，首先映入眼帘的是 1984 年 1 月邓小平视察深圳时题的词："深圳的发展和经验证明，我们建立经济特区的政策是正确的。"绕过影壁，另一面则能看到用隶书雕刻耳熟能详的话语，"我是中国人民的儿子，我深情地爱着我的祖国和人民"。转到正南面，可以看到整个铜像的全貌。

铜像的具体形象定位于邓小平 20 世纪 80 年代主导中国改革开放事业的那个时期，塑像高 6 米，重 7 吨，为青铜铸造。邓小平铜像采用邓小平 70 多岁的面容和 60 多岁的体形步伐，堪称神采尽显。阔步向南迈进的邓小平身穿风衣，衣襟飘飘，面部表情爽朗自信，清澈透亮的双眼眺望远方，扑面而来的改革春风将他老人家的银发向后轻轻扬起，体现了一代伟人胸襟与气魄，突出了邓小平实事求是、雷厉风行和密切联系群众的特点，阔步向前的身姿表达了邓小平寄寓深圳改革步伐"迈得再大一点"的主题。2005 年，邓小平铜像入选"深圳改革开放十大历史性建筑"。

邓小平铜像广场已经成为市民及游客瞻仰缅怀一代伟人、眺望深圳市中心区美景的好去处。在广场上，可以鸟瞰深圳市区及深圳河对岸的香港，感受到深圳改革开放的建设成就，还可以了解深圳的规划建设发展历程，这对于引导人们特别是广大青少年树立正确的理想、信念、人生观、价值观，培养对家乡和祖国的深厚情感，与祖国共奋进、与时代共发展，促进中华民族的振兴有着重要意义。

莲花山邓小平铜像（福田区地情网资料图片，发布于 2018 年 4 月 25 日）

（二）深圳经济特区建立三十周年纪念园

深圳经济特区建立三十周年纪念园（以下称"纪念园"）位于"晓风漾日"景区西侧，2010 年 8 月，以"园中园"形式建成的纪念园正式开放。走进纪念园，青翠的草坪北侧三面弧形的厚重石墙上镶嵌着铜铸的浮雕，展现了深圳改革开放 30 年的重大事件。三组主题浮雕墙每面墙体高 2.8 米，长 26 米，均是由 15 块花岗石组成，每块石头重 16 吨，分别以三首耳熟能详的歌曲《春天的故事》《走进新时代》《走向复兴》命名，以深圳改革开放进程中的重大事件为主线，将重要人物群体、历史事件、城市建筑等通过具象写实的雕塑手法表达出来，展现出重要的时、事、人背后的深圳精神。环绕着三组浮雕墙，种植了30棵大榕树，构成一个环形的纪念林，榕树根深叶茂，如同有生命的雕塑，象征特区建设者扎根沃土，和深圳一起成长，见证深圳的美好未来。

莲花山公园先后被确定为深圳市爱国主义教育基地、广东省红色旅游示范基地、广东省爱国主义教育基地、国家红色旅游景区、国家重点公园等。2014 年 8 月，被深圳市委公布为深圳市第二批党史教育基地。

二、深圳海关陈列馆

深圳海关陈列馆位于福田区深圳海关业务信息综合楼二楼，于 2009 年 2 月 22 日正式开馆。总面积约 1300 平方米，分东、西两个展区，中间由一条长廊连接。西展区主要展出晚清、民国、中华人民共和国成立至改革开放前三个部分；东展区主要展出改革开放后 1978—1990 年、1990—1997 年、1997 年至今的三个部分；长廊内主要展出领导关怀、关员风采、荣誉、历任负责人等内容。

馆内展出珍贵历史图片 600 多张、实物近 500 件，既有海关系统第一台计算机 DJS－130 的主机设备，又有全世界海关第一台集装箱检查设备 H915 的核心部件，还有一些珍贵文件与文物。

展览手法上不仅采用了图片、文字、实物等传统展览手段，还采用了硅胶、油画、模拟场景、互动节目、环幕融合投影等当前主流的展览手段。

深圳海关陈列馆（中国海关博物馆资料图片）

三、深圳博物馆

深圳博物馆（新馆）位于福田中心区市民中心东翼，是深圳标志性大型建筑市民中心的组成部分。深圳博物馆初建于 1981 年，随着深圳综合经济实力跃居全国大中城市前列，人民生活水平和质量全面提高，市委、市政府为满足人民群众日益增长的文化需求，于 1998 年底决定在市民中心辟建博物馆新馆，将老馆作为古代艺术博物馆。新馆于 2008 年 12 月开馆，现有历史民俗馆、古代艺术馆和东江游击队指挥部旧址纪念馆、深圳改革开放展览馆 4 处馆址，建筑面积 5 万多平方米，是集收藏、保护、研究、展示、教育为一体的大型总分馆制博物馆，国家一级博物馆、全国红色旅游经典景区和全国社会科学普及基地。

2012 年，深圳博物馆被评为国家一级博物馆。同年 11 月，被深圳市委公布为深圳市第一批党史教育基地。2013 年 12 月，被广东省委党史研究室公布为广东省第一批党史教育基地。

（一）历史民俗馆

深圳博物馆历史民俗馆位于福田区福中路市民中心 A 区，现有五个基本陈列。"古代深圳""近代深圳""深圳改革开放史"和"深圳民俗文化"系统展示了深圳的城市历史及民俗文化，其中"深圳改革开放史"陈列开创了博物馆征集、收藏、研究、展示改革开放史文物的先河，成为当代史陈列的典范，被评为"第八届全国博物馆陈列展览精品"。"走进野生动物的情感世界——贝林先生捐赠世界野生动物标本展"则展出大量珍贵的野生动物标本。

（二）古代艺术馆

古代艺术馆位于福田区深南大道北侧、同心路东侧，原为深圳博物馆旧馆，在 20 世纪 80 年代，被列为深圳市八大文化设施之一进行重点建设，1982 年获得基建立项，1988 年 11 月建成开馆。该馆在 20 世纪 80 年代被誉为国内最现代化的博物馆，获得全国公共文化设施设计二等奖，并被评为"深圳改革开放十大历史性建筑"。馆内原有"馆藏青铜器""馆藏陶瓷器""馆藏牌匾""野生动物"和"海洋生物"五大基本陈列，2015 年 8 月暂停开放，进行维修改造，改造完成后计划推出"馆藏书画精品展""馆藏古代青铜器展""馆藏古代陶瓷展"三大基本陈列。

（三）深圳改革开放展览馆

深圳改革开放展览馆位于福田区福中路 184 号（深圳市当代艺术与城市规划馆南区四楼、五楼），2018 年 11 月 8 日起对外开放。展览馆主要展出"大潮起珠江——广东改革开放 40 周年展览"，展示了广东改革开放 40 年的峥嵘岁月，生动再现广东改革开放重大决策、重大突破的壮阔历程，深入反映了改革开放 40 年来广东经济社会发展的辉煌成就。展馆面积达 6300 平方米，展线全长 1305 米，上版照片 730 张、实物 1908 件、主题场景 15 个、互动体验和模型沙盘 26 个，加上其他共计 3234 个展项。展览分为三个部分：第一部分广东"敢为人先勇立潮头"，记述从 1978 年至 1992 年，广东如何把握率先创办特区历史机遇的故事；第二部分"增创优势砥砺前行"，记述从 1992 年邓小平南方谈话到 2012 年十八大召开前夕，广东改革开放的发展变化；第三部分"走在前列当好窗口"，则展现了十八大以来，广东如何走在改革开放的前沿，实现科学发展。展览内容丰富充实，策展思路贴近民众，展示手段新颖先进，展览制作精良，体现了中国当代博物馆陈列展览的最高水平，受到各级领导、专家和市民观众的一致好评。

（四）东江游击队指挥部旧址纪念馆

东江游击队指挥部旧址纪念馆位于罗湖区，有基本陈列"叶挺将军与深圳"，集中展示了叶挺的戎马生涯和抗战期间他与深圳的不解之缘，以及深圳地区艰苦卓绝的抗战历史。

四、深圳党史馆

深圳党史馆位于福田区梅林片区，与深圳市档案中心合建，展陈面积 550 平方米，展线长度 260 米，位于档案中心一楼展区。党史馆出入口大门上，分别写着"闯"和"创"两个字，表达深圳人民敢闯敢试、勇于创新的精神。场馆主要由"红旗屹立深圳湾""社会主义新宝安""改革开放排头兵""新时代的先行区"四部分组成，以 1921 年中国共产党成立后在深圳地区的历史活动为脉络，运用实物、场景和互动体验项目，重现发生在这块土地上的重大历史事件，立体生动地展现深圳地区在中国共产党领导下进行革命、建设和改革的不懈奋斗史以及所取得的辉煌成就。

为献礼中华人民共和国成立 70 周年、中国新型政党制度确立 70 周年，纪念深圳改革开放 41 周年，建设深圳党史学习交流平台、深圳城市精神地标，经过一年的精心打造，深圳党史馆成为深圳市深入开展"不忘初心、牢记使命"主题教育的重要场所之一。

深圳党史馆（资料图片）

五、深圳方志馆

深圳方志馆位于福田区梅林片区，与深圳市档案中心合建，位于档案中心三楼展区，于2019年6月27日正式开馆。

深圳方志馆以"一个了不起的城市"作为展陈主题，场馆展陈面积750平方米，展线长度400米，134张图文展板，15段视频，还有各种实物、沙盘等。作为"让方志文化立起来、强起来、活起来、用起来"的重要载体，深圳方志馆将历史脉络分为"山海一色、大鹏展翅""岭南重镇、得宝而安""移民融合、海纳百川""改革先锋、深圳奇迹""开放窗口、全球城市""湾区明珠、国际都市"六个阶段，结合深圳"科技之城"的特点，创新运用先进的机器人讲解员、"云观博"、光电显示等数字化手段，生动展示了深圳地区 6700 多年的人类活动史、1700 多年的郡县史直至改革开放进入新时代的历史、现状及美好前景，全方位地展示了深圳的自然地理、人文历史和发展成就。

深圳方志馆的建成开馆，有利于深圳人民学习深圳改革开放史，传承先辈"拓荒牛"精神，为深圳党员干部提供了重要学习平台和鲜活教材，是深圳市深入开展"不忘初心、牢记使命"主题教育的重要场所之一。

宝安县三区农民运动与皇岗交通站的前前后后[①]

郑 哲[②] 梁耀宗[③]

大革命时期的宝安县农民运动，在中共广东区委和省农民协会的领导下，曾经蓬勃地发展起来，取得了很大的成绩。全县有百分之八十的地区建立了区乡农会，至一九二六年五月广东省第二次农代会期间止，拥有一万三千多农会会员（坪山地区不计在内），还建立了一支坚强的农民自卫军。县农会在反帝反封建的斗争中，领导全县农民进行了减租减息、反苛捐杂税的斗争，并配合省港大罢工封锁香港，与英帝国主义进行了坚决的斗争。三区所属深圳、皇岗一带，是当时宝安农民运动最活跃的地区之一。

大革命失败后，中共宝安县委被迫转入地下，继续领导革命人民开展斗争。皇岗交通站就是在这种艰苦斗争的情况下建立起来的。它曾经是中共宝安县和省委以及与东莞、广州等地党组织

---

① 舒国雄：《民国时期深圳档案文献演绎》，花城出版社 2001 年版，第 188—195 页。

② 郑哲（1900—1998），又名郑奭南，广东省深圳市福田区上步村人，曾任中共宝安县委书记，东宝工农革命军副总指挥。

③ 梁耀宗，出生日期不详，曾任香港元朗德祥兴交通站交通员、联乡办事处副主任、宝安县粮食科科长等职。

联系的交通枢纽，起过不少作用，为革命作出过贡献。为使这段历史不致湮没，现仅作回忆如下：

一

宝安县是大革命时期开展农民运动较早的县份之一。一九二四年一月，国共两党实现了第一次合作，孙中山制定了联俄、联共、扶助农工三大政策，促进了工农革命运动的发展。同年冬开始，党先后派黄学增、何友逖、龙乃武和郑奭南（又名郑式南、郑哲）等同志以国民党中央农民部特派员的身份到宝安县。黄学增首先在五区组织农会和农民自卫军，次第在四、一、二区而至三区开展农民运动。

一九二五年六月，省港大罢工爆发，罢工工人纷纷经深圳转回内地。而宝安籍的各业工人特别是海员工人回到宝安后，直接投身于本地区的工农革命，促进了农民运动的发展。七月，省港罢工委员会派工人纠察队到深圳，进行全面封锁香港；同时，由中共广东区委会军委书记周恩来亲自掌握的革命武装——以周士第为队长、廖乾五为党代表的铁甲车队也奉命来到深圳，驻扎在蔡屋围，成为封锁香港和开展农民运动的坚强支柱。

三区有几个重点乡：即蔡屋围、皇岗、石下（夏）和上步。蔡屋围是一个农业人口地区；上步半农半工，其中的工人大部分是在香港当海员；皇岗大部分是农业户，少部分人在外谋生；石下（夏）是半蚝半农。在封锁香港期间，党派郑奭南到三区开展农运。他首先在蔡屋围组织农会，培养了一批骨干，发展了十多个党员，建立了党的组织，开展了减租减息和反苛捐杂税的斗争。在农会举行成立大会的前几天，旧驻军对农会进行勒索，把农会副会长和一位积极分子拘去，激起了广大工农群众的义愤，后经工人纠察队和铁甲车队以及各农会的支持，才迫使旧驻军放了人。

与此同时，上步农会、农军也在郑泰安（中共党员，海员工人，抗日时期牺牲）等的努力下组织起来，他担任农民自卫军队长。不久，皇岗乡农会成立，骨干庄玉堂、庄泽民等先后加入中国共产党，成立了党小组，由庄泽民任组长。庄玉堂还代表三区农会，出席广东省第二次农民代表大会，回来后还担任区农军领导，一九二八年二月又被选为县委委员。

一九二五年冬，三区农会成立，属下有三十多个农会，还建立了一支农民自卫军。他们配合驻深圳的工人纠察队、铁甲车队，与英帝国主义、军阀陈炯明残部、旧官僚驻军、反动民团、土豪奸商作斗争，为封锁香港作出了贡献。

二

一九二七年四月十五日广州事变后，宝安县委书记龙乃武转往香港。而县委委员郑奭南等仍在南头关口郑氏大宗祠办公（郑氏大宗祠是第一次国共合作时中共宝安县委会、县农会和国民党宝安县党部联合办公地址）。从没有在宝安县工作过的李本立前来找郑奭南，说是奉命从东莞来传达上级关于国民党叛变的消息和上级要求各自隐蔽的意见，叫我们好自为之，然后他便往香港去了。约三天后，广州国民党反动派派来了三个清党委员（均是本地区土豪劣绅之子），并通知我们说要接收国民党县党部。我们一方面敷衍他们，请他们过两天来接收；一方面烧毁文件，作好转移准备，这三个清党委员素知共产党在宝安县的群众基础，惧怕农会的力量，始终不敢妄动。我们也考虑到在形势逆转的时候，还是保存实力为上，于是便把县委领导机关转移到群众基础较好的五区楼村。

县委从南头转移楼村后，一直得不到上级的指示，大家都很焦急。为了和上级取得联系，郑奭南便派了一位海员出身的党员到香港找到了陈郁，并把我们的情况向省委作了汇报。这时，中共广东区委已改组为中共广东省委，陈郁是省委负责人之一，他代表省委带了一个指示回来，命令郑奭南接任中共宝安县委书记，并要求县委在深圳河附近建立交通站，以利交通联络。根据省委指示，县委研究决定，在皇岗建立交通站，以沟通香港、内地的交通线。

三

一九二七年八月间，皇岗交通站建立。

皇岗，位于深圳（镇）与县城南头之间，南濒深圳河，与"新界"的落马洲、米埔村一河之隔，村北横贯着宝深公路，水陆交通便利，是国民党反动统治心脏区中力量比较薄弱的地方。该村三百多户人家，有一千多人，农会会员占三百多人，并掌握了部分武装。由于省港大罢工工人纠察队和铁甲车队常来宣传，对农民群众进行阶级教育，提高了农会会员的觉悟，发展了党组织，群众基础较好。基于这些有利条件，县委便决定以皇岗为交通大站，建立一条红色交通线，确保省委和县委（香港—"新界"—落马洲或米埔村—皇岗—上梅林—龙华—白石龙—楼村）的联系。交通站由共产党员庄泽民任站长。交通线分内线和外线。外线由曾品贤（即曾发，公明玉律人，当时是党员，后被捕叛变）负责。这条路线是从皇岗出发，经罗湖乘火车到九龙，在香港指定的联络地点接受上级交给的任务，主要是把密写文件、指示带回宝安，转送到上级指定的目的地交给领导人。内线由庄海添（他当时不是党员）负责。这条路线从深圳（镇）出发，到九龙旺角大华戏院附近接受任务，然后返回皇岗经上梅林、白石龙（或龙华）至楼村等地。为确保交通线安全，各点选派了可靠人员负责：上梅林由黄焕廊（党员）负责；白石龙由可靠的农会会员蔡耀负责。

皇岗交通站还负有护送干部出入边境线的任务。入境的路线是由九龙、"新界"到落马洲。在落马洲设一落脚点，负责人是张贯卿医生（是落马洲人）。从香港进入内地的同志，首先到落马洲凭暗号与张贯卿接头，然后由张引见庄玉堂，庄玉堂派出小艇从深圳河护送到皇岗。出境的路线是由东莞石龙或山厦、平湖，沿广九铁路到罗湖，直到皇岗，再由交通站派人护送到新界、九龙直到香港（这是省委控制的交通线，一般不使用）。落马洲小站约在一九二八年因张贯卿迁居别处而结束，另由庄泽民在米埔村冯水（海员工人）家里设立接头点，其他路线仍按原样不改。这条红色交通线曾护送过不少同志，其中有省市委领导人李源、蔡如平、黄学增、阮啸恒、赵自选等等。

"四·一二"后，党处在非常艰难的境地，经济接应不上，交通站人员和过境干部常有经济困难。在艰苦的日子里，共产党员都能无私地为党筹集活动经费而贡献自己的一切，蔡子襄（又名子商、子湘、蔡来）是其中最突出的一个。他出生在蔡屋围，父亲蔡能记在深圳（镇）上大街开凤汇兑庄和大米（来）金铺。一九二六年间，加入中国共产党，从未公开党员身份。

一九二八年一月，宝安县国民党县长邓杰（邓龙光之侄）纠集县兵、反动民团二百多人，到楼村等地，向我县委所在地反扑。因敌我力量悬殊，我武装部队即转移东莞。敌扑了一空，在楼村一带大肆烧杀抢掠，把中共宝安县委机关所在地陈氏宗祠烧毁。我武装部队到达东莞梅塘东山庙时，只留下二三十人，后因粮饷筹措困难，县委决定除个别人留下来继续活动外，多数同志化整为零，转移到"新界"、元朗、九龙和香港。

一九二八年间，宝安还举行过二次起义，后因人员越来越少，我们立足困难，也全部转移到香港等地。张丽川、张作铿转到元朗以行医为职业掩护，继续进行活动。皇岗交通站的庄泽民转到九龙，后来通过组织关系，由欧春华（当时是党员）介绍到香港士丹利街张福记洋服店，以学徒身份作掩蔽。

四

一九三〇年二月，党决定恢复皇岗交通站，派庄泽民从香港返回皇岗，在村内的水围开设杂货小店，恢复了皇岗党组织和交通站的活动，并继续在庄海添家设立了临时接待点。约一九三一年三、四月间，庄泽民任地下党三区区委副书记兼交通线负责人，外线仍由曾品贤负责，内线仍由庄海添当交通员。

一九三一年十二月，曾品贤被捕后，写信约庄海添到深圳南庆街鸿安旅店被国民党特别侦缉梁子光逮捕。他俩经不起敌人的威迫利诱，出卖了同志。他们首先带敌人在深圳大来金铺逮捕了优秀党员蔡子襄，又在鱼街广德祥逮捕了林权初（店员工人，党员），蔡成汉（党员，蔡屋围农会负责人），皇岗的庄泽民（党的负责人）、庄林贵，石下（厦）村的潘兴达（党员，三区农会常委，潘枘熙烈士之父）、潘柏芳（潘兴达的第二子）、潘火有、潘丁九人。接着，叛徒又带敌人到平湖，包围了纪劬劳学校，逮捕了刘伯刚（原中共宝安县委书记）、刘仲德（党员）。正当敌人把两人押走的时候，交通线上有人发出了呼救的讯号。在平湖墟的商民、店员工人和糖寮的农民，立即拿起刀、棍、锄头等器械，一齐冲向反动派，把特务和叛徒打得落花流水，把刘伯刚和刘仲德夺了回来。两人脱险后即转往香港，后来刘伯刚去了新加坡，刘仲德去了越南。由于曾品贤和庄海添叛变，皇岗交通站和宝安县的交通线遭受极其严重的破坏（除山厦交通站外），红色交通线被迫中止了一切活动。

蔡子襄被捕后，敌特梁子光妄图向蔡家敲诈巨款发财。但因蔡子襄是蔡能记的继子，蔡子襄过继后，蔡能记妻又生了二个儿子，因此蔡家不愿以毁家的代价来赎买子襄出狱。不久，子襄和潘兴达被押往广州，于一九三二年农历元月初八壮烈牺牲。其余七人被关押在广州南石头狱中。潘柏芳当时不满十八岁，由村人保释出狱，余下六人均被反动派判刑八年、十年不等。一九三六年六月，宋庆龄、何香凝等提出释放政治犯后，他们才获得自由。庄泽民出狱后，在抗日战争后期和解放战争期间曾帮助我们做过一些交通工作，一九四九年重新参加工作，中华人民共和国成立任深圳镇副镇长。

（谢燕章整理，本文在引用时有所删改）

港九管理线的斗争[①]

王作尧[②]

沿着大鹏湾北岸、深圳河到深圳湾有一条管理线。这条线以南，九龙以北是"新界"，是一八九八年在不平等条约中清政府划给英国的租界。

这个租界的期限是九十九年，在抗日战争初期还不到租借期的一半，一九四一年十二月八日太平洋战争爆发以前，日军没有占领它，租界内没有日军，我们这支抗日游击队，没有理由在租界内活动。在国民党掀起的反共投降逆流中，国民党妄图把我们这支小游击队消灭，迫使我们于一九四〇年三月转移到海陆丰。直到一九四〇年九月，我们奉党中央的指示，又返回到宝安、东

---

①　舒国雄：《民国时期深圳档案文献演绎》，花城出版社 2001 年版，第 439—443 页。

②　王作尧（1913—1990），原名王伯尧，东江人民抗日武装创始人之一，东江纵队副司令员，两广纵队副司令员。

莞这一带地区，这里又成为我们的游击活动区了。

在这条管理线的西北面，日军沿着南头到深圳的公路，五里筑一碉堡，碉堡之间还有带着狼狗的巡逻队日夜巡逻。沿着广九铁路线东莞、宝安的大部分地区则为国民党顽固派军队所占领。我们腹背受敌，被夹在一条狭长线上，战斗频繁，部队的流动性很大。所处的游击地区又是穷乡僻壤的山地，无法建立后方。只有南面依托着的九龙半岛，可以买到服装、药品、鞋等供应部队。这时，廖承志同志在香港主持八路军驻港办事处，通过他给部队一些物资和经费帮助。我们在九龙也设立一个军需处，由何鼎华、何启明负责，在港九购买物资供应部队。从港九运物资回宝安，必须通过敌人的这条封锁线。于是在这条封锁线上便展开了错综复杂的斗争。管理线北岸的公路线上便是日军的封锁线。他们知道游击队的物资供应主要是靠港九，因此，这条封锁线，主要是对付我们游击队的。他们这样的严密封锁，是为了配合不断的军事"扫荡"，在经济和军事配合下，扼死我们。我们当时是一支小游击队，对于这条封锁线，势在必争，只有和日军作你死我活的争夺，才能求得生存和发展。

在深圳到南头的公路线上，日军筑有六个碉堡。除深圳和南头各驻一个大队部外（相当一个营部），沿公路线的每个碉堡，有的驻一个排，有的驻一个班。五里的间隔并不远，如果他们都躲在碉堡内，我们通过也不困难。可是他们在两个碉堡之间却不断有四五个人带着一两只狼狗的巡逻组，日夜不断地巡逻。这样，要通过这条封锁线就困难得多了。

一九四〇年十月初或十一月底，我抗日游击队在边界河岸边的上步村建立交通站。郑珠明同志的家在上步村，他的家就在河边，我们的第一个过河点就设在他的家里。河的对岸就是"新界"落马洲小学，该校有位姓张的教师，江西人，是红军长征后跑到这里当教员的，郑珠明认识他。我们的第二个过河点就设在这间小学里。因此两岸的两个点，就成为我们的交通站。有了这两个交通站，从港九运回物资就可以安全无阻，白天运到落马洲，天黑就可以过河存放在上步，没有什么情况就可以连夜运到梅林坳了。梅林坳就是我们游击区的边沿，是我们税收总站的所在地。物资多时，短枪队就出动接应。有时在两个碉堡之间警戒着掩护通过马路；有时则袭击另一个碉堡，将敌人巡逻吸引过去，使物资顺利通过，进入路北的丛林就是安全地区了。

有一次却出了意外，交通员谢愚照一个人从香港带一封上级指示信回来，因为是单身一人，有点大意，过了河便往马路上走，正好碰到牵着狼狗的日军巡逻队，距离只有两三百公尺，狼狗发现了他，拼命地向他追来。他舍命地向北跑进了一片灌木丛中。这些日本兵个子大，又是全副武装，钻不进来，可是他们把牵着的狼狗放开，狼狗钻进来了，越来越近。愚照虽然人小机灵，但总跑不过狼狗。人急智生，愚照急忙把上衣脱开，挂在树丛上。狼狗只是绕着衣服狂吠。日本兵则因为狼狗在树丛内而不便开枪。愚照给灌木、滇基、茅草刺得满身伤痕，拼命地跑回来了。

又一次，愚照按原道经上步过边界河到香港去，正准备过河，忽然听见狗吠声，敌人巡逻到河边来了。愚照急忙跳进长满水草的河里，把预先准备好的一段竹管含在嘴里，潜下水去。敌人在这一带走来走去，愚照在水里潜伏了一个多小时，判断敌人的确走远了，才站起来涉过河去了。

愚照两次遇险，引起领导的注意，光从上步这一带过河是不安全的，必须多设几个渡河点。一九四〇年底到次年初，我们通过郑珠明的关系，向西在叶屋、赤尾、皇岗、白石洲等地都设置了渡河点。在元朗那边也找到了一间小学作交通站。叶屋、赤尾这两个点还是离公路很近，日军也经常巡逻到村里去。皇岗、白石洲、沙头离公路远些，但是河面却宽了很多。这里有个特点，潮水退时，许多居民都坐着大木盆（打稻子的禾桶）到河里去捞蚬（蛤蜊）。我们的交通员也坐着木盆混在中间，敌人是很难发现的。人员来往走白石洲这条路是比较安全的，但是物资多了就不方便了。总之这几个渡口都是不太理想的。大约在一九四二年一、二月间，我们就从铁路以东，梧桐山麓的连麻坑、丹竹头一带开辟一条运输线，服装、武器一担担的从这里通过就比较安全了。

在这条封锁线上，我们宝安游击队就用这几个路口，从港九弄回大批物资供给部队，支持我们的抗日游击战争。

在这条线上的主要交通员是谢愚照、麦容、赵林、邱来，几个年龄不到二十的小战士。他们出生入死地奋斗，完成了党交给他们的任务。

有一次麦容同志和一批商人过"新界"时，被敌人发现，他便和一个挑着鸭子的商人说："鸭子给我挑。鬼子问你时，你就说临时雇我挑担的。"敌人在审查时发现他的服装、年龄都不像是给人挑担的，就把他抓去，严刑拷打，灌辣椒水。那个鸭商跟着去极力担保，又去找沙头维持会用钱买通维持会长作担保，才把他保了出来。麦容休息了几天后又去执行任务了。在日本人准备进攻香港前不久，麦容同志在敌人碉堡附近通过时，又给敌人发现，开枪向他射击，一颗子弹从面颊穿过，把下颚的大牙都打掉了。此外，赵林的腿部也负过伤。这条封锁线，是靠我们年轻交通员的勇敢和智慧开辟出来的。

日军进攻香港，我们的游击战士就是跟着敌人的后面，从这熟悉的边界线的几条通道过去的。我们在新界收集英军丢弃的大批武器弹药，也是从这几处渡口运回来的。当敌人在香港还没有站稳脚跟的时候，我们在港九地区建立了港九游击大队了。

香港沦陷，留在港九地区内的大批文化名人、知名民主人士、爱国人士、国际友人，生命十分危险。党中央要我们不惜任何代价把他们营救回来。我们节衣缩食，出动大批力量，完成了中央交给我们的任务（茅盾著的《脱险杂记》可反映当时的情况）。对这上千人的营救（包括国际友人、国民党的官员和家属），除一部分由水路（他们年老体弱不能走路）乘船脱逃外，绝大部分都是通过这条封锁线脱险的。可庆幸的是，他们都是安全离开的，没有一个人遭受损失，我们的营救人员也都安全返回。

日军占领港九地区以后，英军已经公开宣布投降。整个香港成为敌占区，我们已不必顾虑国际关系，便在港九广泛开展了抗日游击战争。敌人虽然仍旧占领这条管理线，但由于整个太平洋战争的展开，敌人兵力不足，这条所谓管理线实际已不起什么封锁作用，无论陆上或海上我们已经通行无阻。

（本文有删改）

永不消失的红色生命线[①]
——战斗在皇岗水围交通线上的日子
庄昆生[②]

（一）重燃革命的薪火

1946 年冬，天气异常的寒冷，夜色也显得格外浓重，就在这样一个夜晚，我在东纵皇岗水围交通站工作时的老上级、单线联系人刘鸣周同志来到我在水围的家中。

---

① 深圳市史志办、深圳市原粤赣湘边纵队战友联谊会编：《共忆峥嵘岁月》，海天出版社 2007 年版，第 295—301 页。

② 庄昆生，曾用名庄福泽，籍贯深圳皇岗。曾任皇岗水围交通员、向南武工队手枪组和民运组组长。

当时，随着东江纵队北撤、国民党新一军及各种杂牌部队的进驻，整个广东都陷入白色恐怖的境地。反动势力大肆搜捕迫害参加过抗日的共产党员、东纵复员人员和倾向革命、同情共产党的广大百姓群众。深圳地区的情况更为严重。这迫使共产党组织和一切革命活动都转入地下，社会形势变得严峻而又冷酷。

我接到组织上的指示，在家乡水围潜伏隐蔽起来，做些渔农事务，糊口度日。由于水围的父老乡亲掩护，我悄然安顿下来，变得似乎与一般农民没有什么区别。

当年的皇岗由今日的水围、上围、下围、吉龙等多个自然村组成，关系密切，浑然一体，对外统称为皇岗。

早在20世纪20年代的大革命时期，共产党领导农民运动就在我们的家乡轰轰烈烈地展开，包括水围、上围、下围、吉龙在内的整个皇岗都积极投身于其中，从此我们就有了革命的传统，出现了庄太长、庄泽民等许多的革命先辈。大概由于我们水围最穷，所以革命最坚决、最齐心，参加革命的乡亲比较多，相对也比较安全，成为深圳历史最悠久的革命老区之一。作为出生在水围村的皇岗人，我从小就受到共产党人和土生土长的水围革命前辈的熏陶和影响。

后来，我在抗日期间由庄彭、刘鸣周同志帮助，开始参加了东江纵队。当时受组织上的委派，专门在位于今水围社区内的皇岗码头一带，用自己的小船为路西的部队接送过往香港落马洲、米埔和深圳的人员、药品和枪支弹药。我因此还被日伪人员烧毁过赖以谋生的小船。

现在，刘鸣周同志来找我，向我转达了上级党组织已经决定重建武装的指示，要我将大革命时代就建立并在抗日战争发挥重大作用的红色交通线恢复起来，建立香港和内地根据地的联系，与国民党反动派展开新的斗争。

在白色恐怖的环境中，在危险严峻的形势下，我们水围乃至整个皇岗的共产党人和革命群众长期处于地下状态，相互之间几乎都是单线联系，因此当时即使是从小一起长大的朋友，也不知道谁参加了革命，谁是共产党员。直到革命成功之后，慢慢的才知道我们水围和整个皇岗有那么多的乡亲投身于革命，才知道我们皇岗水围交通线在整个抗日战争和解放战争中发挥出如此巨大的作用。

在抗日战争期间，皇岗水围交通线是我们共产党（广九铁路）路西游击区与香港联系最为便捷、最为安全的水路交通线，因此也就成为当时深港之间最为紧密的地下纽带。当年最著名的对中国文化人大营救活动，我们皇岗水围交通线在其中发挥了重大作用，而我自己就亲身多次接送游击队的曾鸿文等领导和其他重要人员进出口岸。

当时，庄彭同志是我们皇岗水围一带抗日组织的最高领导，我们交通线由抗日村长庄兴同向我指示，我们划着船，根据形势情况，有时到落马洲，有时到米埔，到达香港后送到元朗小门头街，由梁耀宗同志接应，返程则由他们送到对岸的码头，不过深圳这边出发和返程都是在我们皇岗水围的码头，或是一些人迹罕见的湿地荒岸。而医药物资甚至弹药更是不计其数。特别是抗战胜利后，为了撤退那些暴露身份的同志，我们日夜兼程，不断运送……

现在，面对组织上的召唤，我的心情十分激动，组织上决定恢复武装斗争，虽然风险很大，但我不仅没有一丝犹豫，反而觉得十分高兴。因为这些日子被国民党反动派欺负得几乎喘不过气来，早就盼着报仇雪恨了，我坚决地接受了任务。

（二）活跃的水路交通线

在接受党组织的任务之后，我立即在水围村中展开了活动，作为参加过抗日的"老革命",我当然明白在目前环境下保密的重要性。

当时,我们曾经一起在皇岗水围交通线上为抗日战争奋战的同志许多转移到了香港,有些甚至去了国外,有些则离开了家乡参加了游击队。还有些隐蔽下来,表面上和我一样,变成了普通农民,一方面无法认定在白色恐怖之下,他们的政治信仰有否发生动摇,贸然接头风险太大;另一方面按照组织纪律,也不允许这样横向联系,即使是同志也不会相互承认。然而,仅仅靠我一个人无论如何是无法完成上级交给的任务。

为了保证安全,在不暴露身份的前提下,迅速把皇岗水围交通线恢复起来,完成上级战略部署,经过再三考虑,先是将我的亲弟弟福松发展成为我的助手,随后我的妻子和他的妻子也加入进来,同时我那位开明的母亲也义无反顾地全力支持我们……在我最亲的这些家人参与下,我们的家庭很快成为了皇岗水围交通线上的一个重要堡垒。我和弟弟经常隔三差甚至每天从我们水围一侧将人员、情报送到香港落马洲或者米埔,再从那边接载人员、物资、医药、子弹等回到我们皇岗水围码头。在多数情况下,往返都不会落空,但有时也会专程撑船运送人员、情报到对岸,或接载人员物资回来。

我们的妻子主要是负责将香港运送回来的物资挑到梅林,然后上山去望天湖,送到当时人称"小延安"的白石龙。有时物资多了,我们还悄悄动员水围其他可靠的妇女群众协助挑送,如潘金和庄南的老婆,赵丽婆、林简好等。虽然部队支付给这些妇女一些报酬,而且这一路也有我们武工队的同志护送,只是在这样的环境下,风险仍然极大,敌人一旦发现,追杀起来,这些妇女很可能要招来杀身之祸啊!

我们的母亲则主动担负后勤保障的艰巨任务,不管白天黑夜风吹日晒雨淋地为我们把风放哨，还不顾家中贫困，倾己所有地接待过往的同志，招呼他们住和吃，并帮助隐藏一时无法转运出去的物资，就像我们屋后专门存放了一堆柴草，几年都没舍得烧，就是为了方便隐藏那些过往的物资……

我和亲人及父老乡亲们很快将我们的家建设成为深圳联接香港的四大交通线（沙头角、莲塘、皇岗水围、白石洲）上最为活跃的交通站之一，在支援共产党路西片的对敌武装斗争中发挥出巨大的作用。而且我们不仅效率高，运送量最大而且非常安全，无论是人员和物资，从来没有出过一次事故，也没有一次让敌人的破坏得手，为此多次受到上级首长和其他战友的赞扬。

正是由于我们工作的出色，我们的交通站也引起了敌人的注意。1948 年初，那些家伙开始挖空心思来打探我们的情报，侦查我们的行踪和活动规律。大约出了内奸告密，驻守在我们皇岗附近的敌人突然出动，点着名要抓"咱妹仔"。当时我的大名是庄福泽，花名（绰号）叫"咱妹仔"，结果把我们水围另一个名叫"咱妹"的人抓了去。几乎也就是同时，组织上通知我：已经暴露，立即归队。让我迅速撤离水围，参加在这一带活动的向南武工队。我终于幸免于难，躲过了这一劫。

然而，我虽然撤退了，但我们路西部队的红色生命线不能消失。在组织的安排下，我将肩上的重担交到了弟弟福松的手上。当时组织上通过内线了解，他和我的家人们还没暴露，可以在敌人神不知鬼不觉的情况下，继续承担起我尚未完成的任务，继续保持我们皇岗水围交通线的畅通，继续支持我们路西部队的武装斗争。原来在我眼里还是没有长大的小青年弟弟福松，此时仿佛突然长成了稳重的男子汉，他庄重地接受了任务，从此开始全权负责这条红色生命线的运作，并且干得更加积极更加出色。

（三）参加武工队，继续为红色交通线护航

在组织的安排之下，我参加了向南武工队，在队长庄彭同志的安排下，担任武工队手枪组和民运组组长。我们一般的活动在皇岗水围方圆数十里的范围之内，主要任务就是要保护我们从皇岗水围码头上岸的人员和物资安全地经皇岗、岗厦到梅林，有时还得送到望天湖甚至白石龙游击根据地。偶尔也会在上级的统一指挥下，参加一些"化零为整"的较大战斗，打伏击或者拔据点。

由于我们是人民的子弟兵，得到了广大人民群众的拥护和爱戴，因此我们的情报信息非常快捷准确，反过来敌人就成了聋子和瞎子。在这样的条件下，我们武工队和弟弟交通站的活动基本上如鱼得水，十分自如，加上都是趁夜运送，每次都是看准机会，插过敌人的空档，将香港上来的人员和物资全部安全送达目的地。

其中虽然也有几次与敌人有过较近距离的接触，但由于我们准备充分，地形对敌人不利，他们也只能远远放上几枪，虚张一下声势，也不敢追过来，最后基本上就是有惊无险地催促我们加快一点速度罢了。

同时，只要有机会，我们武工队还可以主动出击，消灭零散的敌人。1948年11月，我们向南武工队打了一场漂亮的伏击战。当天，我们获得情报，说九龙海关的十多名关警要乘一辆汽车到沙头支关换班，这些关警的战斗力并不强，枪械装备也不算精良，根据我们武工队的实力，可以在半路伏击，即使不能吃掉他们，我们也不会吃亏。

经过仔细策划，庄彭亲自带领郑涛、我、庄林、陈江等九名武工队员，在深圳前往沙头的必经皇岗车路的一座木桥下面安放了一颗地雷，然后我们在桥的附近埋伏下来，架起我们所拥有的最好武器：长短枪共9支（机枪都没有一挺），静静地等待敌人

的到来。

等人的确是一件很难耐的事情，事后算起来只不过两三个小时，在当时就像三年，等得大伙十分心焦。敌人其实基本上是按时到达的，大摇大摆，毫无防备，十来个人全都晃晃悠悠地坐在汽车上。

当敌人的汽车快要驶上木桥，已经进入我们的伏击圈，庄彭一声令下，曾经在抗日战争中大显神威的爆破手陈江猛地拉响了地雷，桥一下子断成了两截，碎成残屑飞上半空，而敌人的汽车却神奇地刹停在断桥边。依照庄彭的命令，我们又压过去一阵"排头火"（单发枪排射），车上的敌人立即嚎叫起来："我们投降，别打了……"几乎同时，车上的敌人全都举起手来。

我们安排好警戒，随即派人下去收缴武器，最后把这十多个敌人都押送到不远处岗厦的小山上，进行一番教育便都释放了。这一次我们和敌人都无一伤亡，缴获了 5 支步枪和 200 多发子弹，手表 5 只以及其他的物资一批，得到了部队首长对我们向南武工队通令表扬。

1949 年 5 月的一天，我和战友钟发到赤尾、福田一带开展征收公粮的宣传工作，回来的路上，我们经过皇岗路上圆墩头一处草高林密的小路转弯处，突然发现迎面走来一名身背手提机枪（冲锋枪）的国民党兵，看模样似乎还是一个小头目。由于事出突然，彼此相距不过丈余，双方都没有任何思想准备，幸而我们的反应比他更快些，没等他有所反应，我们俩已纵身从两侧逼到他身边，同时手中的短枪已经顶住他的胸膛。

那家伙吓得脸色发灰，连声哀求："小心别走火，我投降，我投降……"等我们缴了他的械，把枪挪开的时候，就听见不远处传来杂乱的吆喝声："班长，班长，你在哪里？"原来他是专门在石厦一带"收咸水"（抽走私客税）的国民党梁基部队的，本来应该和十多个手下的兵一起行动，只是神使鬼差的走得快了一些，撞到了我们的枪口上。此时如果让那些"呵呵鸡"发现了，恐怕就得拼个"鱼死网破"。

那个国民党班长肯定也不想看到这种状况，因为如果有人要死，肯定第一个就是他。所以他任凭那些兵卒乱叫，一声不吭，眼巴巴地看着我们。听我低喝一声"撤!"便顺从地跟着我们连跑带窜朝梅林方向奔去……

我们押着他，安全地见到部队领导，首长接过我们缴获的手提机枪（冲锋枪），非常高兴地表扬我们向南武工队干得好，同时又询问了那名班长的表现，我们也都据实汇报了。

首长点点头，表扬了他的态度，又给他上了一堂政治课，就把他释放了，临行告诉他全国就要解放了，不要再替国民党反动派当炮灰了，他连连点头称是……

随着解放战争的节节胜利，深圳内地与香港之间的联系越来越频密，负责接送的弟弟任务越来越重，我这个负责护送的哥哥自然也是更加辛苦。

从1949年初开始，便返回内地投身革命的海外及香港的知识青年越来越多，通过我们皇岗水围交通线进入内地的青年几乎每天都有上百人，最多的时候曾经试过接连三夜两天不停用船运，每船少则十几人，多则三十多人，为此还受到过领导周吉同志的提醒，叮嘱我们无论如何必须要安全第一。

这些香港的青年们过境之后，就是由我和向南武工队的战友把他们护送到根据地，直至全国解放，仍有不少革命青年为了摆脱港英当局的封锁，继续从落马洲或米埔通过我们皇岗水围码头，返回内地，投身新中国的建设。

在整个解放战争期间，我们这条交通线，无数次圆满地完成了上级交给的运送任务，紧密地联结了香港及海外与内地游击区、根据地之间的关系，运送数以千计的人员和大批物资，极大支援了我们的人民解放战争，而且从来没有出现任何闪失，是一条名副其实、万无一失的红色生命线。

战斗在皇岗水围交通线上的日子，是值得我终生自豪的光辉岁月。

（本文有删改）

在红色交通线上的战斗回忆[①]

庄启森[②]

（一）成为党的人

1921 年 9 月，我出生在宝安县皇岗乡下围村一个普通农民的家庭，生活虽然并不宽裕，却基本上也能勉强温饱。像这样的农民家庭，原本应该是平凡而又安宁的生活下去。然而在那个年代，我们的国家，我们的民族承受了太多的苦难，即使是边陲乡村的农民，在树欲静而风不止的大形势下，也无法平静地过上田园牧歌式的生活。

在刚刚懂事不久，我便不断听说日本仔发动了九一八事变，侵占了我们中国东北的大片国土，又在许多地方挑起事端。

这让我感到很不理解：日本仔，日本仔，怎么会这么猖狂？我们这么大的中国，怎么还会受他们的欺负？后来才知道，我们的中国并不团结，不仅不能齐心抵御外敌，甚至要在国家内部血流成河地残酷厮杀。

[①]　深圳市史志办、深圳市原粤赣湘边纵队战友联谊会编：《共忆峥嵘岁月》，海天出版社 2007 年版，第 305—309 页。

[②]　庄启森，出生于 1921 年 9 月，籍贯宝安县皇岗乡。1947 年入党。曾任皇岗乡农民自卫队队员、队长。

1937 年 7 月 7 日，日本发动全面侵华战争，中国也终于开始展开全面抗战，不久侵略者的铁蹄践踏到了华南，1938 年 10 月，日军在大亚湾登陆，国民党军不战自溃，整个广东被拱手相让，至 1939 年初，大部分城镇成为沦陷区。宝安县城南头及深圳（镇）、平湖等重要城镇相继被日军占领，香港与宝安边境沿线的许多地方，日军也建起了据点，实行了控管。

当时，我正在皇岗的敬德小学读书，面对这样的局势，心中十分压抑和愤怒。这时，学校里有几位老师告诉我们：在中国，只有共产党才会真正抗日。而早在大革命时期，我们皇岗就有共产党人在活动了，这令我十分向往。

1939 年夏，在学校一些进步老师的引导下，我义无反顾地参加了民族抗日宣传队。在那一年，我们到处下乡，开展宣传工作，或公开或秘密地向广大农民群众传播抗日救国的道理，号召大家用力所能及的各种方式支持抗日工作，打倒日本帝国主义。也就是从这时起，我就认为自己是共产党的人了。

（二）参加红色政权

后来，日军加强了镇压和管制，为了避免不必要的牺牲，我们纷纷转入地下，不再公开活动。但仍然与我们党的外围组织有着联系，并且利用自己加入皇岗乡农民自卫队的条件，不时向地下党组织提供一些有价值的情报，或者有意无意地用各种方法掩护党组织那些从皇岗的水围码头上岸人员和物资的安全……做一些力所能及的抗日工作。

1944 年冬，设立在公明楼村的中共东宝行政督导处的谭天度、刘宣等同志，决定在香港与宝安交界的边境地区、我们的家乡一带建立红色的地下政权，特意在下梅林山边的一座荔枝园里，召开了秘密会议。当时参加会议的，除了组织上派来的领导，还有庄彭、梁耀忠、刘鸣周、我四位青年，以及我们皇岗那位"白皮红心"的伪乡长庄德立。

组织上决定，我们这个红色政权就叫沙头联乡办事处，由中共东宝行政督导处直接领导，主要任务是利用乡村自治的公开身份，争取群众，监视敌人，提供情报，保护好我们家乡这条红色的交通线，支持东纵部队的抗日斗争。

会议还决定，沙头联乡办事处由庄彭担任主任，梁耀忠担任副主任，我担任组织工作以及地下情报搜集，打入日伪政权内部，近距离地监视敌人动向。同时，力争在自卫队内发现并培养一些有抗日志向的青年，为组织提供情报，储备人才，为斗争最后胜利打好基础。

（三）接收深圳镇

艰苦卓绝的抗日战争终于胜利了！1945 年 8 月中旬，我们得知了日本投降的消息，在上级的指示下，我们沙头联乡办事处立即组织下辖的各村自卫队，开进深圳镇，准备接受当地日本驻军的投降，接管日军在深圳（镇）的物资装备，并且维持治安，直至新的政权建立。

然而，情况并不顺利，驻守在深圳（镇）的日军坚决不肯向我们缴械。当时，我直接前往日军驻地，向他们的指挥官下达受降的要求。虽然日本已宣布投降，但那些狂妄残暴惯了的日军官兵内心肯定不服，难保他们不会突然失控，大开杀戒，情况其实还是相当危险。

……

最后，经过权衡，为了避免发生直接冲突，造成不必要的人员伤亡，双方同意了折中方案：接管日军无法带走的物资，任由他们携带随身武器向南头撤退。

我们在接管深圳（镇）之后，核查封存物资，维持社会治安，召开群众大会，开展各种庆祝抗战胜利的活动。不久，国民政府派人员来从我们手中接过了深圳镇的管制权。

（四）发展党团组织

不久，国共两党签订了"双十协定"，全国人民都觉得可以过上和平的生活了。不料国民党反动派却背信弃义，在东纵按协定北撤山东、我们大部分复员回乡生产之后，广东及宝安的国民党政权却搞起了白色恐怖，对我们进行清算，甚至屠杀。我也和许多同志一样避走香港，在那里躲了八个月，生活十分艰难。

1947年初，党组织决定恢复武装斗争，我也从香港返回家乡皇岗，重新加入我们皇岗乡的农民自卫队，并先当队员，后来还担任了队长。继续展开地下工作，搜集情报，秘密发展组织成员，暗中保护红色交通线的安全。

1947年夏，中国共产党皇岗村地下党支部成立了，我在这年正式加入了中国共产党，并从此开始负责支部的组织工作。不仅自己作为一名坚定的共产党员，而且还努力培养和发展更多的同志青年成为党员和革命者。

在这个时期，虽然国民党反动派还在极力镇压，但人民群众开始要求解放的革命潮流已经势不可挡，我首先利用自己的公开身份，在皇岗村（包括今天的水围社区）组织成立了许多中国共产党的外围组织，如青年读书会、牧牛团、妇女会等，在时机较为成熟之后，又组织那些进步青年成立了民主解放大同盟（新民主主义青年团前身）皇岗支部，并积极发展扩大，至解放前夕，我们皇岗的盟员多达60余人。

这些地下组织成立之后，一方面安排组织学习毛主席、党中央的专著文件，如《目前的形势和任务》《论持久战》《加强锻炼》《一往无前》等等，提高大家的思想水平，另一方面，更重要的是监视整个边境地区国民党军警及政权的动态，搜集情报向上级汇报，同时推动皇岗村的反"三征"工作以及减租减息运动，而皇岗本村的地主或深明大义，或迫于形势，基本上都主动配合了我们的工作，最终有效地减轻贫苦农民的负担，改善了大伙的生活，令我们组织在广大群众中赢得很高的声誉。

（五）建立情报网保护红色交通线

同时，我们还利用自己乡民自卫队的公开身份，穿着国民党军队发的服装，头戴青天白日帽徽，用各种方式来掩护我们的红色交通线。有时假装看不见，有时特意在可以掩护皇岗码头的地点布哨放风，防止敌人密探的侦察，有时甚至亲自护送那些人员和物资离开边境，到达安全地点后再撤退，由随后出面的武工队接应到梅林、望天湖等游击区。有几次行动，我们自卫队曾直接与国民党的小股部队接触上了，但让他们觉得我们是自己人，所以也顺利地完成了护送任务。

还有一次，东莞的原国民党保安团长麦定棠等三人起义后，应我们香港党组织的邀请，到香港接受任务，回来的时候从我们皇岗的码头登岸，由我带领皇岗自卫队的同志接应，恰巧碰上了一支国民党小股部队到这一带巡逻，在我们沉着冷静的掩护下，他们隐藏入竹林中，避过敌人之后再被送到梅林，由其他同志接着护送，安全地返回了他们的驻地……

同时，为了更好地开展工作，监视敌人，保护好红色交通线，党组织又先后在下梅林、白石洲建立了党支部，也由我担任组织委员，负责支部的组织发展工作。与此同时，我们在皇岗、梅林之后又成立了新洲、赤尾共四个团支部（民主解放大同盟），并且同样是由我负责组织工作。

在那一个时期，我的工作极为辛苦，白天必须到自卫队上班，保护自己的公开身份，晚上奔波于各地，组织和安排党团员们的学习和情报收集活动。那时的我们并无固定活动场所，时而田头、山边，时而学校、地堂，时而借用一些盟员闲置的空房……组织学习、布置任务，将整个地区敌人的一举一动都掌握在我们的情报网中。

我们的工作取得了积极的成效，党团组织得到了极大的发展，在1948年至1949年期间，仅我们皇岗村（包括今天的水围社区）就发展了中共党员庄就能、庄玉婵（女）、庄枚礼（女）、庄英忠、庄达锐、黄群（女）、庄展鹏等7人，他们在解放初期即全部安排到了人民政府各部门工作；各村的反征队员及青年团员（大同盟盟员）庄贵财、庄照生、庄南（已牺牲）、庄兴林、欧伙昌、赵炳权、庄伟忠、庄树林、庄树华、庄森福、庄树稳、简锦洪、简芳位、简大海、简就发、林长妹（女）、林家怀、林雪英（女）等等50多人，也都成为建设新中国的骨干，其中还有7人直接参加了解放家乡的武装斗争……

经过我们各方同志的共同努力，在整个解放战争时期，我们这条红色交通线运送了无数往来香港与宝安边境的人员和物资，但是从来没有出现过一次闪失，真正做到了万无一失。

（本文有删改）

党培养我成长[1]

黄志[2]

我于1927年10月14日生于广东宝安下沙村。我从小就是个苦命的孩子，出生不到一岁，父亲病逝，母亲、祖母也先后双目失明，我们家在宝安下沙村无水田，只有三分贫瘠岭地，更无钱，

---

[1] 深圳市史志办、深圳市原粤赣湘边纵队战友联谊会编：《共忆峥嵘岁月》，海天出版社2007年版，第302—304页。

[2] 黄志，出生于1927年10月，籍贯宝安下沙村。1942年参加革命，1949年入党。曾任边纵司令部驻香港办事处交通联络员。

仅有 1 间十多平方米宽的破烂旧屋。

我从六七岁起就每天牵着母亲的手到处乞食为生，有时又带着祖母到海边摸鱼虾、打柴草，卖点钱来维持生活。

我还有一个哥哥，名叫黄太生，长年累月去给香港"新界"新田村的地主打长工，所得报酬极少，仅能维持自己的生存，根本无力也无法资助家庭。

1938 年日军入侵宝安，1941 年入侵香港，令整个社会陷入动荡、混乱、经济衰退境地，更加民不聊生了。

1939 年时，我曾在香港"新界"石湖墟的资本家文志林、欧致国的公和碾米机厂当童工，每天吃不饱、穿不暖，工作又苦又累，不堪折磨，不到三个月时间，我便含着泪离开碾米机厂。

不久，我开始去宝安白石龙的地下党游击区，协助大哥以做销售木炭生意为掩护的地下情报工作。大哥一方面把木炭运去香港，另一方面又把游击队所需的生活用品、抗日物资（主要是医药、电池、弹药）从香港运回白石龙。

我年纪虽小，但有两年多，每天跟着哥哥跑来跑去，帮他表面上做木炭生意，实际上是为党做交通情报工作。因此，从香港到白石龙，路非常熟悉。生活的磨练，使我过早成熟，炼就了一身走路快捷的过硬本领，身体结实，意志坚强。

记得在 1940 年 8 月的一天早上，天还未亮，鬼子要包围上下梅林游击区。当时我的打扮着装均像一个看牛仔的小孩，在途中刚好碰到了日寇。为了通知游击队，我便大声叫喊："牛跑了！牛跑了！"（其实是通知游击队躲藏的暗号），游击队听到我的叫喊声，知道鬼子要进村，赶快躲藏起来了。

事后，鬼子由于抓不到游击队，恼羞成怒，便把我抓来，狠狠地打了几个耳光，打得我眼睛发黑，口鼻流血，令我多年来都记忆犹新。

由于我跟大哥到白石龙游击区做生意达两年多，游击队员对我们十分热情和关怀照顾，特别是队长刘鸣周、乡长张之修、文书邓仕琪等同志是看着我一天天长大的。他们见我能吃苦耐劳，灵活机智，到了1942年夏天（十五岁），便正式吸收我为白石龙地区游击队员，职务是交通员，专门负责白石龙、望天湖村一带的交通联络。

尔后，我又被分到三、四区，当时联乡办事处主任庄彭、副主任梁耀宗，领导我从白石龙至燕川楼村及上下梅林村等地活动，开展工作一年多，在那里积极发动群众抗日，打土豪劣绅。

1946年，我被调到中共广东省委驻香港办事处工作。这段时间工作特别繁忙，经常往来宝安等地，运送人员、物资。主要是接送从香港回内地参战和建设的各界进步人士、干部、师生。

就在这段时间里，经过组织的考验，1949年，上级党组织批准吸收我为中国共产党党员，介绍人是陈汉威、陈仓两位同志，监誓人是阮克明、张伟。当时，我是与朱小敏同志一起入党的。

解放战争进行到1949年4月，我人民解放大军百万雄师渡长江，向全国进军。我们南方各个游击区也发起武装斗争的新高潮，那时我所在的粤赣湘边纵队司令部驻香港办事处，工作特别繁忙。

香港在英帝国主义统治下，群众生活灾难深重，人民在水深火热中苦苦挣扎，但爱国热情却非常高涨，人们用各种方式支援国内的解放事业。

小小的香港，聚集着大批进步人士、社会贤达、革命群众，特别是高等学院的师生。这些知识青年，革命情绪高涨，纷纷要求回内地支援解放战争和参加新中国的建设，从1948年至解放前夕，我们驻港办事处主要任务就是召集、组织并运送他们回内地。

从1948年起，我开始在香港办事处做交通联络工作。当时办事处的领导人有方方、林平、黄松坚等，负责组织上接收回内地人员，经过审查和简单的培训，由我具体带他们回内地。

到广州解放前夕为止，经我个人带路的先后共有四五十批，约三千余人。有的在红磡火车站坐火车，有的自香港大埔船码头上船，乘轮船经大鹏湾到宝安沙鱼涌上岸。当地设有接收站和由陈景民负责的教导营，然后陆续回内地分赴各地。

经我带路回内地人员中，只记得有陈汉威、张伟、陈仓、阮克明、朱小敏、赖大养等人，后来赖大养分配到华南分局组织部工作。在一次集会时，大家见了面，他激动地说："黄志就是我第一个带路人。"陈景民、陈汉威、张伟、陈仓等在全国解放后均分配在华南分局工作。

当时负责审查回内地解放区人士的共有五位同志，他们是陈仓、陈汉威、阮克明、朱小敏、张伟。我则专责带路运送他们回内地。

从 1948 年到全国解放我所带的三千多名回内地人士、学校师生，回内地前都经过审查培训。随后，分批登程。他们后来在不同时期均积极参加了解放战争和国家各项建设，他们是国家不可多得的重要革命力量。

这是我在香港办事处工作期间最忙碌、最有意义的支前工作。那时，工作起来废寝忘餐，每天只有 4 个小时睡眠，但情绪非常高，当时的情景至今仍然历历在目，记忆犹新。

（本文有删改）

附录四 红色歌谣

东江纵队北撤时期歌曲

为实现广东地区的和平，根据"双十协定"，国共双方进行了艰难的谈判，终于达成东纵北撤协议。1946 年 6 月，东纵将士陆续到达宝安县葵涌镇集结，并于 6 月 30 日乘美国军舰北撤山东。那天早晨，太阳刚从海平面升起，美军登陆舰即将升火启航，徐徐驶离大鹏湾。北撤将士纷纷登上登陆舰的甲板，深情地望着这块浸透血和泪的红土地，怀念着留下来坚持斗争的战友和多年来艰险与共的广东人民，思潮澎湃。他们使劲地挥动手臂，眼中都含着热泪，高呼："再见吧，战友们！""再见吧，父老乡亲！""再见吧，亲爱的故乡！"政治指导员为了活跃情绪，拉开了歌喉，领着战士们唱起了《北撤进行曲》：

《北撤进行曲》①

为了广东的和平呀！
我们要离别战斗的故乡，
我们要奔赴新的战场，

---

① 舒国雄：《民国时期深圳档案文献演绎》，花城出版社 2001 年版，第 2103 页。

辞别了亲人，告别了战友，

漂过海洋到遥远的北方……

歌如潮，泪如潮。悲壮的离别之歌，伴随着海风在大鹏湾上空飘荡；擦不尽的离别之泪，洒向红土地，蓝海洋。

附录五 重要革命人物简介

福田人民有着反侵略、反压迫的光荣传统。在中国共产党领导下，福田人民前仆后继、英勇战斗，用鲜血和生命谱写了可歌可泣的英雄事迹，无论在建党、土地革命战争时期，还是在抗日战争、解放战争时期，福田这块土地上演绎出一幕幕雄伟壮丽的历史剧幕。

黄学增

黄学增（1900—1929 年），广东省遂溪县乐民镇敦文村人，是大革命时期广东四大农民领袖之一，中共南路和宝安地区党组织创始人。1921 年，在广州参加由中共广东支部举办的马克思主义研究会，同年加入社会主义青年团。1922 年，由团转党，成为中共广东党组织的早期成员之一。

1923 年 7 月，开始从事农民运动，先后在广州、花县、广宁、高要等地开展青运、农运和建党工作。1924 年参加广州农民运动讲习所第一届学习班，结业后任国民党中央农民部农运特派员，前往花县指导农民运动。1925 年 5 月，广东省第一次农民代表大会在广州召开，会议成立了广东省农民协会，黄学增被选为广东省第一届农民协会执行委员会委员兼秘书。1925 年 5 月 30 日，上海五卅运动爆发，6 月 2 日，黄学增在广东大学操场主持中华全国总工会联合召开的中国共产党驻粤临时委员会，吹响省港大罢工号角。6 月中旬，省港大罢工爆发，宝安县作为重要的交通中转站，黄学增按照上级党委的领导部署，积极发动工农群众配合封锁香港，援助罢工，在反帝斗争中逐步壮大宝安县的党组织。同年 7 月，黄学增受聘为中华全国总工会省港罢工委员会顾问，指导省港罢工。7 月中旬，根据中共广东区委的指示，黄学增组织成立中共宝安县支部，并出任书记，不久，离开宝安地区。

1928 年 4 月，黄学增出席广东省委在香港召开的第一次扩大会议，受广东省委委派就近指挥宝安地区的农民武装起义，集中各乡农民武装包围反动派，极大震动了豪绅地主，后因敌众我寡、各乡负责人动摇等，宝安县第二次农民暴动未能按计划完成。5 月，黄学增亲自指挥宝安县第三次工农武装暴动，暴动在第五区发起，因被国民党军队包围了第五区新围村，宝安县工农军退至东宝边界，与东莞县部分武装联合，进行游击战争。

1925 年至 1928 年，黄学增在宝安地区的农民运动、省港大罢工工作中起到了领导和中坚的作用，是宝安地区党组织创建和奋斗历程中举足轻重的扛鼎人物。1928 年 5 月，黄学增以省委巡视员的身份前往海南指导海南党组织的恢复工作，1929 年 7 月因叛徒告密被捕，月底就义于海口，牺牲时年仅 29 岁。

何友逖

何友逖（1894—1965 年），又名黄适安，广东惠阳县平山镇人，早年就读于惠州府中学堂、广东陆军学校。1924 年 5 月，由彭湃、阮啸仙介绍加入中国共产党，出任国民政府广州大本营东江安抚使，国民党农民部干事、秘书等职。1924 年下半年，受中共广东区委委派，与黄学增、龙乃武一起以国民党中央农民部农运特派员的身份到宝安县开展农民运动，从事建党工作，何友逖被派驻第三区（福田地区时属第三区），在第三区发展了多名共产党员。1925 年两度随周恩来东征，后任惠州农民协会主任。大革命失败后，赴新加坡。抗日战争爆发后，出任新加坡广帮筹赈祖国伤兵难民总会秘书。1938 年，率团抵达香港，会见廖承志、叶挺，商谈设难民垦殖地等问题。1949 年 6 月，赴北平参加筹办侨联工作，任全国政协联络秘书。1950 年起，相继任广州市人民政府委员、广东省华侨事务委员会兼办公室主任、省侨联副主任等职务。1965 年 8 月在广州病逝。

刘伯刚

刘伯刚（1905—1973 年），原名刘柱安，字伯刚，宝安县平湖村人，1922 年于东莞中学就读。1924 年冬加入中国共产党。1926 年在广州农讲所学习，曾在广东省农会《犁头报》做编辑。1927 年革命处于低潮时，刘伯刚奉命从东莞回到宝安，动员转入地下的农会骨干起来武装斗争。1927 年 12 月，为做好配合广州起义的准备工作，中共宝安县委进行了调整，刘伯刚担任第二届县委书记，为策应广州起义，筹划并领导了第一次宝安武装暴动，遭到国民党的疯狂反扑。由于暴动失败，身份暴露，刘伯刚不再担任宝安县委书记，在中共广东省委安排下转移到香港暂避。1930 年初，刘伯刚悄然返回宝安县平湖，在当时平湖的纪劬劳学校任教导主任，以教书作掩护，继续从事党的地下工作，以纪劬劳学校作为地下党活动的秘密基地，积极展开活动，不仅教育在校的青年教师和学生学习革命道理，还通过学生向周围农村传播反帝反封建的思想。1931 年 12 月，由于叛徒出卖，刘伯刚被国民党特务逮捕，随后被平湖乡亲解救，并被送往香港躲避。刘伯刚随后前去马来亚、新加坡等地谋生。1949 年后定居在新加坡，1973 年 4 月，于新加坡病故。

郑奭南

郑奭南（1900—1998 年），又名郑哲，广东省深圳市福田区上步村人，曾任中共宝安县第一届县委书记，东宝工农革命军副总指挥，是一位土生土长的知识分子，毕业于复旦大学教育学系，因愤世不公投身革命。1925 年 4 月 26 日，宝安县成立农民协会，郑奭南是县农会三位常务委员之一。6 月，省港大罢工爆发，任省港罢工委员会特派员，组织农军配合铁甲车队和工人纠察队封锁香港。7 月上旬，受广东省农民运动领导人阮啸仙、罗绮园委派到宝安区第三区开展农民运动工作。由周士第、黄学增介绍，加入中国共产党。7 月中旬，中共宝安县支部成立，郑奭南成为支部三个主要负责人之一。12 月，参加改组国民党宝安县党部的工作，被选为执行委员。1926 年 3 月，中共宝安县党部成立，任常务执委，兼任县农民协会常务委员。作为宝安县农民协会主要负责人之一，郑奭南积极组织农运，1926 年曾发动群众要求国民党驻军取消防务费，并将情况呈报国民党中央党部，最终取得胜利。1926 年 3 月，中共宝安县支部撤销，成立中共宝安县党部，郑奭南是三名常务执委之一。1927 年四一二反革命政变后，国民党在宝安县开始"清党"，迫害共产党员。宝安县党部负责人龙乃武出走香港，郑奭南将县党部从南头秘密撤往楼村。同年 6 月，根据中共广东特委指示，中共宝安县第一届委员会成立，郑奭南任县委书记，整顿和恢复农会和农民自卫军，做武装斗争的准备。11 月，中共广东省委召开东莞、宝安两县领导人联席会议，郑奭南当选为东宝工农革命军总指挥部副总指挥，负责宝安的第三、第四大队的指挥。12 月 14 日率工农革命军攻打深圳镇、南头，策应广州武装起义。1928 年 2 月 23 日，根据中共广东省委指示，宝安县委在燕川村召开全县党代表大会，选举产生中共宝安县第三届委员会，郑奭南任代理县委书记，进行暴动准备工作。4 月，调离宝安县，后与党组织失去联系。

1942 年至 1958 年期间，郑奭南化名郑哲，发挥专业本领投身教育行业，和一批爱国进步的教育工作者一起，先后在湛江多所学校任教。1958 年，郑奭南前往香港生活，晚年从香港回到上步村定居。1998 年，在家乡逝世。

庄泽民

庄泽民（1904—1968 年），又名庄福炳，广东省深圳市福田区水围村人。1925 年 8 月，宝安县三区农民协会成立，是三名常务委员之一。同年 12 月 27 日，国民党宝安县党部成立，被选为县党部候补执行委员。1926 年初，加入中国共产党，任皇岗党小组组长，以国民党乡区分部为活动中心，先号召群众加入国民党，然后从中再吸收中共党员，最后发展成立乡农民协会，掌握乡村基层政权。3 月，任中共宝安县三区党部书记，发动群众继续援助省港大罢工，开展减租减息和反对苛捐杂税、打倒贪官污吏和豪绅恶霸的斗争。1927 年 8 月，根据中共广东省委指示，宝安县委在皇岗村建立地下交通站，庄泽民任站长。1928 年 5 月，宝安暴动失败后，根据党组织指示，转移到九龙，在香港士丹利街张福记洋服店以学徒身份作掩护，开展地下工作。1930 年 2 月，党组织决定恢复皇岗交通站，派庄泽民返回皇岗，在水围开设杂货店作掩护，并在庄海添家设立临时秘密接待站，恢复了皇岗党组织和交通站的工作。1931 年 3 月至 4 月，宝安三区地下党组织恢复，任区委副书记兼交通站负责人。同年 12 月，因叛徒出卖被捕，庄泽民被国民党当局判 8 年徒刑，关押在广州南石头监狱，直至 1936 年 6 月宋庆龄、何香凝等提出释放政治犯后才获得自由，回乡种田。1943 年初，与地下党组织和游击队接上关系，继续做交通工作。1948 年冬，进入游击区。1949 年 9 月，任深圳镇人民政府副镇长。中华人民共和国成立后，任宝安县二区副区长。1951 年 8 月，宝安县整党整队，因曾任伪乡长等问题被"清洗"出党、出队，遣送回乡交群众管制。1956 年，摘掉"坏分子"帽子。1968 年 8 月，又被诬为"叛徒"，受迫害致死，时年 64 岁。1986 年 9 月 1 日，中共深圳市委组织部决定恢复庄泽民党籍和队籍。

蔡子襄

蔡子襄（1906—1932 年），又名子湘，广东省深圳市罗湖区蔡屋围村人。出生于富裕家庭，其父蔡有能在深圳镇开设汇兑庄和大来金铺。1925 年 3 月，加入中国共产党。1926—1927 年，任中共宝安县第三区区党部干事。1927 年 7 月至 12 月，蔡子襄负责提供县委活动经费，使县委度过艰苦时期。1927 年 8 月，中共宝安县委建立皇岗交通站，蔡子襄利用少东家身份，把大来金铺作为地下党组织的经济接应点。此后数年，宝安地区交通线的活动经费大部分由他提供。1928 年 4 月，宝安工农武装第二次暴动后，国民党军队和地方民团疯狂搜捕中共党员，交通站被迫停止活动。1930 年，中共宝安县委重新恢复皇岗交通站，并在庄海添家设立临时秘密接待站。1931 年 12 月，庄海添被捕后叛变，蔡子襄在大来金铺被国民党军警逮捕，押往广州南石头监狱。1932 年正月，在广州英勇就义。

庄敬民

庄敬民（1907—1992 年），原名庄金水，广东省深圳市福田区皇岗村人。1924 年，随舅父到荷兰当海员。1925 年 6 月，参加省港大罢工。1927 年 11 月，在比利时加入赤色海员工会。1928

年下半年，在美国纽约餐馆打工，加入东安公所（当时在纽约的东莞、宝安两县海员的地方团体），并成为领导成员之一。在东安公所加入美国共产党东方部组织的反帝大同盟，开展海员工人运动。1930 年，因反对美国总统胡佛提出的"排斥外国侨民案"而暴露政治身份，转到比利时。1931 年 3 月，接廖承志信后到荷兰，组织海员反对剥削工人的包工制度，从此走上革命道路。同年 7 月，第三国际欧洲支部在荷兰阿姆斯特丹召开欧洲各国海员工人代表会议，代表中国海员出席。5 天后回荷兰传达会议精神时被捕。9 月中旬，被驱逐出境并引渡回国，途中跳海被救，关进那不勒斯港当地监狱。在廖承志等人的干预和帮助下，12 月中旬抵达奥地利维也纳，与廖承志派出的人取得联系。1932 年 1 月，由海员工会欧洲支部安排，经柏林到莫斯科，找到陈郁和廖承志。同年 10 月，经组织同意回国。由于没有找到党组织，1933 年春又返回香港，在工人中开展工作。1934 年下半年，与香港地下党组织取得联系。1936 年，参与筹建香港海员工会。1937 年七七事变后回到宝安，参与组织民众武装斗争。1938 年，经廖承志同意到延安抗大学习。1939 年，加入中国共产党。6 月，转入中央党校学习。1941 年 7 月毕业，被安排在延安的银行做经济研究工作。中华人民共和国成立后先后在北京、上海、吉林等地的交通、海运、化工部门工作。1958 年后任中华人民共和国船舶检验局广州办事处主任。1982 年离休。

郑珠明

郑珠明（1908—2001 年），东江纵队战士。抗战期间，郑珠明参加梅林抗日游击队。1944 年 10 月，东江纵队第一支队设立宝（南头）深（深圳）线军事特派室，郑珠明任军事特派员，参与对日敌后游击活动。1945 年 8 月中下旬，东江纵队第一支队开展对深圳镇、南头日伪军的受降工作。8月20日，东江纵队第一支队进入深圳镇接受日军投降。24日，宝深线军事特派室进驻深圳镇，并举行万人大会庆祝胜利。深圳镇设为深圳特别市，郑珠明任市长。1946年6月底，随东江纵队奉命北撤山东参加解放战争。

庄 彭

庄彭（1911—2004年），广东省深圳市福田区皇岗村人。1942年参加梅林抗日游击队（亦称向南武工队）。1943年10月，根据广东人民抗日游击总队的决定，建立宝安县第三区联乡办事处，任办事处主任，管辖宝深公路沿线的黄贝岭、上下梅林、皇岗、泥岗、石厦、岗厦、下沙等24个自然村落，实行军政合一体制，开展抗日武装斗争。1945年8月，日本投降，庄彭与宝深线军事特派员郑珠明等奉命进驻深圳镇，接受伪军投降。1946年6月30日，东江纵队奉命北撤，庄彭留下坚持秘密武装斗争。1947年，任梅林武工队队长，在梅林、皇岗一带开展反"三征"（征兵、征粮、征税）斗争，支持农民减租减息，护送出入皇岗交通线的干部、学生、伤病员和军用物资到白石龙根据地。同年加入中国共产党。1949年6月，奉命到香港元朗德祥兴交通站接替梁耀宗的工作。8月，回到福田地区，任沙头武工队队长。10月初，任沙头乡党总支书记。1950年，任宝安县民政科科长，后任文教科科长。1953年，任中共宝安县委机要秘书。1954年，任中共宝安县机关党委书记。1956年，任宝安县观澜区区长。1957年反右派运动中，被划为"右派分子"，下放铁岗水库劳动。1958年，改正错划后任深圳新华书店经理直至离休。"文化大革命"期间曾遭迫害受批斗。1979年，恢复党组织关系。1982年，移民到英国定居。1997年，返回皇岗村居住。

黄　国

　　黄国（1926—1990 年），黄国曾用名黄国伟，广东省深圳市福田区上沙村人。1943 年 4 月，参加广东人民抗日游击总队。1944 年 10 月，加入中国共产党。历任广东人民抗日游击总队战士、班长，东莞大队通信班班长、警卫员，东江纵队独立第三大队小队长，西北支队第一大队小队长、副中队长、中队长，两广纵队教导总队副连长，第一团侦查通信连连长、第二连连长等职。解放战争时期，参加山东南麻、林驹、诸城和津浦路等战役。1948 年 9—12 月，参加济南战役和淮海战役。因作战勇敢，指挥果断，屡立战功，荣获 1 枚独立自由奖章和 3 枚解放勋章。新中国成立后，1955 年被授予大尉军衔，1960 年晋升少校军衔。先后任广东省军区肇庆军分区罗定县兵役局科长、军训科长，罗定县人民武装部部长，肇庆军分区参谋长、副司令员，湛江军分区副司令员等职。1983 年 2 月离休。

文星辉

　　文星辉（1921—1967 年），原籍广东省深圳市福田区皇岗下山门村人，生于香港九龙红磡。1941 年 7 月，经黄蕊秋介绍，正式参加革命工作。1942 年 2 月，由吴华介绍，加入中国共产党。1942 年初，在九龙旺角筹建秘密电台，3 月开始联络工作。1944 年 7 月，秘密电台被敌人破获，报务员被捕。文星辉得到通知后，不顾危险，有条不紊地通知有关人员转移。报务员逃脱后，也由文星辉派人安排隐蔽转移。经上级党组织决定，文星辉也转移到东江游击区，被分配到东江纵队电台工作，后任通信科机务股长。1947 年，华南各地人民武装斗争相继开展，部队急切需要建立无线电联络。在香港分局的统一筹划下，文星辉与梁方明、李智等同志共同研究，确定采取当时先进的直流五极电子管装配电台，解决了人民武装的无线电联络问题。1948年，中共中央香港分局成立电讯科，任副科长。1949年10月，接任电讯科科长。文星辉亲自筹划成立训练班培训报务人员，改进收发报机设备，提高工作效率，适应新时期的需要。1951年2月，华南分局电讯科并入华南军区通信处，被任命为副处长。随后，转到工程处工作，负责军区各野战军军用电话线路的建设。1955年下半年，调汉口通信兵技术学校工作，任训练部长。1966年"文化大革命"开始，文星辉受到打击和迫害。1967年初，含冤去世。1979年6月，解放军通信兵技术学校为文星辉平反，并举行追悼会。

何华益

何华益（1898—1962年），女，广东省中山市人。1907年随父亲去美国旧金山。1918年回国，与下梅林村村民郑满容结婚。婚后在下梅林村务农为生，后从本地商会、互助会借钱，在深圳镇南塘街的两间祖屋开办鸿安旅馆。1938年日军从大鹏湾登陆后，深圳镇沦陷，鸿安旅馆被日军强占为驻军司令部，何华益及其员工被赶走，直至日军撤离后返回。鸿安旅馆复业后，1938年12月，新四军军长叶挺在中共东南特委的支持下，进驻深圳镇，在鸿安旅馆落脚，建立东路游击总指挥部，设司令部和政治部。何华益为爱国志士提供住宿，将旅馆的大部分收益用于资助叶挺的整编工作和抗日游击活动。她还以创办商会的名义，奔走港澳，为抗战义务筹款。曾有一位香港名流为躲避香港战火避住鸿安旅馆，何华益多次与其交谈，使其重燃对抗战前途的希望，并主动向游击队捐款。得知游击队人员增多，经常断炊，何华益回到下梅林，动员村民捐粮，并派人送往游击队驻地。她支持儿子郑福荣参加抗日游击队，带动村里10多名青年参加革命。她利用拥有通行证的便利条件，经常为抗日游击队送情报，护送爱国人士从香港到宝安。何华益一面支持革命，一面扶贫。她为许多爱国志士提供经济援助，无偿接待难民，收养多名孤儿；她带领青壮年劳动力开荒种粮，筹资修路。何华益还积极支持教育。下梅林原有一家私塾，想扩建但缺地方，她将自家祖屋丁后祠堂约 500 平方米借给私塾办学，并出资帮助困难家庭的孩子上学。随着办学规模的扩大，何华益把私塾更名为焕明小学。从此，下梅林开始有了较为正规的学校教育。中华人民共和国成立后，为支援国家经济建设，何华益将鸿安旅馆卖给政府，所得房款全部捐给下梅林村作农业生产建设基金。1962 年何华益去世。1983 年，鸿安旅馆成为深圳市市级保护文物。

大事记

1924 年

下半年　中共广东区委派遣广州农民运动讲习所学员黄学增、龙乃武和何友逖等，以国民党中央农民部特派员的身份到深圳地区。其中，何友逖驻第三区（后由郑奭南接替）。

1925 年

3 月至 4 月　黄学增、何友逖在三区发展了蔡子儒、蔡励卿、蔡子襄、郑泰安、文季彬、郑庭芳等 6 名党员。

4 月 26 日　宝安县农民协会成立，有区农民协会 4 个，乡农民协会 34 个。

7 月上旬　广东省农民运动领导人阮啸仙、罗绮园派郑奭南到宝安第三区开展农民运动工作。

7 月中旬　根据中共广东区委指示，成立深圳地区最早的党支部——中共宝安县支部，黄学增任书记，支部委员有黄学增、龙乃武、郑奭南，隶属中共广东区委领导。

8 月底　宝安上步、岗厦等乡农民协会召开全体会员大会，誓死援助广宁农民兄弟，并要求秉公处理，彻底铲除地主、军阀、地方官僚。

8 月　铁甲车队、工人纠察队在封锁香港的同时，派人到宝安一带的乡村广泛宣传国内外革命斗争形势，号召农民团结、组织起来，建立农民协会。三区农会设在深圳南塘东平社学，常委有庄则民、潘达、蔡瑞芝。

12 月 27 日　国民党宝安县党部成立。为推动国共合作，黄学增、龙乃武、郑爽南参加改组国民党宝安县党部的工作。

冬　皇岗乡成立农民协会，会址设在庄氏宗祠。农会骨干有庄泽民、庄玉堂、庄齐、庄珠等，他们是皇岗第一批中共党员。其中，庄玉堂曾代表三区农会出席广东省第二次农民代表大会。

年底　先后在 5 个区建立起 11 个党小组，各乡党小组以国民党乡区分部为活动中心，先号召群众加入国民党，然后从中再吸收中共党员，最后发展成立乡农民协会。其中第三区，上步党小组，组长郑公法；皇岗党小组，组长庄泽民。

1926 年

3 月 18 日　深圳镇农民协会自卫军帮助工人纠察队截留私货。驻扎皇岗村的工人纠察队第十二支队第一小队 5 名队员，到福田附近巡查，被数十名自英界包运 10 多担私货入内地的奸商包围，并遭枪击。

3 月　各区党组织负责人会议召开，决定撤销县党支部，建立中共宝安县党部，并推选龙乃武为县党部负责人，龙乃武、郑爽南、潘寿延为县党部常务执委。随着县党部的建立，五个区相继建立了区党部。其中，三区党部书记是庄泽民。各区委均以区农会会址为活动中心。

上半年　党组织领导宝安各区群众开展反对苛捐杂税和减租减息的斗争。

1927 年

1 月　宝安县总工会成立。

4 月 17 日　中共广东区委决定将区委暂时迁往香港，另成立中共广州市委。各地党组织被迫转入地下。

6 月　中共宝安县党部召集四区、五区领导人召开联席会议后，根据中共广东特委代表人陈郁的指示，由郑奭南任县委书记。县委研究决定分派党员潜驻各区，其中，派张国勋驻三区，各区均由郑奭南统一巡回总督导。

8 月　根据中共广东省委的指示，宝安县委在深圳河附近的皇岗村建立交通站。

12 月上旬　中共宝安县委进行调整，选举产生第二届委员会，刘伯刚任县委书记。

1928 年

3 月　各区委进行了改组。3 月底，宝安全县拥有党员 197 名，其中三区 34 名，是除五区的 110 名外在七个区中党员较多的地区，有良好的党组织基础。

4 月 13 日　中共广东省委还就宝安暴动的战略与工作作出特别指示，并在 19 日派黄学增到宝安指挥暴动。

4 月底　三区重新建立中共区委。

5 月底　皇岗交通站站长庄泽民转移到香港九龙，由中共党员欧春华介绍到香港士丹利街张福记洋服店，以学徒身份作掩护开展工作。

1930 年

2 月　党组织决定恢复皇岗交通站，派庄泽民从香港返回皇岗，在水围开设杂货店为掩护，并在庄海添家设立临时秘密接待站，恢复了皇岗党组织和交通站的工作。

1931 年

3 月至 4 月　宝安三区地下党组织恢复，庄泽民任中共宝安三区委副书记兼交通站负责人。交通站仍分内外两条线，外线由上步人曾品贤负责，内线由庄海添负责。

12 月　皇岗交通站交通员曾品贤、庄海添先后被捕叛变，出卖了深圳镇大来金铺、鱼街广德祥店联络点及蔡屋围农会负责人、石下村以及皇岗交通站负责人，致使蔡子襄、林权初、蔡成汉、庄泽民、潘兴达、庄林贵、潘柏芳、潘火有、潘丁等 9 名党员被敌人抓获。皇岗交通站遭到严重破坏，红色交通线被迫中止一切活动。

1932 年

皇岗村民集资将庄氏祠堂翻修一新。在革命低潮时期，庄氏宗祠作为敬德学校校址，成为宣传革命思想的堡垒。

1936 年

6 月　宋庆龄、何香凝等提出释放政治犯，庄泽民、林权初、蔡成汉、庄林贵、潘火有、潘丁被释放获得自由。

9 月　中共南方临时工作委员会（简称"南临委"）成立，薛尚实任负责人。

1937 年

8 月至 9 月　皇岗村成立抗日御侮救亡会，会址设在庄氏宗祠。

10 月　中共中央派张文彬到广东整顿党组织，改组中共南方临时工作委员会，成立中共南方工作委员会（简称"南委"），张文彬任书记，直属中央领导。

1938 年

2 月底　东莞中心支部书记姚永光到宝安南头、皇岗等地接收中共南委转来的 12 名党员的组织关系，归东莞中心支部领导，其中皇岗有 1 个支部，党员 11 人。

4 月　中共南方工作委员会撤销，成立中共广东省委员会，张文彬任书记。

7 月　建立赤尾党支部，恢复大革命时期的皇岗党支部和深圳河附近一些党员的组织关系。

8 月　中共宝安总支部成立，书记黄庄平，下辖皇岗、赤尾两个支部和罗湖、黄贝岭两个点，隶属中共东莞中心县委领导。

10 月 12 日　日军在大亚湾登陆。

12 月　叶挺在下梅林村爱国人士何华益开办的鸿安酒家建立东路游击总指挥部，设司令部和政治部。

12 月 2 日　惠宝人民抗日游击总队成立，曾生任总队长，后称该队伍为曾生部队。

1939 年

1 月 1 日　东宝惠边人民抗日游击大队成立，大队长为王作尧，后称为王作尧部队。该部队与曾生部队是福田地区较活跃的抗日游击武装力量。

1940 年

3 月　中共东江特委指示设立于国民党十二集团军东区服务

队内的中共党支部撤出惠阳，到博罗、福田等地活动。卓扬、蔡子培等在福田的徐田、火烧园、荔枝墩等村开办夜校，宣传抗日救亡道理。

春　日军侵入皇岗。

10 月初至 11 月底　抗日游击队在福田地区上步村建立交通站，负责从香港九龙运输物资，供给宝安县游击队。

11 月　广东人民抗日游击队在福田地区梅林坳建立税站，以护路捐助的方式向来往的客商征收货物过境税。

12 月　中共广东省委正式撤销，成立中共粤北省委和粤南省委，均隶属南方工委领导。

1941 年

12 月 8 日　日军进攻香港。随后中共中央南方局初步安排在港文化人士的转移工作。

12 月 25 日　香港沦陷，大批文化界知名人士和爱国民主人士被困香港。

1942 年

1 月　根据党的指示，营救文化界人士的工作秘密进行，曾生在白石龙负责接待工作，梁鸿钧负责部队的军事指挥，王作尧负责从港九至游击区交通线的警戒和护送工作。

1 月 5 日晚　开始分批护送文化界人士，从九龙的港九大队交通站，分东西两条路线，送往惠东宝抗日根据地，其中福田是西线中的重要一环。秘密营救工作前后历经 6 个多月。

12 月　中共中央根据抗日战争形势发展的需要，决定成立中共广东省临时委员会（简称"省临委"）。

1943 年

10 月　广东人民抗日游击总队决定在梅庄黄公祠内建立宝安县第三区联乡办事处，主任庄彭，辖宝深公路沿线的黄贝岭、上下梅林、皇岗、泥岗、石厦、岗厦、下沙等 24 个自然村。

12 月 2 日　广东人民抗日游击总队改编为广东人民抗日游击东江纵队（简称东江纵队）。梅林区抗日游击队（又称向南武工队）归属于东江纵队。皇岗青年庄添锦、庄锦洪、庄锦亮、庄达文、文伙泰、庄德培等人加入游击队。

1944 年

冬　东（莞）宝（安）行政督导处谭天度、刘宣决定在香港与宝安交界的边境地区建立红色的地下政权，在下梅林山边的一座荔枝园里召开了秘密会议。会议决定成立沙头联乡办事处，庄彭负责办事处主任，梁耀忠担任副主任，庄启森负责组织工作以及地下情报搜集。

1945 年

8 月中旬　日本投降后，沙头联乡办事处立即组织下辖的各村自卫队，开进深圳镇，准备接受当地日本驻军的投降。

8 月 24 日　宝深线军事特派室和宝三区联乡办事处进驻深圳镇，并举行万人大会庆祝胜利。宝三区联乡办事处改为宝三区人民政府，由宝四区区长叶基兼任区长。深圳镇设为特别市，郑珠明任市长。

1946 年

2 月　中共路西县委代理书记王士钊和第一支队政治处主任赵督生在香港九龙召开路西部分干部会议，决定成立临时领导机构——工作委员会，由梁忠、叶振基、潘应宁等组成，负责领导龙华、布吉、上下梅林等地的宝安游击区的工作。

6 月 30 日　东江纵队 2583 人，在沙鱼涌分乘美国 3 艘登陆艇，向山东烟台北撤。

冬　皇岗籍青年、原东江纵队的庄福泽，接到上级命令，恢复皇岗水围交通线。

1947 年

春夏之交　恢复皇岗村地下组织工作。共产党员张烽、莫慧明、莫靖远是根据上级指定的皇岗村地下组织负责人。他们相继来到皇岗村敬德学校任教，以教书为业作掩护，在敬德学校成立读书会开展活动。

8 月上旬　宝安税务总站在龙华樟坑成立，站长蓝杰，政治指导员谢枫，下辖木古、伯公坳、梅林、沙河、乌石岩等分站。

夏　中共皇岗村地下党支部成立。

1948 年

3 月 12 日　梅林武工队夜袭九龙关福田关卡。

4 月 7 日　护乡团第三大队夜袭深圳沙头乡公所。

5 月 12 日　江南支队第三团三虎队强攻国民党沙头海关驻军。

7 月初　顽军调动税警总队、虎门守备队共 3000 多人进行"扫荡"。江南支队在梅林召开会议，分析战斗形势。会议决定选择到易守难攻的鸡公山、笔架山，利用其有利地形进行设防。

8月至9月　宝安各地人民武装在斗争中不断发展壮大，许多武工队迅速建立起来，沙头武工队的队长是庄彭。其间，在地方党和武工队的努力下，先后在沙头等乡建立了乡人民政权。

冬　中共下沙支部成立，书记高观保。

1949 年

从年初起，大批青年通过皇岗水围交通线从香港返回内地，投身新中国建设。

2月至8月　宝安各地先后成立党组织工作队（简称组工队），第三区有沙头队（队长刘鸣周），各地组工队由中共宝安区地方委员会直接领导。

5月至6月　粤赣湘边纵一支三团二营四连金虎队得知国民党一个排士兵向梅林的农民收粮征税的情报后，向敌人发起攻击，除一人仓皇逃回深圳镇外，其余敌人全部歼灭。

6月　东宝税务总站改为东宝税务处，下设为东莞、路西、路东总站。其中，梅林分站（代号东成）属路西总站领导，首任站长罗伟中，后由温北清、陈林坤、黄柏寿先后接任站长。

6月　梁耀宗调回三团部队，由庄彭到元朗接替他的工作。庄彭在德祥兴交通站负责了两三个月后调回梅林，留在交通站的是谢虹，直到宝安解放。

8月29日至9月3日　宝深军管会主任刘汝琛、宝安县委书记黄永光在宝安乌石岩泥岗村召开县委会议，确定成立宝三区宝四区党委和人民政府，深圳镇人民政府及南头、固西联乡办事处，何伯琴任宝三区委书记，吴友业任区长。

9月底至10月初　宝安党员队伍不断壮大。宝三区沙头乡总支下辖3个支部，党员26人，书记庄彭。同时，沙头乡政府成立。

10 月 15 日　新华社发表公告，宣布广深全线解放。

10 月　梅林武工队队长庄彭被上级委任为宝安县沙头乡乡长，皇岗村属沙头乡管辖，第一任村长为庄展鹏，副村长庄英忠、黄群，领导上围、下围、吉龙、水围四坊展开社会主义革命和社会主义建设。

根据中国老区建设促进会《关于编纂全国1599个革命老区县发展史》的安排意见，深圳市史志办公室高度重视编纂工作，2018年上半年制定了工作方案，并召开全市编写工作会议、部署编写工作。

《深圳市福田区革命老区发展史》编写紧紧围绕习近平新时代中国特色社会主义思想和习近平总书记关于革命老区的系列论述精神，在《全国革命老区发展史》丛书工作方案的指导下，根据编写大纲广泛搜集资料，开展调查研究，展开编写工作。在搜集资料过程中，我们发现，福田区有着丰富的革命斗争历史，福田人民有着光荣的革命传统，福田地方保存着众多革命遗址，福田民间流传着许多可歌可泣的英雄故事。中华人民共和国成立后，福田革命老区人民发挥他们开拓创新、诚信守法、务实高效、团结奉献的"拓荒牛精神"，一心致力于革命老区的发展，在福田这片土地上创造了巨大的成就和奇迹般的辉煌。如果能把它们整理编辑出来，让更多的人了解福田革命老区的发展史，不但能够激发人们的爱国热情，坚定人们的共产主义理想，还能够让人们更深刻地理解改革开放的历史背景和深远意义，从而为社会、为后代留下一笔精神财富，使得红色基因得以代代相传，让青年一代不忘革命初心，牢记当代使命。

福田区史志办公室曾经编写过《深圳福田革命斗争史》，这本书史料详实、图文并茂，给了我们很多启发。同时，也得益于福田区史志办公室一直没有停止对老区的资料搜集和整理，掌握的史实资料比较丰富。同时，本书的具体编写离不开彭娟、潘璇、王平、肖丽达、王钜强5人的辛勤努力，在彭娟的带领下，他们每周召开一次会议，讨论搜集到的档案材料、开展的调查研究和交流写作心得、解决疑难问题。章节具体编写分工如下：第一章彭娟，第二章王平，第三章潘璇，第四章王钜强，第五章彭娟、王钜强，第六章潘璇、王平，附录肖丽达。此外还有张婉莹、郭雅璇、李家明3人，为本书的编写广泛地搜集资料。通过两年多时间的努力，终于编写成《深圳市福田区革命老区发展史》。书稿尔后经过了几轮专家评审，评审专家们以认真严谨的治学精神，细致审阅，不吝赐教，给了书稿许多中肯且富有建设意义的修改意见，使得书稿逐步完善成形，最终得以问世。

本书主要依靠档案材料和相关调查研究数据进行撰写，参考了部分著作，辅以网站数据资料。我们希望这本书能够带给广大读者启迪与教益。因时间仓促、编写者水平和掌握的资料有限，疏漏和差错在所难免，期待广大读者不吝指教。

本书某些图片因为年代久远，无法联系到作者，请作者见书后，主动与我们联系，在此表示谢意。

《深圳市福田区革命老区发展史》编写组
2020年12月